벌거벗은
생명

벌거벗은 생명

신자유주의 시대의 생명정치와 페미니즘

조주현 지음

도서출판 또하나의문화

서문

이 책은 『여성 정체성의 정치학』(2000, 도서출판 또하나의문화) 이후의 연구 결과들을 정리한 것이다.

『여성 정체성의 정치학』에서 나는 1990년대의 젠더 정치에서 '여성' 범주가 어떻게 사회적으로 구성되는지를 추적하는 데 주력했다. 1990년대 젠더 정치는 성 문화와 성폭력을 여성운동의 주요 정치적 의제로 우리 사회에 공론화하는 과정에서 여성 정체성을 성폭력과 가정폭력의 피해자로 강조함으로써 여성의 도덕적 정당성을 확보할 수 있었다. 또한 그 도덕적 정당성에 근거해 '여성'을 결집해 여성의 사회적 권리를 신장하려는 젠더 정치를 실천할 수 있었다. 그런데 '여성' 범주의 사회적 구성은 젠더 정치를 구사하기 위해 필수적인 것이지만, 범주 구성을 기반으로 하는 정체성의 정치에는 언제나 그 정체성이 배제하는 경험과 존재가 있기 마련이다. 모든 범주는 배제를 전제로 존재하는 것이기 때문이다. '순결한 이성애 여성'의 섹슈얼리티에 근거해 사회적 주체로서 여성 젠더를 구축할 때 배제되는 것은 '순결하지 않은' 혹은 '이성애적이지 않은' 여성의 섹슈얼리티다. 그렇다면 이 배제된 여성 섹슈얼리티는 여성이기 때문에 배제되는 것이 아니라 규범적이지 않기 때문에 배제되는 것이고, 그것은 젠더로 환원될 수 없는 별도의 섹슈얼리티 체계가 있다는 것이 아닐까? 섹슈얼리티가 젠더와 구별되는 별개의 체계를 구성하고 있다면 1990년대의 젠더 정치에서 보여 준 섹슈얼리티와 젠더의 결합 방식은 단지 역사적 사례의 하나에 불과한 것이 아닐까? 섹슈얼리티의 독자적 영역을 인정한다면 그것은 향후 젠더 정치에 어떤 영향을 가져올 것인가? 나는 젠더와 섹슈얼리티의 관계를 막연히 의문시하고 있었지만 본격적인 분석의 대상으로 삼지 못했고 풀리지 않는 문제였다.

『여성 정체성의 정치학』의 두 번째 쟁점은 방법론에 대한 것이다. 해러웨이는 여성학 연구방법으로 '물적-기호적 실천'을 분석할 것을 제안했다. 그런데 사회적 사실로서의 물적 배치와 지식 담론으로서의 기호적 배치 둘 다에 대한 이해가 상황을 분석하는 데 필요하다는 것에는 충분히 동감했지만 구체적으로 물적인 것과 기호적인 것 사이의 하이픈을 어떻게 풀어야 하는지는 알지 못했다. 나는 주요 연구 방법으로 담론 분석과 심층 면접을 이용했는데 이 기호적 실천들 자체의 코드화와 탈코드화에 주목했고 그것이 사회적 사실들과 상호 결합하거나 이탈하는 방식과 과정을 드러내는 데까지 분석을 확장하지 못했다. 그러므로『여성 정체성의 정치학』의 중심 주제였던 '여성' 범주의 사회적 구성을 정치화하려는 노력과 '물적-기호적 실천'을 분석하는 연구 방법의 모색은 이 책,『벌거벗은 생명』에서도 여전히 지속되는 중심 주제다. 이 책에서 나는 단일한 '여성' 범주의 사회적 구성에 주력하기 보다는 '여성' 범주의 중층적 구조를 드러내려 했고 그러면서도 그 중층적 구조에도 불구하고 '여성' 범주에 근거한 젠더 정치가 여전히 유효함을 보여 주려고 했다. 또한 담론 분석과 심층 면접 방법을 통한 기호적 실천의 해석들을 사회적 사실들과 유기적으로 연결시키려고 시도했다.

그런데『여성 정체성의 정치학』의 출간 이후 한국 사회는 예상치 못한 변화의 파고를 겪고 있다. '신자유주의 지구화'로 명명되는 이 변화의 성격은 (IMF 금융 위기 때 우리 모두가 당황했듯이) 누구도 예상치 못한 것이었지만, 이 변화는 아마도 우리 곁에 오래도록 남아 있을 것으로 보인다. 신자유주의는 시장에 직접적인 영향을 주어 노동 유연화와 실업률 증가를 가져왔고 궁극적으로 불평등을 심화시켰다. IT/BT 지식의 산업화와 대학의 산업화를 통해 지식은 자본의 논리와 형식의 틀에 포획되어 갔고, 국가를 넘어선 자본의 유통과 노동력의 이주 현상은 국가와 국민, 국민과 시민, 시민과 국가의 위치에 대한 새로운 프레임을 요구하는 상황을 낳고 있다. 신자유주의는 여성들의 삶에도 큰 변화를 가져 왔다. '경쟁력 있는 개인'이라는 신자유주의적 주체의 출현은 여성들에게 자기 관리의 새로운 규율을 체득할 것을 요구했고, 사랑과 결혼, 일과 가족, 소비문화와 성 문화 전반에서의 자기-배려의 새로운 담론의 전개를 가져오게 했으며, 그것은 젠더 체계와 섹슈얼리티 체계의 분화를 촉진했고, 여성학과 여성운동의 지형에 변화를 가져오게 했다.

권력의 작동 방식의 변화는 저항 담론의 지형에 변화를 가져온다. 급변하는 시대적 상황에서 신자유주의, 지구화, IT/BT 지식의 산업화, 이주와 같은 키워드들은 인문 사회 과학 전반에 걸쳐 탈식민 담론과 STS(Science and Technology Studies)의 성장을 가져왔고, 신자유주의적 주체성을 극복하는 대안적 주체성 모색 연구가 확산되고 있다. 여성학 역시 상호 교차성(intersectionality)을 통해 이른바 저항 담론들 간의 간학문적 연구를 수용해 여성학의 저변을 확장하는 방향으로 나아가고 있다.『벌거벗은 생명』은 이 같은 저항 담론들 사이에 위치한다. 나는 이 책에서 전통적인 페미니스트 연구 결과들뿐 아니라 탈식민 담론과 STS 연구 결과들을 참조했고, 상호 교차성을 수용해 젠더 정치를 신자유주의 지구화의 사회적 상황에 재위치화하려고 했

다. 그러므로 내가 이 책의 독자로 상정하는 사람들은 여성학 연구자들뿐
아니라 신자유주의 시대에 저항 담론을 모색하는 인문 사회 과학 연구자들
이다. 여성학의 위치에서 타 학문 영역들과의 간학문적 연구로 연대를 모색
하는 이 책의 시도가 바라건대 타 학문 분과의 독자들에게도 한 사례로 활
용될 수 있으면 좋겠다.

이 책에 실린 일곱 편의 논문은 한 편을 제외하고는 모두 2005~2008년
사이에 쓰인 글들이다. 이 글들은 크게 두 영역에서 일어나는 변화에 초점
을 맞추고 있기에 그에 따라 2부로 구성했다. 1부「생명정치, 벌거벗은 생
명, 페미니스트 윤리」는 신자유주의 지구화를 생명정치로 규정하고 페미니
즘이 생명정치의 전개에서 어떤 위치에 있으며 페미니스트 윤리가 지향하
는 도덕적 주체의 특징은 무엇이며 어떻게 대안을 찾아야 할 것인지를 모색
해 본 것이다.

1장("생명공학과 여성의 행위성: 시험관 아기 시술과 배아 복제")과 2장("난자: 생명 기
술의 시선과 여성 몸 체험의 정치성")에서는 시험관 아기 시술과 황우석 박사 연구
사건을 통해 지식 담론 - 국가 - 시장 - 여성의 관계에서 여성이 어떻게 호명
되고 재구성되며 재배치되는지, 그리고 그로부터 야기되는 새로운 쟁점들
은 어떤 한계와 가능성을 함의하고 있는지를 밝히려고 했다. 3장("생명정치,
벌거벗은 생명, 페미니스트 윤리")과 4장("지구화와 공공성의 변화: 벌거벗은 생명의 등장과
여성운동의 대응")은 생명정치의 시대에 등장하는 소수자들을 '벌거벗은 생명'
으로 호명하고, 벌거벗은 생명의 출현에 초점을 맞춰 국가, 공/사 영역, 국
민과 시민, 여성운동이 포함과 배제의 통치성의 기술을 통해 어떻게 재배치
되는지를 보려고 했다. 그리고 이렇게 변화하는 사회적 상황에서 페미니스
트 담론이 어떤 위치에 있고 어디를 향해야 하는가를 밝혀 보려고 했다. 특
히 방법론에서 언어적 재현이나(2장) 이미지의 해석(3장)이 사회적 사실들과

어떻게 결합하고 이탈하며 상호 영향을 주고받는지를 밝혀보려고 했다.

2부 「젠더 정치의 '위기'」는 신자유주의 지구화 시대에 여성학과 여성 운동이 직면한 상황을 이해하고 나아가야 할 방향을 모색해 본 것이다. IMF 위기 이후 한국 사회의 여성들의 위치가 다원화되어 갔듯이 여성학과 여성운동의 이슈와 의제 역시 다원화되어 갔다. 다원화의 이유와 의미를 여러 측면으로 해석할 수 있겠지만 현상적으로는 젠더 정치의 응집력이 이완되는 것으로 나타나고 있는 것은 분명하다. 나는 다원화의 근본 이유 중 하나가 계급 체계에서 젠더 체계가 분화되어 나갔듯이 젠더 체계에서 섹슈얼리티 체계가 분화되어 나가고 있기 때문인 것으로 이해했다. 젠더 정치의 중층성은 바로 이와 같은 사회의 제 위계 체계들인 계급, 섹슈얼리티, 인종이 젠더와 상호 교차하기 때문이며, 여성학과 여성운동은 이 상호 교차성을 정치하게 보여줄 수 있을 뿐 아니라 그것을 반영하는 정치학을 구사해야 한다고 보았다.

5장("군가산점제 논쟁과 젠더 정치: 능력 접근 방법의 관점에서")은 군가산점제 논쟁을 신자유주의 시대의 도래를 증거하는 예로 보고, 이 현상을 국민 국가의 징병제와 국민권 담론과 지구화 과정에서의 인권과 평등 담론의 각축으로 이해했고, 너스범의 '능력 접근 방법'의 주장에 기대어 페미니스트 담론을 인권과 평등 담론에 위치시킨 것이다. 6장("대학 내 교수 성희롱의 성차별적 특징: 세 대학 사례를 중심으로")은 대학 내 교수 성희롱 사건을 분석하면서 성희롱이 성폭력에 머무는 것이 아니라 대학 사회에 젠더 위계를 지속시키는 기제가 되는 것임을 밝히려 한 것이다. 이것은 우리 사회의 제 영역이 신자유주의의 단일한 시간대의 구속을 받는 것이 아니라 전통과 근대와 탈근대의 다양한 시간대가 공존하는 상황이며, 따라서 보편적인 젠더 정치 역시 여전히 유용함을 보여 주는 예가 된다. 반면에 7장("젠더 정치의 '위기'")은 섹슈얼리티의 지형 분석을 통해 신자유주의 지구화 시대에 젠더 정치가 새롭게 직면한 변화의 특징을 밝히고 그 대안을 찾으려 한 것이다. 1990년대 젠더 정치의 활력소였던 성 문화/성폭력의 영역에 시장이 들어오면서 젠더 정치와 시장의 논리가 충돌하고 있으며, 변화된 섹슈얼리티 지형은 페미니즘이 새로운 여성 주체성과 페미니스트 윤리를 제시해야 할 시점임을 보여 준다.

이 책에 실린 글은 모두 이미 발표한 논문들이다. 1장 「생명공학과 여성의 행위성: 시험관 아기 시술과 배아 복제 연구 사이에서」는『과학기술학연구』5(1), 2005, 93-124쪽; 2장 「난자: 생명 기술의 시선과 여성 몸 체험의 정치성」은『한국여성학』22(2), 2006, 5-40쪽; 3장(「생명정치, 벌거벗은 생명, 페미니스트 윤리」)은『한국여성학』24(4), 2008, 5-34쪽; 4장 「지구화와 공공성의 변화: 벌거벗은 생명의 등장과 여성운동의 대응」은『시민사회와 NGO』5(1), 2007, 63-90쪽; 5장 「군가산점제 논쟁과 젠더 정치」는『한국여성학』19(1): 2003, 181-208쪽; 6장 「대학 내 교수 성희롱의 성차별적 특징: 세 대학 사례를 중심으로」는『젠더와 문화』1(1), 2008, 219-58쪽; 7장 「젠더 정치의 '위기'」는『여성학논집』23(2), 2006, 3-37쪽에 실렸다. 하지만 이 논문들은 이 책에서 모두 수정을 거쳤다. 최근의 연구 결과들을 반영하고, 용어 통일을 하며, 모호할 수 있는 내용들을 분명하게 쓰는 방식으로 수정되었다. 또한 번역체로 보이는 문장들도 교열 과정에서 다듬어졌다.

이 책의 논문들을 준비하는 과정에서 많은 분들의 도움을 받았다. STS 분야의 쟁점들과 페미니즘과 STS의 관계를 정리하는 데 김문조, 김현철, 김환석, 백영경, 하정옥 교수와 나눈 대화와 그들의 자료 제공이 도움이 됐다. 젠더 정치에 대해서는 김경희, 김승경, 김은실, 김현미, 변혜정, 허성우 교수와 나눈 대화가 상황 변화를 어떻게 볼 것인지를 구체화하는 데 도움이 됐다. 계명대 여성학과 강세영 교수와 여성학연구소 김복규, 김정남, 박선영,

정문영, 양정혜, 유가효, 유옥희, 이신영, 허경미 교수와 함께 젠더 연구 공간을 마련하고 여러 사업들을 진행하는 과정은 언제나 유쾌했고 나에게 지치지 않는 힘을 줬다. 계명대 여성학과 박사 과정 학생들과 매주 함께한 수업에서 이 책의 많은 주제들이 논의됐고 학생들과의 토론은 언제나 나에게 자극이 됐다. 2004-5년의 연구년 기간 동안 오레곤대학 CSWS(여성학센터)와 샌드라 모건 소장의 세심한 배려로 나는 자유롭게 지내면서 이 책의 대부분의 주제를 구상할 수 있었다. 또하나의문화 출판사의 유승희 사장은 이 책의 기획을 흔쾌히 받아 주었을 뿐 아니라 직접 편집의 전 과정에 참여함으로써 더 완성도 있는 책으로 거듭날 수 있게 했다. 마지막으로, 논문을 쓸 때마다 따뜻한 격려를 해 준 대규에게, 그리고 어느덧 대학생이 되어 엄마의 공부를 응원하고 있는 현승이와 현진이에게 늘 고마운 마음을 보낸다.

2009년 11월
조주현

차례

2부 젠더 정치의 '위기'

제1부

생명정치,
벌거벗은 생명,
페미니스트 윤리

1_생명공학과 여성의 행위성
시험관 아기 시술과 배아 복제 연구 사이에서[1]

1. 문제 제기

2004년 1월 정부의 '생명윤리및안전에관한법률안[2](이하 생명윤리안)이 국회를 통과해 2005년 1월부터 시행되고 있다. 이 생명윤리안에는 그간 법안의 핵심 쟁점으로 부각된 치료용 배아 복제[3]와 이종간 핵 이식 복제[4] 연구를

---

[1] 이 글은 저자가 한국여성학회의 「생명공학과 여성」 심포지엄(2003년 9월)과 한국과학기술학회 콜로키엄(2004년 3월)에서 발표한 원고를 기초로 수정·보완한 것이다. 저자는 원고를 수정하는 데 심사자들의 지적과 제안에서 많은 도움을 받았다. 원고를 자세히 읽고 좋은 논평을 해 주신 심사자분들께 감사 드린다.

[2] 법률안은 아래 사이트를 참조. http://likms.assembly.go.kr/law/jsp/Law.jsp?WORK_TYPE = LAW_BON&LAW_ID=A1836&PROM_NO=07150&PROM_DT=20040129.

[3] 배아 복제란 핵을 제거한 난자에 복제하려는 사람의 체세포 핵을 이식, 이를 실험실에서 배양하여 배아로 키우는 것을 말한다. 배아는 수정 후 2주까지의 생명체를 지칭한다. (치료용) 배아 복제는 복제의 목표가 인간 복제에 있는 것이 아니라 배아를 통해 줄기세포를 만드는 것에 있다. 역으로 이야기하면 (치료용) 배아 복제는 배아를 파괴하는 것을 전제로 한다.

[4] 난자와 체세포가 이종인 경우의 복제. 예를 들어 핵을 제거한 소의 난자에 인간 체세포의 핵

보건복지부 장관의 검토하에 허용하겠다는 단서 조항이 있다. 2000년에 과학기술부의 생명윤리자문위원회의 권고로 처음 보건복지부가 안을 만들었을 때는 치료용 배아 복제와 이종간 핵 이식 복제 연구는 금지 사항이었으나 2004년 1월 생명윤리안에서는 과학계와 산업계의 의견을 따른 과기부의 주장이 반영되어 다시 허용하는 법안으로 확정된 것이다(황우석, 『대한매일』 2002.9.27; 김명희, 2003: 149).

생명윤리안의 핵심 쟁점에 대한 대표적인 찬반 논의들을 보면 다음과 같다. 찬성하는 쪽에서는 배아 복제 연구가 난치병 치료에 큰 도움을 줄 수 있으며 21세기 국가 경쟁력의 근간이 될 것이라는 점에 주목한다. 반대하는 쪽에서는 일단 배아 복제가 허용되면 인간 복제로 확대되는 것을 막을 방법이 없다는 점과 여성의 몸이 도구화된다는 점을 우려한다. 배아 복제 연구에 대한 다양한 논쟁들은 그 자체로 한 사회의 문화·전통과 과학 기술 사이의 긴밀한 연관성을 보여 준다. 또한 이는 우리가 왜 과학 기술의 정치성의 형태를 다각적이고 다층적으로 분석해야 하는지를 역설적으로 입증해 주는 것이라고 할 수 있다.

배아 복제 연구는 잔여 배아나 인간의 난자가 연구의 공급원이 된다는 점에서 난자 추출과 배아 생성을 주도하는 신출산 기술(new reproductive technology: 인공 수정, 체외 수정, 배아 이식 등)과 밀접한 관련이 있다.[5] 현재 한국의 "체세포 핵 치환 기술은 세계 최고 수준"(황우석, 『조선일보』, 2001.11.30)인데, 그

을 결합시켜 배아를 만드는 것.

[5] 신출산 기술에는 양수 검사, 초음파 검사, 확대경 검사 등에서부터 불임 시술을 위한 방법으로 체외 수정 및 자궁 내 배아 이식술(IVF-ET), 난자 세포 질 내 정자 주입술(ICSI), 냉동 보존 배아 이식(Cryopreserved ET), 생식 세포 난관 내 이식(GIFT), 자궁 내 인공 수정(IUI), 접합자 난관 내 이식술(ZIFT), 착상 전 유전 진단(PGD)이 있다.

릴 수 있었던 것은 시험관 아기 시술이 보편화되었기 때문으로 알려져 있다. 한국은 1985년에 서울대병원에서 최초로 시험관 아기가 탄생한 이래, 2002년 현재 전국 100여 개소의 불임 클리닉에서 전 세계 시험관 아기의 20%인 약 8천 명의 아기들이 태어나고 있다. 또한 전 세계적으로 시험관 아기 시술에 쓰이고 남은 배아는 약 20만 개로 추산되는데 이중 최소 10만여 개가 한국에 보관돼 있는 것으로 알려져 있다(김명희, 2003: 143).

한국에서 시험관 아기 시술이 이렇게 빠른 속도로 발전하고 확산된 것은 환경 오염과 만혼 등의 자연적, 사회적 조건의 변화 속에서 불임 부부의 수는 증가하는 반면에[6] 혈연에 기초한 가족 계승과 가족 중심주의 문화, 그리고 생물학적 모성을 기혼 여성의 본질적 정체성으로 인지하는 전통과 문화가 여전히 강력한 영향력을 행사하고 있기 때문으로 보인다. 한국 가족의 구조 안에서 불임은 여성의 정체성을 근본적으로 위협하는 경험이며 시험관 아기 시술은 불임의 기혼 여성이 반드시 거쳐야 할 관문으로 자리 잡고 있다. 이 과정에서 가부장적 한국 가족과 신출산 기술이 만나면서 가부장적 가족은 생물학적 모성의 전통을 확대, 강화하는 효과를 얻었고, 신출산 기술은 불임 센터의 확산으로 풍부한 난자와 잔여 배아를 확보할 수 있게 된 것이다. 그리고 이렇게 확보된 난자와 잔여 배아는 배아 복제 연구의 밑거름이 된다.

현재 국내의 몇몇 불임 센터에서는 잔여 배아를 이용해 이미 줄기세포를 만든 상태인데, 앞으로 줄기세포 치료술이 널리 쓰이면 난자에 대한 수요는 기하급수로 증가하리라 예측된다. 난치병 치료를 위한 배아 복제 연

---

6) 불임이란 부부가 1년 이상 피임 없이 정상적으로 성관계를 맺어도 임신이 되지 않는 상태를 말하는 것으로, 국내에 약 100만 쌍이 있는 것으로 집계된다. 특히 30대는 여섯 쌍 중 한 쌍, 40~44세 부부는 네 쌍 중 한 쌍이 불임인 것으로 추정되고 있다(『문화일보』, 2001.5.15).

구는 여성의 난자 공급을 바탕으로 하고, 난자 공여는 불임 치료 과정에서 이루어진다. 또한 치료용 배아 복제 연구의 허용은 궁극적으로 인간 복제의 길을 열어 준다는 점에서[7] 시험관 아기 시술과 배아 복제 연구는 서로 떼려야 뗄 수 없는 관계에 놓여 있다. 다른 한편 시험관 아기 시술과 배아 복제 연구 사이에 놓여 있는 여성의 몸은 가족과 의료 집단과 국가의 주류 담론들이 서로 각축을 벌이는 장으로 부상해, 여성은 21세기의 새로운 기술 과학 주체(technoscientific subject)로 호명되면서 자신을 어떤 위치에 새롭게 놓는가/놓이는가 하는 상황에 있다.[8]

그렇다면 시험관 아기 시술은 여성의 재생산권의 구성에 어떤 영향을 끼치는가? 또 한국의 재생산 정치는 시험관 아기 시술을 어떤 방향으로 나아가게 하는가? 이 글은 최근 한국에서 진행되고 있는 시험관 아기 시술을 여성의 재생산권의 맥락에서 이해하려는 시도다. 이 글에서는 여성의 재생산권을 여성 스스로 선택할 기회를 가지는 것으로 정의한다. 또한 여성의 재생산권은 확정된 것이 아니라 한국 사회의 여성·가족·의료·국가·종교 등 제 사회 세력들 간의 상호 교차를 통해 그 의미와 적용 범위가 결정되는 것으로 이해한다. 따라서 서로 층위가 다른 제 사회 세력들이 시험관 아기 시술을 매개로 어떤 방식으로 여성의 재생산권과 모성의 의미를 구성하는지를 밝힐 것이며, 시험관 아기 시술을 통해 부상한 기술 과학 주체인 여성

----

7) 과학자들도 치료용 배아 복제만을 허용하고 인간 개체 복제 행위를 엄격히 금지해야 한다고 주장하지만, 치료용 복제 배아를 허용하면 그것을 임신용으로 사용하는 것을 막기는 현실적으로 불가능하다(카스, 2003: 135). 황우석 박사는 과학계가 스스로 "자체적인 생명윤리 강령을 정하여 지켜 나가는" 등, "윤리 무장을 공고히 해 더욱 투명한 자세로 연구에 임"하자는 대안을 제시하고 있다(황우석,『대한매일』, 2002.9.27).
8) 이 글은 불임 치료와 관계없이 배아 복제 연구만을 위해 난자를 제공한 여성들의 경험은 다루고 있지 않다.

은 어떤 위치에 놓여 있는지를 살펴볼 것이다. 이를 통해 한국 가족과 여성들에 대한 전통의 영향력이 궁극적으로 배아 복제 연구의 배경이 되고 있으며, 동시에 여성들이 자신과 자신의 몸을 어떤 위치에 놓느냐/놓이느냐에 따라 배아 복제 연구의 방향과 속도에 영향을 끼칠 수 있음을 밝힐 것이다.

2. 과학 기술과 페미니즘

과학 기술과 사회의 관계를 보는 시각은 크게 기술 결정론과 사회 구성론으로 나뉜다(김환석 1997; 윤정로, 2000; 이영희, 2000). 기술 결정론은 과학 기술의 발전이 인간과 사회를 변화시킨다고 보는 것이다. 기술 혁신이 가능한 상황이라면 우리가 그것을 좋아하든 싫어하든 기술 혁신은 이루어지며 그 기술 변화가 사회를 변화시키리라 보는 것이 대표적인 예다. 생명공학의 발전을 저지할 수는 없을 것이라는 시각도 대표적인 기술 결정론의 예다. 반면에 사회 구성론은 과학 기술을 사회적 맥락에 따른 행위자들의 이해관계의 산물로 본다. 과학 기술의 발전 방향은 그 사회 구성원들 간의 의도한/의도하지 않은 힘의 역학 관계의 결과라는 것이다. 환경 운동을 통해 기술 혁신의 의도하지 않은 폐해를 지적하고 막을 방법을 제안하거나, 기술이 가능한 상황에서도 치료용 배아 복제와 이종간 핵 이식 복제를 금지하는 법안을 통과시킨 국가들이 대표적인 예가 된다.

1) 과학 기술에 대한 페미니스트 입장들

과학 기술에 대한 페미니즘의 시각은 크게 페미니스트 경험론, 페미니스트 입장론, 페미니스트 포스트모더니즘으로 나뉜다(조주현, 1998:126-132). 페미니스트 경험론에 따르면 과학이 나쁜 과학(bad science)이 되는 경우는 연구자의 편견 때문에 연구의 가치 중립적 객관성이 보장되지 못할 때다. 따라서 좋은 과학이 되기 위해서는 과학의 객관성을 제고해야 하며 연구자는 사회적 위치를 초월한 추상적 개인이 되어야 한다. 그러므로 이 논의에 따르면 생명공학 지식의 내용과 젠더 문제는 서로 무관한 것이다.

페미니스트 입장론은 과학 기술이 늘 역사상 특정 시점의 사회 정치적 형성 과정에서 연구자 개인이 놓인 위치에 따라 영향을 받는다고 생각한다. 따라서 입장론은 누구를 위해 무슨 목적으로 지식을 축적하는가를 질문하며, 과학 기술의 사회적 근원을 밝히려고 한다. 즉 입장론은 한 사회의 성별, 계급, 인종 문제와 과학의 관련성에 초점을 맞춘다. 예를 들어, 입장론자는 치료용 배아 복제 연구에 대해, 배아 복제를 위해 난자를 요구하는 사람들과 그 혜택을 입을 사람들은 누구인가를 질문한다. 이 관점에서 보면 치료용 배아 복제 연구의 재료 제공자는 모두 여성인 데 비해 연구를 지원하려는 생명공학자·정부 정책 입안자·정치가·자본가나 그 연구의 수혜자가 될 환자의 대다수는 남성인 젠더 구조가 드러나며, 배아 복제 연구는 근본적으로 위계적인 젠더 관계를 내포하고 있다는 주장이 제기된다(김명희, 2003: 144).

페미니스트 포스트모더니즘은 21세기 과학 기술과 관련해 '여성'이라는 미리 확정된 범주를 설정하는 것이 이제 효과적이지 않다고 생각한다. 성별, 계급, 인종으로 구획된 근대적 개인의 일관된 시선은 현재의 지배 구도와는 다른, 그런 세상을 만드는 데 필요한 지식을 생산하기에는 빈약한 것이라고 본다. 한 개인의 자기 존재에 대한 지식은 훨씬 불분명하며 우발적이기 때문이다(Haraway, 1991: 192-193). 분열되고 모순된 자아를 갖고 있는 개인은 동일한 정체성에 의해 타자와 연결되는 것이 아니라 자신을 어떤 위치에 두느냐에 따라 타자와 연결된다. 과학 기술과 맺는 관계에서도 중요한 것은 위치짓기(positioning)다. 위치짓기에는 어떻게, 어디서, 어디까지, 무엇을 위해, 누구와 함께 볼 것인가, 누구의 시선이 주도적이고 누구의 시선이 차단되어 있는가 등이 고려된다. 결국 위치짓기는 정치적인 행위인 동시에 자신의 지식(행위)에 책임을 져야 한다는 뜻에서 윤리적인 행위다. 페미니스트 포스트모더니즘의 윤리성의 핵심은 연구 대상의 행위성(agency)을 마련하는 데 있다. 즉 연구 대상에게 여지를 마련해 주는 것이다. 예를 들어, 신출산 기술을 이용해 아기를 가지려는 불임 여성들의 행위성을 확보하려는 연구는 미리 범주화되지 않은 특정한 상황적 지식을 낳는다. 그리고 이런 지식은 기존의 여성들 간의 연대를 낳기도 하고 분리를 가져오기도 한다.

이 글은 페미니스트 입장론과 페미니스트 포스트모더니즘이 서로 대립적이기보다는 연장선상에 있다고 전제한다. 하딩의 '강한 객관성'과 해러웨이의 '상황적 지식'은 둘 다 지식의 사회적 맥락을 강조하기 때문이다. 다만 정체성의 정치가 적용되지 않는 상황이 빈번해지면서 정체성이 아닌 위치짓기로 지배 지식에 대응하려는 것이 페미니스트 포스트모더니즘이라고 본다.

2) 신출산 기술에 대한 페미니스트 입장들

신출산 기술에 관한 페미니스트 관점은 크게 기술 낙관론, 기술 비관론, 기술 중립론으로 나뉜다(와츠맨, 2001: 106-121). 첫째, 기술 낙관론은 신출산 기술이 발전하면 여성들의 삶이 더 나아진다고 본다. 피임과 인공 임신 중절 시술이 원치 않는 임신에서 여성들을 해방시켰고 여성은 곧 모성이라는 전통적 개념을 이완하는 역할을 하여 성과 노동 시장 영역에서 여성 해방을 가져왔듯이, 신출산 기술은 사회 활동을 하다가 뒤늦게 결혼한 여성들이 생물학적 한계를 극복하고 임신 조절을 할 수 있도록 선택의 기회를 확장한다는 것이다. 이런 입장은 특히 이 기술의 혜택을 받은 여성들, 불임 전문의들, 생명 과학자들의 지지를 받는다.

그러나 재생산 기술 덕에 생물학적 모성이 종식되면 성적 평등을 이룰 수 있다고 본 1970년대의 파이어스톤을 제외하면 페미니즘 내부에서 기술 낙관론을 지지하는 입장을 찾아보기는 어렵다. 페미니스트들은 피임과 인공 임신 중절 시술의 효과와 신출산 기술의 효과를 구분한다. 전자가 여성에게 자기 몸을 통제할 수 있는 선택권을 강화해 줬다면, 후자는 불임을 고쳐야 할 병으로 규정함으로써 모성을 사회적 모성에서 생물학적 모성으로 환원한다고 본다. 특히 전통적으로 강력한 모성 이데올로기가 작동하는 사회에서 신출산 기술은 전통적인 여성의 역할을 실현시키는 수단이 된다고 본다. 또한 기술 낙관론이 전제하고 있는 여성의 선택권 개념이 내 몸은 내 것이라는 개인의 소유권 개념에 기반을 둔 것이기 때문에, 궁극적으로 난자 매매와 자궁 대여 역시 소유주의 권리에 속한 것으로 수용하게 되는 논리를 가져온다고 비판한다(Pateman, 1988: 214-216).

둘째, 기술 비관론은 신출산 기술을 가부장적 지배 수단으로 인식한다. 마리아 미즈, 지나 코리아 등이 속해 있으며 1984년에 결성된 급진적 페미니스트 그룹인 '핀레이지(Feminist International Network of Resistance to Reproductive and Genetic Engineering)'가 대표적 활동 단체다. 이들은 결국에는 여성 대부분이 신출산 기술을 이용하리라 우려하며 그렇기 때문에 이 기술이 사회 통제의 강력한 수단이 되리라 전망한다. 이들은 기술 낙관론자의 주장과는 달리 신출산 기술이 여성들의 선택권을 넓혀 주는 것이 아니라 선택권을 행사할 수 없게 하리라고 본다. 궁극적으로 태아와 여성의 몸을 분리할 잠재력이 있는 이 기술은 유전적으로 완벽한 아기를 선호하는 경향이 있는 여성들이 선호하게 될 것이며, 수정부터 출산까지 기술이 개입되지 않는 자연 분만이 오히려 주변화되는 상황이 오리라고 본다. 이들은 여성들에게 마지막으로 남은 여성 중심적 과정인 재생산 능력이 과학 기술을 매개로 사회적 범주인 남성의 세력에 넘어가고 있다고 주장한다. 가부장적 지배 양식은 섹슈얼리티 영역에서 결혼을 매개로 개별 남성이 권력을 행사하던 방식에서 모성애 영역에서 과학 기술을 매개로 사회 집단인 남성이 권력을 행사하는 방식으로 이동하고 있다는 것이다(Mies, 1987; 와츠맨, 2001: 115에서 재인용). 그 결과 여성은 이전에 어머니로서 가졌던 지위마저 상실한다는 것이 이들의 주장이다.

그러나 기술 비관론의 문제점은 신출산 기술을 남성 가해자와 여성 피해자의 구도로 접근함으로써 신출산 기술에 대한 여성들의 입장 차이를 드러내지 못한다는 데 있다. 중요한 것은 여성들이 신출산 기술의 피해자인지 아닌지를 밝히는 것보다는 누가 여성의 욕구를 정의할 것이며 그 욕구들을 어떻게 만족시킬 것인지에 대해 어떤 페미니스트 전략이 있을 수 있는지를 생각하는 것이다(소위키, 1995: 192-213; 박용운, 2002: 32에서 재인용).

셋째, 기술 중립론은 여성들이 신출산 기술을 선택할 권리는 마땅히 지지받아야 한다는 전제를 갖고 있다. 신출산 기술 자체는 중립적인 것으로 기술과 그것을 둘러싼 권력관계를 분리해서 생각해야 한다고 보는 것이다. 문제는 기술에 있는 것이 아니며 이 기술이 속해 있는 문화적, 정치적 상황에서 이 기술의 의미를 끌어내는 방식에 있기 때문에 신출산 기술은 여성들의 계층, 나이, 인종, 제1/제3세계적 차이에 따라 함의가 다르다고 본다(와츠맨, 2001: 135). 이런 맥락에서 페미니즘은 기술적으로 주어진 선택 가능성을 어떻게 하면 의료진과 국가의 여성 통제 강화로 넘어가게 하지 않고 실질적인 여성의 재생산권으로 실현되게 할 수 있는지를 고민해야 한다고 본다. 기술 중립론의 대안은 여성 스스로가 이 분야에 대한 지식과 자원을 얻을 수 있고 여성 스스로 판단에 따라 결정할 수 있는 조건을 만들어 나가는 것이다 (Petchesky, 1987).

기술 비관론이 이분법적인 젠더 관점으로 신출산 기술을 비판한 데 비해, 기술 중립론은 신출산 기술이 여성들에게 각기 다른 함의를 지닐 수 있다는 '차이의 정치'를 드러내고 젠더 관계 이외의 국가, 자본가, 의료진 등 다양한 세력들이 신출산 기술의 의미 규정에 관여하고 있다는 것을 드러내는 데 강점이 있다. 그러나 기술 중립론이 주장하듯이 신출산 기술 자체가 정말 중립적이어서 여성들에게 선택 가능성을 넓혀 주는 것인지는 의문이다. 신출산 기술이 확산됨에 따라 불임의 의미는 재규정되어 삶의 한 형태가 아니라 치료가 가능한 질병, 그래서 치료해야 할 질병으로 자리 잡고 있다. 치료가 가능하다는 데 치료하지 않는 선택을 할 수 있을까? 또 신출산 기술의 종류가 정말 선택이라고 말할 수 있을 만큼 다양한 걸까?

지금까지 살펴본 기술 낙관론, 기술 비관론, 기술 중립론을 과학 기술에 대한 페미니스트 시각과 연결해 보면 다음과 같다. 기술 낙관론은 기술 결정론의 시각에서 신출산 기술을 이해하고 있다. 기술 낙관론은 '좋은 과학'을 지향한다는 점에서 페미니스트 경험론의 시각이 있다. 반면에 기술 비관론은 여성이 본질적으로 다른 특징을 갖고 있다고 보는 점에서 본질주의로 경도되는 급진적(문화) 페미니즘의 주장을 담고 있다.[9] 또한 기술 비관론은

---

[9] 기술 비관론은 여성의 다른 경험을 기초로 기술 과학의 가부장성을 부각하는데 이것은 입장론의 주장과는 다른 것이다. 입장론은 여성들의 '경험'과 여성들의 '입장'을 구분하며, '경험'이 지식의 토대가 될 수는 없다고 주장하기 때문이다(하딩, 2009: 191-192). 기술 비관론이 본질론

자본·국가·과학 기술의 작동과, 여성들의 차이를 간과하는 점이 있다. 마지막으로 기술 중립론은 신출산 기술과 관련해 여성들의 차이를 인정한다는 점에서 페미니스트 포스트모더니즘의 시각을 반영하지만, 주체의 해체로 나가는 것이 아니라 '개인성'의 재구성을 지향하는 지점에 위치하며, 기술 자체에 내재해 있는 정치성을 간과하는 한계가 있다.

3. 연구 방법

이 글에서 사용한 연구 방법은 주로 문헌 연구이며 심층 면접을 보완했다. 2절은 과학 기술과 신출산 기술에 대한 다양한 이론적 논거들을 과학기술학연구(STS)와 페미니즘 관련 문헌들에 근거해 정리함으로써 신출산 기술의 페미니즘적 맥락을 이해하는 데 초점을 맞췄다. 3절과 4절은 불임 여성의 경험 세계와 생명공학의 관련성을 드러내려는 것으로, 심층 면접 자료, 불임 여성 모임 단체와 입양 단체의 문건들과 회원들이 올린 글들, 언론 매체의 기사와 칼럼들을 이용했다.

심층 면접 자료는 선행 연구(박용운, 2002)에서 네 사례를 발췌해 재인용했으며, 연구자가 직접 한 심층 면접은 두 사례로, 불임 여성 한 명과 불임 여성 모임 단체 운영자 한 명이었다. 불임 여성 모임 단체와 입양 단체의 문건들과 회원들이 올린 글들은 불임 여성들의 모임인 '아기를 기다리는 여성들의 모임'(아기모)과 '한국입양홍보회' 홈페이지의 관련 문건들과 회원들이 자신의 불임 경험을 기록한 게시판의 내용들을 참조했다. 언론 매체의 기사와 칼

이라면 입장론은 사회 구성론이라고 할 수 있다.

[표 1] 이 연구에서 사용한 불임 여성 사례

사례	나이	결혼 기간	자녀 유무	시험관 아기 시술
선행 사례 1*	40	8	있음	1회 성공
선행 사례 2	42	14	없음	4회 이상 실패
선행 사례 3	37	8	있음	1회 성공
선행 사례 4	44	9	없음	7회 이상 실패
심층 사례 5	34	8	없음	4회 이상 실패
심층 사례 6	불임 여성 단체 담당자**			

* 선행 사례는 박용운(2002)에서 발췌한 것임
** 익명성을 위해 단체명은 표기하지 않음

럼들은 생명공학과 배아 복제 연구에 관련한 기고글들을 중심으로 찾았고, 그 밖에 불임 시술 병원들과 각종 기관들의 인터넷 사이트들을 열람하여 시험관 아기 시술과 배아 복제 연구에 관한 자료와 기사들을 자료로 삼았다.

4. 시험관 아기 시술이 가져온 사회적 상황

이 절에서는 불임 여성들의 경험 세계를 통해 시험관 아기 시술이 가져온 사회적 상황이 여성들의 선택권을 어떻게 재구성하고 있는지를 가족, 의료, 국가와의 관계를 중심으로 살펴보려고 한다.

1) 불임 여성과 가족: 생물학적 모성의 강화

한국 사회에서 여성은 결혼을 하면 곧 아이를 낳을 것으로 기대된다. 아이가 없는 기혼 여성은 가족, 친구, 이웃, 의료진 모두한테 '비정상' 범주에 속하는 여성으로 호명될 뿐 아니라 스스로도 자신의 여성성에 의문을 갖게 된다. 가계 계승을 근간으로 하는 한국의 가족주의와 여성 정체성의 핵심은 모성에 있다는 인식이 우리의 사고·언어·행동 체계의 근간을 이루는 사회에서 불임 여성의 심리적, 물리적 공간은 점점 더 축소될 수밖에 없다. 그러므로 이들을 '비정상적' 여성으로 호명하는 공간, 즉 가족의 공간에서 이들은 분리의 태도를 취하게 된다(박용운, 2002: 69).

> 집안 대소사나 남편 모임에는 거의 빠졌어요. 남편만 보냈지요. 애가 없다고 사람들이 쑥덕쑥덕 하는 것 같아서 나갈 수가 없었어요. 아파트 아줌마들하고도 거의 만나지 않았어요. 만난다는 것이 싫더라고요. 지금 제가 사람 만나기를 두려워하는 버릇이 있는데 그때 생긴 거예요. 애 낳고 나니까 사람들이 말을 걸더라고요. 주변 사람들이 하는 얘기가 애 낳기 전에는 말을 걸고 싶어도 못하겠더래요. 혈색도 너무 안 좋고 인상도 차가워 보이더라나요. 애 낳고 아줌마가 되니까 시장에 가서 모르는 사람들하고도 괜히 얘기하고 싶어질 때가 있더라고요.(선행 사례 1)(자료: 박용운, 2002: 70)

"시댁에서 전화가 오거나 하면 거의 받지 않고," "돌잔치에 참석하기가 제일 힘들어서 아예 가지 않는" 것으로 불임 여성들은 자신을 비정상적 여성으로 범주화하는 가족 권력에 대응한다. 그런데 이들의 고통에 애정과 관심을 보이는 가족과 친구들의 반응도 정상/비정상의 범주를 제거하기보다는 어떻게 해서든지 이들을 '정상' 범주에 편입시키려는 데 있다.

> 친구들은 만나기만 하면 항상 '어디 불임 클리닉이 유명하다더라' 하고 말해 주지. 그러면서 그들은 마치 내가 끼어서는 안 되기라도 하는 듯이 불편해하거나,

아이 이야기가 나오게 되면 내 눈치를 보기도 해. 서로 무언가 다름을 느끼게 되지.(선행 사례 2)(자료: 박용운, 2002: 70)

각 가정에는 헛똑똑이 의사들이 깔려 있어서 불임에 대해 모두 한마디씩 해결책을 이야기하죠. 쑥, 뜸, 접시꽃, 굿, 한의원 등 안 해보는 것 없이 모든 것을 다 해보게 되죠. 다 해보고 한 3년에서 5년 지난 후 (불임)병원을 찾게 돼요.(심층 사례 5)

아이 없는 여성을 비정상으로 여겨 철저히 배제하는 사회에서 아이가 없으면 불안할 수밖에 없는 여성은 신출산 기술을 다른 어떤 민간요법보다도 효과적인 방법으로 간주한다. 이들은 신출산 기술을 자신이 정말로 아이를 낳을 수 없는 몸인지를 판별해 줄 최후의 보루라고 생각한다. 또한 신출산 기술이 개발되어 있는 상황에서 그 기술을 이용하지 않으면 자신이 아이를 갖기 위해 충분히 노력했다는 확신을 스스로 갖기 어렵다고 생각한다. 이렇게 하여 신출산 기술에 대한 여성들의 의존도는 갈수록 높아진다.

결혼 후 6개월이 지났는데 아이가 없는 거예요. 산부인과에 찾아갔죠. 선생님이 웃으시면서 벌써 왔느냐고 그러시는 거예요. 왜 그렇게 일찍 갔냐고요? 남편이 독자예요. 빨리 가져야 될 것 같아서요.(선행 사례 3)(자료: 박용운, 2002: 51)

불임 클리닉에 가서 의사를 만나는 순간 아이를 가질 수 있다는 생각이 들었고, 가져야만 한다는 욕망을 더 한층 갖게 됐다. 내 자신의 아이를 가질 수 없다는 생각을 하면 너무나 고통스러웠다. 아이만 갖게 해 준다면 무슨 일이든지 할 수 있다고 생각했다. 시험관 아기 시술을 몇 번이라도 해서 아이를 가져야 한다고 생각했다. 그전에는 아이가 없는 것이 속상했지만 할 수 없다고 생각했고, 그냥 운명으로 받아들였는데, 막상 클리닉에 와서 보니까 해보는 데까지 해보아야 한다고 생각했다.(선행 사례 2)(자료: 박용운, 2002: 98)

불임 치료는 인공 수정을 3~4회 시도한 후 그래도 임신이 되지 않을 때 시험관 아기 시술을 하는 순서로 진행된다. 시험관 아기 시술의 1회 시술 기간을 3개월로 보면 전체 불임 치료 기간으로 평균 2~3년이 소요되는 셈이다. 시험관 아기 시술을 평균 4회까지 하면 시술자 60% 정도가 임신이 된다. 그러나 그 이후 시술에서는 성공률이 급격히 떨어진다. 하지만 10회 이상 시술에서 성공한 예도 드물지만 있기 때문에 시험관 아기 시술을 받으려는 여성들이 시술 자체를 포기하는 것은 쉬운 일이 아니다(심층 사례 6과의 인터뷰, 2003. 8.12). 의사도 '시험관 아기 시술이 아이를 낳으려는 여성들의 최후의 수단이기 때문에 시술에 실패해도 환자에게 포기하라는 말을 하기는 쉽지 않다.

이렇게 신출산 기술은 불임 여성들에게 출산의 가능성을 열어 주는 반면에 모성을 생물학적 모성으로 환원하는 효과가 있다. 현재 한국 사회에서 아이가 없는 여성에게 신출산 기술은 반드시 통과해야 할 절차로 자리 잡았다. 그러나 아기가 없이 가족을 구성하고 자신의 여성성을 구현할 수 있는 사회 문화적 환경이 충분히 마련되어 있지 않은 상황에서 신출산 기술이 여성들에게 진정한 의미에서 선택권을 넓혀 주는 것이라고 말하기는 어렵다. 오히려 현 시점에서 신출산 기술은 혈연 중심의 '정상 가족'의 개념을 더욱 공고히 하는 데 도움을 주고 있는 것으로 보인다.

2) 불임 여성과 의료: 대상화된 몸의 경험

시험관 아기 시술을 받는 여성은 시술 과정에서 자신의 몸이 철저히 대상화되는 경험을 한다. 모든 시술 과정의 목표는 임신에 있기 때문에 수정란, 배아 이식, 자궁 착상, 임신의 전 과정에서 관심의 초점은 자연히 배아와 태아로 향하며 여성은 전 과정이 순조롭게 진행되도록 자기 몸을 최적 상태에 있게 하는 데 집중해야 한다.

시험관 아기 시술을 하기로 결정한 후 다니던 직장을 그만두었지. 아기 갖는 것이 더 중요하다고 생각해서 오랫동안 해 왔던 직장 생활을 포기했지 뭐. 직장 다니랴, 병원 다니랴 두 가지는 못하겠더라고. 검사도 받아야 하고 주사도 맞아야 하고… 일이 많아. 다른 사람들도 애 낳으려면 직장 포기해야 한다고 그러고. 그동안 직장 생활하면서 모은 돈하고 퇴직금으로 시험관 시술을 했지. 시술 비용도 비용이지만 이것저것 좋다는 것 다 먹고, 가능한 한 스트레스 안 받으려고 돈 많이 썼지.(선행 사례 4)(박용운, 2002: 105)

불임 치료를 받는 여성은 임신이 될 때까지, 그리고 임신 후 12주까지 계속 호르몬 주사를 맞는다. 많은 여성들이 이 과정에서 부작용을 경험한다. 발열, 구토, 아랫배 팽만감, 심하면 온몸에 두드러기가 나거나, 복수가 차거나, 난소가 붓고, 심한 복통을 느낀다. 몸이 제대로 말을 안 들어 거의 누워 지내는 수도 있다. 그러나 치료 과정에서 이러한 신체적 고통보다도 더 고통스러운 경험은 바로 유산 경험이다.

시험관 시술로 임신이 됐어… 그런데 며칠 뒤 자궁 외 임신으로 판정이 났어. 그때 얼마나 정신적으로 충격을 받았는지 알아. 내가 그 충격에서 헤어나질 못하니까 시험관 시술을 한 경험이 있는 친구가 '빨리 잊으라고 그러는 거야. 빨리 잊는 것이 가장 좋은 방법이라고. 그러나 잊기가 쉽지는 않더라고. 정신적

상처가 너무 커.(선행 사례 2)(자료: 박용운, 2002: 92)

사회생활이 파괴되죠… 시험관 시술을 하다 보면 유산을 너무 자주 경험해요.
기구를 넣다 보면 자궁 경관 무력증으로 유산되는 경우가 많아요. 그 과정이 너
무 힘들어요.(심층 사례 5)

더구나 이 모든 과정을 잘 겪고도 결국은 임신이 안될지도 모른다는 두
려움과 정신적 긴장은 치료 과정 내내 불임 여성을 고통스럽게 만든다.

치료 과정이 너무 힘들다고 하는 여성들은 오히려 1, 2회 시술로 임신에 성공한
여성들의 엄살이죠. 몸은 처음 1, 2회 시술받았을 때 가장 심하게 느끼지만 그
후로는 점점 몸도 부작용에 적응해 나가요. 그리고 노련한 의사는 이 문제를 예
방할 수 있어요. 오히려 문제는 정신적 고통이에요. 이렇게 해도 결국 임신이
안되면 어쩌나… 늘 정신적으로 긴장하고… 만약 열 번 스무 번을 해서라도 임
신이 된다는 보장만 있으면 할 거예요.(심층 사례 5)

특히 15차례 넘게 시술을 시도한 후 임신에 성공한 드문 예를 접하거나
시술 과정에서 임신과 유산을 경험하면 치료를 받는 여성이 시험관 아기 시
술을 중단하는 결정을 스스로 내리기는 쉽지 않다. 게다가 무엇보다도 의료
인들 스스로 불임 여성들에게 임신이 확률적으로 불가능하니 시술을 더 하
지 않는 것이 좋겠다고 제안하지 않는다. "몇 번을 실패해도 그만두라는 말
은 하지 않"으며, "석 달 후에 다시 오라"는 말만 듣는다. 의료인들은 시험
관 시술을 할지 여부는 불임 여성이 결정해야 한다고 말하지만, 불임 여성
이 이 시술을 지속할지 여부를 결정하는 데 실제로 중요한 역할을 하는 것

은 의료인의 태도다. 불임 여성에게 "다시 오라"는 말은 "다시 시도해도 이상이 없는 몸"으로 이해된다.

여성들이 치료 과정을 중단하기로 결정하는 데는 "노력할 때까지 다 해봤다"는 마음의 판단이 중요한 기준이 되는데, 그 배경에는 여성 스스로 자기 몸에 대한 최후의 배려가 작용한다. 정상적인 생활을 할 수 없을 정도로 몸이 피폐해 누워 지낼 정도가 되어서야 시험관 아기 시술을 중단하는 것이 대부분이다(박용운, 2002: 95). 그런데 시험관 아기 시술 중단의 경험이 여성에게 자신의 여성 정체성을 형성하는 계기로 작용하기도 한다.

> 아이를 갖기 위해 모든 노력을 다 기울이고, 시험관 아기 시술까지 했는데 성공하지 못했을 때, 내 몸은 아기를 낳을 수 없는 상태이구나 하고 마음속으로 단념하는 것이 가능해져요. 과학 기술이 나를 그렇게 판정했을 때 오히려 마음을 정리하기가 편하죠.(심층 사례 5)

여성이 시험관 아기 시술의 도움으로 임신을 하고 태아와 진정한 합일의 경험을 꿈꾸는 데 비해 시술 과정은 오히려 여성의 생명과 태아의 생명이 대치한 상태로 경험되는 모순을 보인다. 시술 과정에서 여성의 위치가 오직 임신이 목적인 대상에 불과한 것으로 취급될 때 여성은 자신의 몸을 배려하는 유일한 사람이 된다. 시술 과정에서 여성은 시댁과 남편의 협조와 이해를 거의 받지 못하며 의료진의 관심은 오직 임신의 성공과 지속에 있기 때문에 여성이 겪는 물리적, 정신적 고통은 여성 스스로 감당해야 할 몫으로 남는다. 이 과정에서 여성이 몸의 고통을 겪으며 그리고 자기 몸에 대한 최소한의 배려를 통해 시술 중단의 결단을 내릴 수 있고 그를 통해 생물학적 모성 이데올로기를 벗어나는 계기를 마련하는 것은 시험관 아기 시술의 의도하지 않은 효과라고 할 수 있다.

3) 불임 여성과 국가 발전: 난자 제공자의 모순적 위치

한국 사회에서 시험관 아기 시술은 불임 부부에게 희망을 주는 것으로 이해되는 것을 넘어서 무엇보다도 중심 담론은 시험관 아기 시술이 국가 경쟁력의 지표로 의미화된다는 데 있다. 하정옥(Ha, 2003)은 시험관 아기 시술이 한국 사회에서 거센 공적 담론의 논쟁을 피해 갈 수 있던 이유가 그 시술이 바로 21세기 국가 경쟁력이라는 맥락에 놓여 있었기 때문이라고 주장한다. 사실 시험관 아기 시술과 배아 복제 연구에 관한 논의가 나올 때마다 생명공학자들은 애국심과 국가 발전의 맥락에다 이 문제를 놓는다.

나는 과학자가 국민에게 희망을 주고 기업에 효자 상품을 제공하며 국가에 미래를 제시하는 역할을 해야 한다고 생각한다. 과학은 공리주의에 바탕을 두어야지 철학을 논하고 있을 수만은 없다. 미사여구보다 국민을 먹여 살릴 과학이어야 한다. 건강한 삶을 누릴 수 있게 해야 한다. 이를 위해 기초 과학의 토대를 공고히 하고 소외 분야가 없는지 살펴야 한다.(황우석,『동아일보』, 2003.2.22)

생명공학은 "산업적으로 유용한 제품을 만들거나 만드는 과정을 개선하기 위해 생명체 또는 생체 기능을 이용하는 기술을 의미"한다. 말하자면 생명공학은 '순수' 과학이 아니며, 순수 과학과 공학 기술과 제품화가 거의 동시에 진행되며 상호 영향을 주고받는 영역이다. 그렇기 때문에 과학 기술자가 연구의 상품적 가치를 고려하고 연구가 국가 발전에 도움이 되는지를 우선적으로 고려해야 한다는 주장이 나오게 된다.[10] 생명공학은 과학기술자, 기업가, 정부의 이해관계가 중첩되는 분야다. 그런데도 생명공학자들의 성실함과 창의성, 문제 해결을 위한 몰입 등의 특징은 생명공학 기술 그 자체는 아무런 정치성을 띠지 않는다는 느낌을 주기에 충분하며 과학기술자의 순수한 탐구 정신의 결과가 자연스럽게 국가 발전에 이바지하는 것으로 이해되도록 만든다.

반면 우리나라 과학자들은 신새벽의 별을 보고 출근하며 한밤의 달빛 아래 집으로 돌아가곤 한다. 일부 젊은이들은 실험실 한쪽에 놓인 야전 침대에서 새우잠을 청하거나 인근에 숙소를 얻어 합숙을 하기도 한다. '주5일 근무제'가 무엇을 뜻하는지 제대로 이해하지 못하는 이들 동료 후배 과학도가 때로는 안쓰럽기도 하지만 믿음직하고 자랑스럽기만 하다… 머리띠를 졸라매고 연구에 매달리는 과학도들이 있고, 그들이 오직 과학 연구에만 종사할 수 있도록 해주는 과학 정책이 뒷받침되며, 깊은 관심과 애정 어린 국민의 성원이 있는 한 10년 이내에 선진 8위, 과학 기술 대국의 반열에 오르는 일도 결코 꿈만은 아닐 것이다.(황우석, 『문화일보』, 2002.7.20)

치료용 배아 복제의 개발을 통한 생명공학의 발전으로 국가 경쟁력을 높이려는 기획에서 여성은 어디에 위치하는가? 배아 복제 연구의 전제 조건은 난자 확보에 있다. 현재로서 여성의 난자가 없으면 인간 배아 복제는

---

10) 21세기 사회에서 과학 기술자가 과학 기술의 사회성에 책임을 져야 한다는 것은 말할 수 없이 중요한 책무다. 순수 과학과 기술, 제품화 과정이 20세기와는 비교할 수 없을 정도로 짧아졌고, 분리하기 어려울 정도가 되었기 때문이다(A. 웹스터, 1998). 그리고 이 과정에서 과학 기술의 사회적 위치를 국가의 경제 발전의 맥락에만 두어야 하는가, 또 지식과 권력은 서로를 강화하는 방향으로만 작동해야 하는가 하는 질문이 제기된다.

불가능하다(김명희. 2003: 143). 따라서 여성은 한국의 생명공학 발전과 국가 경쟁력을 위한 기획에 재료 제공자로 참여하게 되는 셈이다. 이 같은 인식은 보건복지부가 내놓은 생명윤리안에 잘 나타나 있다.11)

생명윤리안은 치료용 배아 복제를 허용하면서 동시에 난자 매매를 전면 금지하고 있다. 이 법안은 치료용 배아 연구는 무상 기증된 난자나 배아를 이용해야 한다고 규정하고 있다. 즉 불임 클리닉으로 지정받은 병원이 '배아 생성 의료 기관'으로 지정되면 이 기관에서 임신 목적으로 난자·정자·배아를 채취, 생성, 보관할 수 있으며(제13조 1항), 이 기관의 장이 '무상으로' 보건복지부령이 지정한 '배아 연구 기관'의 장에게 연구용 난자와 배아를 제공하는 것으로 규정하고 있다(제17조 1항). 그러니까 (임신용) 배아 생성은 불임 클리닉에서 하고 연구용 배아 복제는 연구 기관에서 전담하는 것으로 역할을 분리한 셈이다. 그러나 이 법안의 핵심은 '난자'와 '배아'의 관리에 있으며 이 난자와 배아를 제공하는 여성의 몸에 대한 관리는 보이지 않는다. 배아 연구는 '생명'에 관한 연구이지 여성의 몸에 관한 연구는 아니라고 보기 때문이다(Ha, 2003). 즉 생명 윤리의 영역에서 여성의 몸과 생명은 서로 분리되어 있는 것으로 인식되고 있다. 그렇다면 여성의 몸과 생명이 서로 분리되어 있는데 여성에게 난자를 무상으로 기증하기를 요구하는 것이 논리적일까?

여성의 몸과 난자가 분리될 수 있으려면 난자는 '내 몸'이나 '나 자신'이 아니며 '내 것'으로 인식되어야 한다. 그렇게 '내 것'으로 인식된 난자에 대해 여성인 나는 '나의 권리', 즉 소유권을 갖게 되며 소유는 매매를 전제로 한다. 더구나 배아 복제 연구가 철저히 자본주의 논리 안에서 난치병 치료

---

11) '생명윤리및안전에관한법률안'(2005.1)

의 제품화에 있고 그를 통해 국가 경제 발전에 기여할 수 있는 대표적인 영역으로 전제되는 상황에서 그 연구의 재료인 난자를 매매의 대상이 될 수 없게 금한 것은 여성들에게만 '생명'의 존엄성이라는 허구를 지속시키는 역할을 하라는 것과 같다. 결국 배아 복제 연구를 허용하면서 난자 매매를 금하는 것은 모순일 뿐만 아니라 현실적으로도 실효성이 떨어진다.[12]

또한 이 법안은 불임 치료용 배아 생성과 난치병 치료용 배아 생성을 구분함으로써 이 두 가지가 연결되어 인간 복제로 나가는 것을 막으려는 것이지만, 불임 치료용(임신용)과 난치병 치료용을 구분하는 것은 현실적으로 불가능하며 공허한 것이다. 현 법안은 난치병 치료용 배아 복제에 대한 규제에 치중하면서 불임 치료용 배아 생성에 대한 규제 장치는 마련하고 있지 않다. 따라서 불임 여성들은 연구용 '잔여' 배아를 생성해야 하는 암묵적인 요구 아래 위험에 더 노출될 수 있다(Ha, 2003).

현재 한국 사회에서 '국가 경쟁력' 담론에 맞설 수 있는 논리가 있을 수 있을까? 시험관 아기 시술과 배아 복제 연구는 과학자들이 연구할 자유, 기술자들이 개발할 자유, 기업가들이 투자해서 이익을 얻을 자유, 그리고 개별 시민이 그 기술을 이용해 개인적 소망을 충족시킬 자유가 합해져 국가 경쟁력의 우산 아래서 약진하고 있는 형국이다. 결국 배아 복제 연구를 허용하면서 여성의 몸이 상품화되는 것을 막을 방법을 찾기는 어려울 것이다. 다만 줄일 방법이 있다면 그것은 여성들이 시험관 아기 시술의 전 과

---

12) 체외 수정의 성공률에서 가장 중요한 것이 난자의 질이기 때문에 고령 등으로 여성의 난자가 건강하지 못할 때 난자 공여를 통해 체외 수정을 하게 된다. 난자 공여는 대부분 자매 간이나 친인척을 통해 이루어지지만 최근에는 형제자매의 수가 적기 때문에 난자 공여가 어렵다. 2001년에 개설된 DNA뱅크는 대표적인 난자 은행인데, 이곳에서 난자를 사려는 사람은 시술비 제외하고 600~700만 원을 이 은행에 지불한다. 일본에 팔리는 난자는 2천만 원을 호가한다고도 한다. 인터넷에도 난자 매매를 알선하는 카페가 생기고 있다.

정에서 행위성(agency)13)을 확보하는 것이다.

5. 불임 여성들의 행위성

질병을 치료하고 수명을 연장하며 고통을 완화하는 노력을 경주하는 생명의학은 현대 사회에서 인간 본성의 유지나 여성의 존엄성을 지키려는 덕목에 비해 말할 수 없이 높은 도덕적 지위를 누리고 있다. 게다가 한국 사회에서 생명공학은 기본적으로 그같이 높은 도덕적 지위를 배경으로 국가 경쟁력, 자본의 이해, 자신의 욕구를 달성하려는 개별 시민들, 새로운 지식을 개척하려는 생명공학자들의 열의가 겹치면서, 배아 복제 연구를 통제할 수 있는 사회적 합의를 끌어내기가 갈수록 어려워지고 있다. 이 같은 상황에서 우리가 불임 여성들의 행위성에 주목하려는 것은, 여성들의 경험과 욕구가 무시되고 외부에서 일방적으로 여성의 의미를 규정한다면 여성학적지식 생산과 이에 기반을 둔 위치짓기가 어려우며 궁극적으로 '국가 경쟁력' 담론에 대안이 되는 담론을 모색할 가능성이 사라지기 때문이다. 신출산 기술의 수용 과정에서 여성이 행위성을 보이고 여성적 장(site)을 형성해야 신출산 기술에 의해 여성이 대상화되는 것을 줄일 수 있고 이 기술이 배아 복제 연구로 무제한 확산되는 것을 통제할 수 있는 틈새가 마련될 수 있다고 본다.

---

13) '행위성'이란 주체가 행사할 수 있는 저항과 힘을 뜻한다. 담론을 통해 담론 안에서 생성된 주체는 근본적으로 구조에 종속적이지만, 억압적이고 제한된 상황에서도 젠더 수행성과 언어적 수행성을 통해 저항과 변화를 도모할 수 있다.

1) 불임 여성과 가족: 모성의 재구성

불임 여성들이 체외 수정뿐 아니라 난자 공여나 정자 공여를 통해서라도 아이를 낳으려고 하는 데에는 '정상 가족'의 범주에서 일탈하지 않아야 한다는 압력이 크게 작용한다. 그러나 그렇게 해서라도 구성하려는 '정상 가족'은 회의와 갈등을 내포한다.

불임 여성들도 DNA뱅크를 통해 난자를 받고 싶어 하지 않아요. 난자를 물건 처럼 팔겠다는 건데 물건으로 받고 싶지 않은 거죠. 불임 여성은 난자 공여에 대해 고민하고 있어요. 내가 아는 한 여성은 난자를 구입해서 시술을 했을 때 임신 내내 행복하지 않았다고 말했어요… 우리나라는 여성에게 문제가 있어서 난자 공여를 하게 되면 남편에게 미안해하고 결혼 자체에 문제가 있게 돼요. 그 러나 남편이 결격 사유가 있어 정자 공여를 할 경우 부부의 결혼 생활이 원만해 지고 남편이 고마워하죠.(심층 사례 5)

'정상 가족'에 대한 압력은 여성들이 시험관 아기 시술을 극한까지 추구 하는 현상을 가져오기도 하지만, 아이를 갖고 싶어 하는 자신의 욕구를 성 찰하는 계기로 작용하기도 한다.

아기 낳고 싶은 욕구가 자기를 닮은 아이를 낳고 싶은 것이라고 한다면 난자 공 여는 그것이 아니잖아요. 난자 공여, 정자 공여, 대리모를 보면 누가 이것을 모 성이라고 주장할 수 있을까 하는 생각이 들어요.(심층 사례 5)

그런데 시험관 아기 시술을 받아 아이를 낳으려는 여성들에게 "입양을 하라'고 일방적으로 권고하는 것 역시 불임 여성들의 선택권을 넓혀 주는 것이라고 보기 어렵다.

　　많은 사람들이 불임 여성에게 "입양하면 안 돼요?" 하고 말해요. 불임 여성에게 이런 말을 하는 것은 대안이 아니고 상처만 줄 뿐이죠. 불임 부부가 미혼모의 아이를 키워 줘야 하는 사람은 아니지요… 내가 불임으로 오랜 고통을 받으면서 결론을 내린 것이 있어요. 다른 사람의 고통에 대해 함부로 이야기하지 말자. 내가 경험하지 않은 것이면 함부로 이야기하거나 답안을 주지 말자… (심층 사례 5)

　　입양이 진정한 선택이 되려면 수많은 관계 속에 있는 여성이 그 관계에서 자유로워야 한다. 그리고 이것은 개인, 부부, 가족 체계와 문화의 다양성이 인정되는 곳에서 실현된다. 생물학적 모성 담론이 우세한 사회에서 살아가는 불임 여성들은 취미 활동, 직장 생활, 종교 활동 등에서 자신의 공간을 찾는 것으로 대응하지만 기존의 집단과는 분리하려는 소극적 대응이 주도적이다(박용운, 2002: 72). 그러나 불임 여성들이 불임의 고통을 겪으면서 나와 타인의 다름과 공존을 체화하고 모성을 사회적으로 확대해 나가는 모습도 보인다.

　　불임 8년이 되어서야 이제는 옆집 아이보고 예쁘다, 임신 축하한다는 말을 할 수 있게 되었어요. 그 사람 인생하고 내 인생이 별개라는 것, 별개의 인생이 조화롭게 살아가는 것이라는 것을 깨닫게 돼요.(심층 사례 5)

　　진정한 여성의 재생산권이란 아이를 갖지 않는 것을 선택할 수 있는 상황에서 아이를 갖기로 결정하는 것을 말한다. 그러나 오늘날 불임은 자연적인 생물학적 과정이 아니라 신출산 기술로 극복할 수 있는 병으로 인식된다. 이에 따라 불임 여성들은 자의든 타의든 시험관 아기 시술을 비롯한 신출산 기술을 통해 불임을 극복하거나 적어도 극복하려는 실천 의지를 보여야 하는 상황에 놓였다. 이때 우리 안의 차이를 다름으로 받아들일 수 있는 언어와 시각의 정립은 몸의 정치학과 과학 기술의 정치학을 실현하는 데 중요한 자원이 된다. 차이의 정치를 통해 불임이라는 사실이 억압적이거나 위협적으로 다가오지 않고 자연스런 삶의 일부분이 될 수 있는 실마리를 찾아야 한다.

2) 불임 여성과 의료: 몸의 주체적 경험

전통적으로 재생산 기술은 남성 의료 전문직의 권력을 강화하는 데 핵심 역할을 해 왔다(와츠맨, 2001: 283). 여성들은 시술 과정을 겪으며 의료진들과 협상도 하고 저항도 하는데, 그 결과 여성의 위치가 정해지고 여성 자신과 신출산 기술의 관계가 의미를 갖게 된다. 불임 여성이 전문 지식과 자원이 부재하면, 자신의 몸이 무엇을 경험하는지 모르는, 완전히 대상화되는 몸을 경험한다. 그런 탓에 불임 치료의 경험을 공유하지 못하면 치료 경험이 사회적 의미를 획득하기 어려워진다. 이런 상황에서 불임 여성들이 스스로 공론의 장을 마련해 경험과 정보와 지식을 공유하고 '스스로를 보호하려는' 시도는 여성의 행위성을 실현하는 계기로 작용한다. 2001년에 시작해 2003년 현재 9,000명이 넘는 회원을 확보하고 있는 한 불임 여성 단체는 대표적인 여성 행위성의 장(site)이다.

이 단체를 처음 만들었을 때 우리는 정말 아무한테도 이해받고 있지 못했기 때문에 우리 자신을 위해서 모임을 만들은 거예요. 처음 만들어서 불임 병원, 진료비,

의사에 대한 정보를 교류했어요. 그때 저희 단체는 의료계로부터 고소를 당했었어요. 비윤리적인 식견을 퍼뜨린다고요… 그때 의사 집단의 이기심과 기득권을 실감했지요. 그때 마음고생도 정말 심했어요… 그런데 언론과 방송이 이 과정을 보도하려고 하니까 의사 집단이 고소 취하를 하고 잠잠해졌어요.(심층 사례 6)

불임 환자를 대변하는 단체가 없어요. 시어머니는 "아래에 들락날락거려 봐야 소용없다."고 말하고, 남성들은 불임 시술 과정에 대한 이해가 거의 없어서 치료에 응하는 걸 거부하는 경우가 많아요. 불임 여성들은 주변의 배려 없이 불임 문제를 해결해 나가야 하죠. 의료인들은 불임 여성의 몸 상태를 정확하게 설명해 주고 그 근거를 설명해 주고 해야 하는데, 의료인들은 오히려 방어적이고, 솔직히 환자들이 줄을 서 있는 상태에서 자세한 이야기를 듣는 것 자체가 불가능해요… 불임 병원은 대부분 부촌에 위치해 있고, 불임 여성의 교육 수준과 경제력이 떨어질수록, 지방일수록, 의사와의 관계에서 홀대를 받게 되지요. 의사들도 솔직히 부촌이 아니면 깔보는 경향이 있고요[14](심층 사례 6)

이들은 자신들의 불임의 고통을 공유할 뿐만 아니라 의료적 지식을 체계화하고 정보를 공유하면서 치료 과정에 능동적으로 참여하려고 한다. 그러나 불임 여성들 중에서 이같이 정보와 지식을 자기 것으로 만들어 스스로 능동적인 주체가 될 수 있는 여성은 극소수에 속한다. 현재 저소득층 불임 여성의 경험 세계가 전혀 드러나지 않는 것은 신출산 기술의 시술 자체가 중산층에 집중되어 있다는 것을 말해 준다. 그러나 그렇다고 해도 한국 사

---

14) 일회 시험관 아기 시술에 평균 200만 원의 비용이 들며 평균 2~3년의 치료 과정을 겪는다고 할 때, 불임 치료에는 평균 1,500~2,000만 원의 비용이 든다고 추정할 수 있다.

회에서 이제 시작된 중산층 불임 여성들의 문제의식은 스스로 행위성을 확보하는 데 주력하는 단계이기 때문에 이들이 자신들의 공간을 계속 확보해 나가는 것 자체가 큰 의미를 지닌다고 할 수 있다.

불임 치료를 받는 여성들은 치료 과정에 자신이 주체적으로 참여하게 됨으로써 얻은 치료 경험의 차이를 이렇게 이야기한다.

> 처음에 주사 맞을 때는 아침저녁으로 병원에 다니면서 맞았지. 그러다 보니 너무 힘들더라고. 그러다 병원에 있는 언니가 수동식으로 혼자서 주사를 놓을 수 있는 기계가 있다고 알려 주더라고. 그래서 그것을 산 후에는 내 스스로 주사를 놨지. 힘도 덜 들고 훨씬 편하더라고. 물론 '내가 과연 주사를 잘 놨는지' 걱정도 되더라고. 그런데 병원에 가서 검사해 보면 난자가 잘 자라고 있다고 그래. 그 수동식 주사 기계를 이용하고부터는 상당 정도 편했지. 그런데 요사이는 그 기계가 안 나온대. 왜 그런지 이유를 알 수가 없어. 시험관 시술 받는 사람들이 그것을 이용하면 편할 텐데.(선행 사례 4)(박용운, 2002: 105)

불임 치료 과정에서 여성이 지식과 정보를 공유하고 시술 과정에 능동적으로 개입할 수 있는 제도적 장치가 마련되어야 한다. 또한 여성들이 아이를 낳을 수도 낳지 않을 수도 있다는 가능성과 정보들이 마련되고 제시되어야 한다. 이를 통해 여성들은 자신의 몸을 대상화하지 않고 언제 어디서 어떤 '선택'을 할지에 대해 좀 더 주체적으로 관여할 수 있게 될 것이다.

3) 불임 여성과 국가: '내 몸은 내 것'의 재개념화

여성은 자기 몸과 어떤 관계이며 어떤 관계여야 하는가? 몸을 개인이 소유한다는 개념으로 보면, 근본적으로 난자 매매와 자궁 대여를 반대하기는 어려울 것이다.15) 페이트먼은『성의 계약』에서 '소유주로서의 개인'이라는 남성적 개념과 '자신의 것은 자신의 뜻대로 할 수 있다'는 자유의 개념을 여성이 수용하면, 소유주인 여성은 자신의 몸과 재생산 능력 간의 본질적인 관계를 잃게 될 것이라고 주장했다. 여성은 이제 자신의 재생산을 남성이 자신의 노동력과 정자를 대하듯이 그렇게 대외적인 관계로 대면하게 되며, '여성임'을 말해 주는 특징은 아무것도 남지 않게 된다는 것이다(Pateman, 1988: 214-216). 근대 자본주의 사회의 계약론의 도래 이후, '내 몸은 내 것'이라는 주장은 단지 '나는 자유롭게 시장에서 내 몸을 팔 수 있다(신체적 부위, 성적 서비스, 재생산 서비스)'는 의미로 축소됐다(Pateman, 1988: 207). 이제 여성이 자기 몸을 소유한다는 의미는 여성의 몸을 출산하는 몸으로 대상화하고 여성의 몸이 갖고 있는 자연의 힘(natural power)을 부정하는 결과를 낳는 것으로 환원한다는 것이다.

실제로 여성의 몸을 근대적 시선에 따라 개인의 몸으로 규정하는 것은 여성의 현실을 제대로 반영하지 못하는 것이기도 하다. 여기 한 불임 여성이 자신의 불임을 어떻게 경험하고 자신의 몸을 어떻게 이해하고 있는지 보자.

결혼한 지 4년 된 예비맘입니다… 저는 결혼 2년차에 불임 진단을 받고 복강경 검사하고 또 한 달 후 복강경 수술을 했습니다. 첫 셈관(시험관)에 도전해서 화학 임신으로 끝나고 두 번째 셈관에 들어가려고 하는데, 자궁 외 임신… 얼마나 울었는지요. 그 자리에서 주저앉고 말았답니다… 너무 많이 울어서… 다시 생

---

15) '성매매'를 놓고 볼 때, 여성의 성을 소유 개념으로 보면 노동력을 매매하듯이 성을 매매하는 것이 가능해지고 계약 관계로 접근하게 된다. 그러나 나와 내 성이 분리될 수 없는 것이라면 성매매란 말은 성립되지 않는다.

각해도 슬프네요. 자궁외 임신으로 한쪽 나팔관 절제 수술을… 마음과 몸을 추스르고 두 번째 섬관에 돌입 그러나 실패 날마다 울며 지냈어요. 우울증에 걸린 거죠. 임신한 사람들만 봐도 스트레스만 받고, 그래서 집 밖엘 하루 종일 안 나갔으니까요… 중간중간에 용하다는 한의원에 가서 진맥 짚고 한약 먹기를 수차례. 시어머님과 여기저기 한의원 다니며… 세 번째 섬관도 설마 했는데 낙방… 지방에서 서울까지 병원 오가며 애썼는데… 저 같은 케이스는 서울에 있는 불임 전문 병원에서 시술받아야 한다고 해서 복강경 검사부터 모든 것을 서울 병원에서 다했으니까요. 복강경 검사할 땐 친정엄마와 언니가 직접 운전까지 해서 이른 새벽잠도 못 자고 운전해서 아침 예약 시간 맞추려고 잠 못 자며 함께 동행해 주었답니다. 서울까지 저 때문에 수십 차례 동행해 준 언니와 친정엄마… 신랑이 항상 병원에 함께 가 주어…

한 달 동안 주사 맞아가며 병원 가서 중간중간 혈액 검사에 쵬파(초음파) 검사하며 난자 채취하고 3~5일 후 수정란 이식하고 굳을 대로 굳은 엉덩이에 또 주사를 맞으며, 2주 후 혈액 검사로 임신 검사 결과가 나오기까지 두 달여 동안의 그 시간이 넘 힘들었습니다. 수정란이라도 많으면 냉동이라도 해 놓은 후 다음에 언제라도 할 수 있지만, 저에겐 그것조차도 허락되질 않았으니, 정말이지 한숨만 나올 뿐이었습니다. 항상 섬관에 들어가면 첨부터 주사 맞으며 다시 시작해야 한다는 그 자체가 이젠 넘 싫습니다. 절 너무 지치게 만듭니다. 임신에 성공한다는 보장도 없고, 불안 초조한 맘 이젠 더는 느끼기조차도 싫습니다…

그동안 정신적으로나 육체적으로나 많이 힘들었거든요. 시부모님들께 입양 말씀드리기 전 먼저 친정에다 입양하겠노라고 말씀드렸더니 특히 친정엄마가 펄쩍 뛰시는 거예요. 무조건 입양은 안된다고. 아기도 못 낳는데 그러다 시부모님들이 이혼하라고 하면 어떻게 할 거냐고요. 걱정을 많이 하시더라고요. 그냥 시험관 아기나 계속 해보라고요. 그러나 시부모님들 허락이 떨어지시니

지금은 친정 부모님들도 좋아하십니다.(한국입양홍보회:"아름다운 불임"(No, 825), http:// www.mpak.co.kr, 2003.8.30)

이 글은 세 번의 시험관 아기 시술을 시도한 후 치료를 중단하고 입양을 결정한 여성의 자기 체험기다. 이 여성이 자기 몸을 이해하는 방식은 사유화된 것, 즉 '내 것인 내 몸'이 아니다. 특히 한국 여성들은 자신의 몸을 공동체적이고 확장된 것으로 경험하고 있다. 불임의 고통과 그것을 벗어나는 과정에서 이 여성의 몸은 신랑, 친정엄마, 언니, 시부모님, 동서, 시형들과의 관계에 깊이 묶여 있다. 그러므로 이 여성이 자신의 몸에 대해 진정한 선택을 할 수 있으려면 이 관계 속에 놓여 있는 몸의 조건으로 자유로워야 한다. 말하자면 '내 몸'에 대한 권리를 개인의 소유권 개념으로 보기보다는 '소유' 개념이 아닌 다른 식의 몸에 대한 개념이 제시되어야 한다.

6. 전망: 생명공학과 여성

지금까지 불임 여성의 불임 경험들을 가족의 공간, 시험관 시술 경험을 통한 의료 공간, 그리고 난자가 필요한 배아 복제 연구의 공간을 통해 살펴보았다. 가족의 공간에서 불임 여성은 비정상의 범주로 간주될 뿐 아니라 스스로도 자신의 여성성에 의문을 갖는 것을 볼 수 있었다. 이 같은 상황에서 시험관 아기 시술은 생물학적 모성을 강화함으로써 궁극적으로 아이를 낳는 기혼 여성과 아이를 낳지 않는/못하는 기혼 여성을 '정상'과 '비정상'으로 환원하는 결과를 낳았다. 그런데 불임을 치료하는 과정에서 여성들은 '모성'을 새롭게 성찰할 기회를 갖고 모성에 대한 확장된 인식을 갖는 계기를 마련하기도 했다.

　의료 공간에서 불임 여성은 시험관 아기 시술 과정을 거치면서 자신의 몸을 성찰할 기회를 갖게 되었다. 호르몬 치료, 착상, 임신, 유산 등을 거치면서 불임 여성은 자신의 몸이 자신, 가족, 의료진에게 각기 달리 인식된다는 사실을 경험한다. 내 몸은 나인가, 내 것인가, 우리인가, 우리 가족 것인가, 임신을 성공시켜야 할 그릇인가? 내 몸은 내 것이기도 하고, 우리 가족 것이기도 하며, 임신을 성공시켜야 할 도구로 경험되기도 하지만, 내 것도 가족의 것도 아닌 몸에 대한 인식이 나타나기도 한다. 몸을 소유한 것도 소유된 것도 아닌 것으로 인식하는 이 시선은 교환과 거래가 주도하는 공간에 새로운 논리의 창출과 새로운 기술 과학 주체의 행위성을 예견하게 한다.

　국가 공간에서 배아 복제 연구는 21세기 국가 경쟁력의 기표로 부상함에 따라 그간 연구 자료를 제공한 시험관 아기 시술은 공적 담론의 논쟁을 피할 수 있었다. 시험관 아기 시술에서 채취된 난자와 잔여 배아가 배아 복제 연구의 기초가 되었기 때문이다. 그러나 배아 복제 연구가 본격화됨에 따라 난자 제공자인 여성의 위치도 정치성을 띠게 됐다. 난자를 제공하는 여성은 국가 발전에 참여할 국민으로 호명되지만 다른 한편으론 '생명'의 존엄성이라는 허구를 지키는 수호자가 될 것을 요구받는 모순된 위치에 놓인다. 국가의 경제 발전을 위한 기획에 호명되면서 경제적 보상의 범주에는 들지 못하는 국민이라는 정체성과, 생명을 파괴하는 것을 전제로 생명을 창조하는 것을 허락하는 배아 복제 연구에 참여하면서 '생명' 수호자의 정체성을 부여받는 것이 각기 내포하는 모순에 대해, 여성들이 어떻게 순응하고 타협하고 저항할지에 따라 배아 복제 연구의 방향과 속도가 달라질 것이다.

2_난자

생명 기술의 시선과 여성 몸 체험의 정치성

더 이상 신전은 몸 밖에는 없어.
이제 낮과 밤은 몸속에서 만나고,
낮과 밤은 몸속에서 헤어지고.
신들은 내 몸을 로터스 꽃처럼 먹고 꾸역꾸역 자라.
몸은 구멍투성이야. 신들의 취미는 피어싱.
구멍은 신들의 수유구. 아니면 주유구.
세상은 구멍이야. 만개하는 몸이야. 열리고 닫히는 몸.
— 이원, 2004, 「몸이 열리고 닫힌다」

1. 문제 제기

황우석 교수팀의 인간 배아 복제 줄기세포에 관한 연구(이하 '복제 줄기세포 연구')는 2004년 4월과 2005년 5월 『사이언스』 발표를 통해 세계가 주목하는 획기적인 성과를 거둔 것으로 알려졌다. 그러나 같은 해 11월에 MBC 「PD 수첩」에서 황 교수팀 연구에 여성 연구원의 난자가 사용되고 난자 매매가 있었음이 방영되고, 이후 취재 윤리 문제로 공방이 벌어지다가, 최종적으로 핵 이식 줄기세포가 존재하지 않는다는 노성일 미즈메디병원 이사장의 폭로를 기점으로 서울대학교 조사위원회가 가동되었다. 2006년 1월 10일 서울대학교 조사위원회는 "사람 난자에서 핵 이식을 통한 배반포 형성 연구 업적과 독창성은 인정"되지만, "핵 이식에 의한 체세포 복제 줄기세포는 존재하지 않으며, 존재했다는 어떤 과학적 증거도 없다. 따라서 현재 복제 줄기세포를 만들 수 있는 원천 기술은 없다."(서울대 조사위, 2006: 40)고 결론지었다. 이 결론을 바탕으로 2006년 1월 사이언스지는 황우석 박사의 논문을 철회했고 2006년 2월 현재 검찰이 논문 사진 조작과 줄기세포 교체 사건을 조사하는 상황이 전개되었다.

　이 이상한 사건을 두고 이른바 '전 국민이 소설 쓰는' 상황이 전개됐고 누리꾼들 사이에는 '황빠 / 황까[1]'라는 양극화 상황이 벌어졌지만, 우리가 이 사건에서 분명히 알게 된 사실이 있다면 기술력만이 기술의 진보를 추동하는 게 아니라는 점이다. 언론 보도에 따르면, 난자의 핵을 '부드럽게 쥐어짠' 후 다른 사람의 체세포를 이식하여 융합하고 이를 배반포 단계까지 키우는 '원천 기술'을 갖고 있는 황 교수 연구팀은 배반포 내부에서 세포 덩어리를 떼어 내 이를 줄기세포 집합체(콜로니)로 배양·증식하여 줄기세포주를 확립하는 줄기세포 배양 기술을 가진 미즈메디병원의 불임 전문 연구팀과 공동 연구를 하게 된다. 이 꿈의 연구는 과학기술부 산하에 학계－산업계－정부의 합작으로 이루어진 21세기 프론티어 세포응용연구사업단, 정부와 업계 비공식 모임인 '황금박쥐,' 여야 합동 정치인들의 '황우석 박사와 함께

---

[1] '황빠'는 황우석을 추종하는 사람, '황까'는 황우석을 무시하는 사람을 뜻하는 것으로 서로를 비방하는 용어로 사용됨.

하는 의원 모임', '아이러브 황우석'의 1천 명 난자 기증 의사 전달식과 '난자 기증재단' 설립으로 이어졌고, 생명 기술과 그 기술을 싸고 있는 사회적 관계들은 "난치병 치료와 황우석 경제 가치 33조"의 논리로 서로를 규정했다.

　기술은 순전히 기술적인 것만도 또 사회적인 것만도 아니다. 기술은 사회−물질적 생산품(socio-material product)이며, 동시에 생산품, 사람, 조직, 문화적 의미와 지식을 결합하는 일종의 연결망이다. 기술과 사회는 기술 변화의 우발적이고 이질적인 과정을 통해 서로가 서로를 구성한다. 따라서 특정 기술의 의미와 효과는 늘 해석적으로 열려 있다. 연구실을 떠난 생산품은 일상의 삶 속에서 사용을 거치면서 진화하기 때문이다(Wajcman, 2004: 106-7). 황우석 교수팀의 복제 줄기세포 연구의 방향과 속도는 연구실을 떠나 과학 기술계, 정부, 시장, 난치병 환자와 가족들, 언론, 종교계, 여성 시민 단체, 시민들의 담론 속에서 진화했고 사회의 제 영역들 역시 체세포 복제 줄기세포라는 새로운 기술 변화에 반응하면서 새로운 사회적 담론들을 창출했다. 따라서 기술에 대한 접근은 기술 과학적 실천의 물적, 담론적, 사회적 요소들의 통합을 요구한다(Haraway, 1991).

　기술이 사회와 기술의 연결망이라는 입장은 과학 기술학 연구(STS)의 전제임에도 불구하고, 주류 과학 기술학 연구에서 '사회적'인 것의 내용에 젠더 관계는 늘 무시되거나 주변적인 위치에 머물러 왔다(Harding, 1991; Wajcman, 2004; Whelan, 2001). 그러나 기술 페미니즘(technofeminism)의 입장에서 보면 젠더와 기술은 서로를 규정하는 관계이며 기술은 젠더 관계의 원천이면서 동시에 젠더 관계의 효과다. 따라서 젠더 관계가 복제 줄기세포 기술에 어떤 결과를 가져오며 동시에 복제 줄기세포 기술이 젠더 관계에 어떤 영향을 끼칠지를 규명해 보는 것은 필수적이다. 이 글은 황우석 교수팀의 줄기세포 기술의 연결망에 '난자'가 어떻게 개입되는지 그 물적, 담론적, 사회적 요소들을 규명해봄으로써 궁극적으로 복제 줄기세포 기술이 여성에게 어떤 영향을 끼칠지를 논의하려는 시도다. 연구자는 여성이 복제 줄기세포 연구에서 행위성을 확보하기 위해 모성의 책임에 기반을 둔 여성의 인권 개념이 작동할 수 있는 공간을 창출해야 함을 제안하려고 한다. 이를 위해 다음 세 가지 수준에서 논의를 진행하겠다.

첫째, 여성의 몸에서부터 아기, 태아, 배아, 난자의 순서로 개체화시킨 후, 개체 간의 분리와 대립을 정당화하는 생명 기술의 시선이 난자, 배아, 태아, 아기와 유기적으로 통합된 것으로 인식하는 여성 몸의 체험과 어떻게 충돌하는지를 살펴보려고 한다.

둘째, 줄기세포 기술에서 새롭게 획득된 개체적 존재인 '난자'의 의미가, 1960, 70년대 근대화 과정에서 국가의 여성 출산력 억제 정책, 1980년대 국가의 출산력 조절, 가부장제 가족의 유지, 그리고 신출산 기술의 상호 교차의 결과로 나타난 성 감별 후 여아 인공 임신 중절 현상, 1990년대 시험관 아기 시술로 구현된 도구적 모성의 연장선상에 있음을 주장한다. 그러나 국가, 가족, 기술의 연결망에서 여성들의 행위성 역시 유지되어 왔음을 살펴보려고 한다. 또한 난자의 개체화가 여성에게 어떤 새로운 지평을 열어 놓는지 논의할 것이다.

셋째, 페미니즘 정치학이 여성들의 유기적 몸 인식을 권리의 개념으로 번역하려면 어떤 전략이 필요한지 다룰 것이다. 국가주의 전략에 따른 난자의 개체화가 역으로 국가를 넘어선 여성들의 수많은 공간들(여성 몸 체험의 다양성)과 연결망을 낳을 수 있음을 주장할 것이다.

2. 생명 기술의 시선과 재현의 정치학

전통적으로 크기가 직경 120~150미크론(0.12~0.15mm)인 난자는 크기가 5~7 미크론(1㎟에 6만 마리가 들어가는 크기)에 불과한 정자와 비교되면서 남성과 여성의 젠더 역할의 지배·종속 체계를 정당화하는 사회생물학적 기원의 아이콘으로 작동해 왔다. 사회생물학자 도킨스는 "암컷이란 착취당하는 성이고 난자가 정자보다 크다는 사실이 착취를 낳게 한 기본적인 진화적 근거"(1993: 222)라고 주장했으며, 최재천 역시 암수 역할의 비대칭성을 정자와 난자의 크기와 기동력에 비유해 "하나의 생명체를 만들어 내기 위해 온갖 영양분을 고루 갖춘 소수의 난자를 생산하는 속 깊은 암컷과는 달리, 자연계의 수컷들은 자신들의 유전 물질을 다량 제작하여 가장 저렴하게 포장한 다음 참으로 퉁명스럽게 배달하고 마는 것"(2003: 31)으로 표현하고 있다.

여성학자들은 세포에 인성을 부여하는 사회생물학의 은유가 젠더 관계에 대한 사회적 관습을 자연스럽게 만드는 힘이 있다고 말한다. 그러므로 은유의 정치성에 주의를 기울임으로써 성별에 대한 생물학적 환원을 무화하는 작업은 대단히 중요하다(Martin, 1999). 이는 은유의 정치성을 해체하는 것이 아니라 은유의 정치성을 이해하고 거기에 개입하는 작업이다. 여성들의 체험(embodied experience)과 상황(situation)은 생물학적 환원론과 대립되는 대표적인 시각이다. 예를 들어 보부아르(1993: 36)는 여성과 남성을 난자와 정자로 환원할 수 없는 이유로 여성과 남성은 모두 난자와 정자의 결합으로 생겨났으며, 무엇보다도 난자에서 여자로 가는 데는 긴 체험의 여정이 놓여 있다고 주장했다.

그러나 최근 생명공학 기술의 시선에 포획된 난자의 모습은 그간의 사회생물학적 환원론이 재현한 난자와는 완전히 다른 모습이다. 황우석 교수

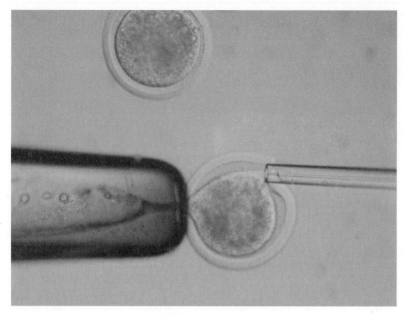

[그림1] 인간의 난자에 체세포 핵을 주입하는 장면(2004.2.12)

의 복제 줄기세포 연구를 상징하는 아이콘으로 등장한 '난자'는 그 난자와 한 몸인 여성의 존재와 또 언제나 그 관계 속에서 난자의 의미를 획득하던 정자의 존재를 완전히 제거하고 기계와 관계를 맺는 모습으로 우리 앞에 나타났기 때문이다[그림1]. 그동안 육안으로 확인할 수 없던 난자는 무한히 확대된 형태로 시각화되면서 생명 기술의 시선을 통해 분리된 개체성, 즉 공적인 물체의 자격을 얻게 된 것이다. 개체성을 확보한 난자는 여성과 분리되어 생명공학, 국가, 부, 미래를 종합한 아이콘이 되었다.

　한편 생명 기술은 시각화를 통해 난자를 여성의 몸에서 분리했지만 그 사진을 보는 여성은 난자를 볼 뿐만 아니라 난자를 촉감으로 느끼고 있다. 보는 행위 자체에 이미 시선과 체험의 대립이 포함되어 있으며 이 대립적

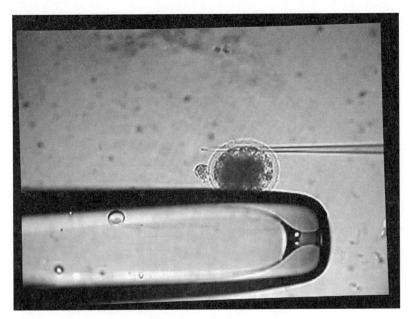

[그림2] 동물의 난자에 핵을 빼내 체세포를 이식하는 실험(2005.8.4) © 연합뉴스

경험의 과정에서 각자는 특정 주체로 구성된다.

황 교수팀의 젓가락 기술 동영상을 본 한 여성 기독교 신학자는 생명 기술의 시선이 설정한 규격화되고 보편화된 난자의 개체성과 난자를 촉감으로 느끼고 만져지는 내 몸으로 인식하는 긴장 관계의 과정을 통해 자신을 공격받는 여성이란 위치에 놓았다.

난자를 짜내서 핵을 제거하고 체세포의 핵을 이식하는 이른바 젓가락 기술 장면을 TV에서는 신기한 마술쇼처럼 반복해서 틀어 주었다. 이 장면을 처음 봤을 때 소름이 오싹 끼쳤다. 그 그림은 공격성이란 무엇인가를 눈앞에서 똑똑히 보여 주고 있었다. 나는 순간적으로 자궁이 오그라드는 것 같은 느낌이 들었다. 내 몸속의 거룩한 성전이 공격받고 있는 것 같은 두려움을 느꼈다(박경미, 2006: 164).

더구나 생명 기술의 시선 속에서 인간 여성의 난자[그림 1]와 암컷의 난자 [그림 2]는 각기 놀라울 정도로 동일한 모습으로 시각화되고 있다. '인간'과 '동물'에 속해 있던 난자는 각자가 속해 있던 종(種)의 경계를 떠나 실험실 안에서 '난자'로 수렴되고 있는 것이다. 생명 기술이 시각화한 난자는 모든 인간 여성을 인종·계급·민족·성성을 넘어 균질화할 뿐 아니라, 인간과 동물의 경계를 넘어 '여성'(female)으로 균질화하는 효과를 낳는다고 말할 수도 있을 것이다.

그런데 기술의 생산품인 규격화된 물질을 체험(embodied experience)의 시선으로 매개하는 행위 덕에 생명 기술의 기술 결정론을 벗어나 과학을 사회 과정으로 볼 여지가 생긴다. 그렇다면 여성 몸의 경계를 침투해 난자를 개체로 만든 생명 기술은 그 자체로 여성과 몸의 개념을 결정하는 것이 아니고 여성 체험의 과정과 결합해 의미가 구성되는 논쟁적인 장이라고 할 수 있을 것이다. 어디까지가 여성의 몸이며, 몸의 경계에 대한 해석은 누가 주도하는가 하는 문제는 기술의 물적-기호적 실천(material-semiotic practice) 과정에서 결정된다(Haraway, 1997: 175). 생명 기술이 시각화한 기표인 난자가 어떤 의미를 획득할지는 열려 있는 것이다.

박경미(2006)가 난자를 내 몸이라고 생각하고 내 몸의 경계가 해체되는 것을 공격받는 여성으로 의미화했다면, 해러웨이(Haraway, 1991: 173)는 모순적이게도 몸의 경계가 해체되면 보편적 인간, 혹은 서구 로고스를 체현하지 않는 몸이 되는 방법을 배울 수 있다고 주장한다. 말하자면 동물과 기계와 여성의 섞임으로 탄생한 사이보그의 비유적 묘사가 의도하는 바, 가족의 기원과 그에 따른 '여성'의 탄생을 비켜 감으로써 자아/타자, 여성/남성, 능동

[표1] 복제 줄기세포 연구의 언어 게임

연구에 반대하는 집단		연구에 찬성하는 집단	
한글	영어	한글	영어
• 인간 복제 배아	• a living cloned human embryo	• 인간핵이식 배반포 • 인간배아줄기세포 • 다기능 줄기세포 • 다기능 비배아 줄기세포	• human NT blastocysts • hESC • pluripotent stem cell • PNES cells
• 복제	• cloning	• 체세포 핵 이식	• SCNT (somatic cell nuclear transfer)
• 난자	• egg	• 난모세포	• oocyte
• 작은 난자들	• mini-eggs	• 핵이 제외된 세포 원형질 집합체	• cytoplasts, ooplastoids

자료: Silver, 2005: 311-2; Kolata, 2005.5.20에서 재구성

/수동의 이분법에 도전할 수 있다고 주장하는 것이다.[2] 그런데 '공격받는 여성'과 '사이보그'의 존재는 각기 생명 기술에 대한 극도의 혐오와 끝없는 낙관을 보여 주지만 생명 기술 자체가 사회 변화의 (젠더 관계 변화의) 동력이라는 전제를 갖는다는 점에서 둘 다 기술 결정론적 시각이 아닌가 생각한다 (Wajcman, 2004: 128).

한편, 복제 줄기세포 연구에 관한 언어적 재현의 방식이 연구의 사회적 의미를 선점하는 데 중요한 역할을 한다는 것을 인지하면서, 복제 줄기세포 연구에 찬성하는 쪽과 반대하는 쪽 모두 언어 게임을 구사하고 있다([표1] 참조). 먼저 연구에 반대하는 쪽은 배아를 '인간'으로 명명한다. 이들은 복제 줄

---

[2] 이분법은 자연, 여성, 유색인, 노동자, 동물을 모두 타자로 일원화해 지배의 대상으로 삼는 관점이다(Haraway, 1991: 177).

기세포 연구 과정을 '복제하기'(cloning)로, 체세포 복제 배아를 '인간 복제 배아'(a living cloned human embryo)로 각각 명명함으로써, 복제 줄기세포 연구가 '인간'을 복제하는 연구임을 강조하려고 한다. 또한 연구의 자원이 되는 난자를 수정을 통한 개체 발생이 가능한 '난자'(egg)로 명명함으로써 복제 줄기세포 연구가 여성의 몸을 착취하는 연구임을 강조하려고 한다. '인간', '복제', '배아', '난자'란 용어 사용은 궁극적으로 복제 줄기세포 연구가 '인간'의 의미를 위협할 뿐만 아니라 생명을 파괴하기 위해 생명을 창조하는 연구로서 인간 생명 경시 현상을 심화할 것이라는 주장을 자연스럽게 뒷받침한다.

　반면에 연구에 찬성하는 집단은 복제 줄기세포 연구를 설명하는 모든 언어에서 의도적으로 '복제하기'(cloning)와 '배아'(embryo)라는 용어를 배제하기 위해 주력한다. 이들의 연구에서 배아는 '인간'이 아니라 '세포'다. 따라서 복제 줄기세포 연구 과정은 '복제하기'(cloning)가 아니라 '체세포 핵 이식'(somatic cell nuclear transfer)을 하는 것이며, '인간 복제 배아'는 특정 단계의 형태와 부위를 지칭하는 '인간 핵 이식 배반포'(human NT blastocysts), '인간 배아 줄기세포'(hESC), '다기능 줄기세포'(pluripotent stem cell), '다기능 비배아 줄기세포' (PNES cells)로 명명된다.

　이 용어들은 기술 과정을 정확하게 묘사하고 있지만 기술 과정에 함의된 윤리적/인간적 문제는 배제한다. 또한 약어를 즐겨 사용함으로써 '인간', '배아'라는 용어가 전면에 등장하지 않게 한다. 실버(Silver, 2005: 312)는 특히 복제 줄기세포 연구와 관련된 특허 신청에서 사용된 용어에 주목하면서, 'PNES(pluripotent non-embryonic stem cell)'처럼 노골적으로 배아가 아니라고 명명하거나, '난자(eggs)'대신 '핵이 제외된 세포 원형질 집합체(cytoplasts, ooplastoids)'라는 용어를 씀으로써 다기능 줄기세포는 '복제'도 아니고 '배아'도 아님을 주장하려 한다고 설명한다. 그러나 연구자들이 배아가 아니라는 주장의 근거로 삼고 있는, 개체 형성을 할 수 없다는 점이 외피층을 벗겨 내고 분리해 낸 배아 줄기세포도 적절한 배양 조건에서는 다시 외피층을 형성해 착상을 할 수 있음이 밝혀짐으로써, 배양 접시에 놓여 있는 다기능 줄기세포가 배아가 아니라고 말할 수는 없게 되었다(Silver, 2005: 308).

복제 줄기세포 기술의 의미는 이렇게 시각적, 언어적 재현의 정치에 의해 크게 영향을 받는다. 해러웨이가 말한 바, 물적－기호적 실천을 통해 생명 기술의 의미가 형성된다면, 해러웨이가 낙관하듯이 생명 기술에 대한 기호적 실천을 상상적으로 재구성해서 다양한 여성들을 구성함으로써 여성을 본질화, 단일화하는 젠더 배열에 균열을 가져올 수도 있을 것이다. 이미 '복제'라는 용어는 되돌릴 수 없을 정도로 일상화되면서, 복제에 대한 우리들의 상상력을 자극하고 있기 때문이다.[3] 그러나 과연 재현의 정치의 영향력은 어디까지일까? 재현의 정치는 소비 정치다. 기호를 어떻게 소비하느냐에 따라 의미가 변할 수 있다는 점에서 정치력을 발휘할 수 있지만, 생산의 정치와 연결되지 않은 재현의 정치, 혹은 소비 중심의 정치는 오히려 기존의 젠더 배열을 더 강화할 여지가 크다. 그렇다면 복제 줄기세포 연구에서 난자는 어떻게 생산, 공급되는 것일까?

---

[3] 너스범(Nussbaum, 1998)은 복제에 대한 공상을 이런 이야기로 풀어냈다. 사랑하는 사람 C가 내 곁을 떠나 슬픔 속에 지내던 나를 위로하기 위해 어느 날 동료들은 C를 복제한 사내아이를 선물한다. 아이를 키우면서 C와 똑같은 눈빛, 강인한 다리, 섬세한 얼굴을 지켜보면서 나는 기쁨에 사로잡힌다. 시간이 지나, 성장한 아이에게서 나는 아이가 아들인지 연인인지 구분되지 않을 때가 많다. 대학 진학을 위해 떠나는 아이는 어느 날 이렇게 고백한다. 어머니를 기쁘게 해 드리기 위해 무한히 노력했지만, 가끔씩 어머니의 얼굴에 나타나는 슬픔을 보고 언제나 C를 연상시키는 것만이 자신이 할 수 있는 전부인 자신의 한계에 절망한다고.

3. 난자 제공 여성의 위치와 생산의 정치학

2004년 2월, 황우석 교수팀은 한 개의 복제 줄기세포를 얻는 데 성공했으며 여기에는 난자를 제공한 여성 16명에게서 추출한 난자 242개가 사용되었다고 발표했다. 다시 2005년 5월, 같은 연구팀은 2~56세 환자 11명과 유전적으로 일치하는 맞춤형 줄기세포 11개를 얻는 데 성공했으며 여기에는 난자 제공 여성 18명에게서 추출한 난자 185개가 사용되었다고 발표했다. 줄기세포 하나를 얻는 데 난자 17개가 평균적으로 사용된 셈이다. 당시 세계의 언론과 학계가 열광을 했는데, 단지 1년 사이에 복제 줄기세포 하나를 얻는 데 필요한 난자의 수를 242개에서 17개로 줄임으로써 생산성을 15배 이상 높인 것과, 환자와 유전적 일치를 이루는 줄기세포를 얻어 내는 데 성공함으로써 현재 불치병으로 알려진 여러 만성 질환들을 성공적으로 치료할 수 있는 가능성을 크게 높였다는 점 때문이었다. 특히 2005년 발표에서 주목할 점은 난자 제공 여성들의 나이다. 18명 중 10명은 30세 미만이었는데 이들만을 대상으로 하면 줄기세포 하나를 얻는 데 필요한 난자는 14개로 줄어들며, 30세 미만 여성의 난자가 30세 이상 여성의 난자보다 세 배의 성공률을 보였다는 것이다(Henderson, 2005. 5. 20; The Irish Times, 2005. 5. 21).

그러나 서울대 조사위원회 보고에 따르면 위 두 논문의 연구에 제공되어 사용된 난자 수는 427개가 아니고 2002년 11월 28일부터 2005년 11월 8일까지 미즈메디병원, 한나산부인과병원, 한양대의대산부인과, 삼성제일병원 등 4개 병원에서 여성 129명에게서 채취한 2,061개였다.[4] 이들에

---

[4] 『사이언스』 발표 논문에는 여성 34명에게서 난자 427개를 추출해 사용한 것으로 되어 있지만, 실제 사용된 난자 수는 최소 769개이며(2004년 논문 연구[2002.11.28~2003.3.22]를 위해 제공받은 난자 423개와 2005년 논문의 데이터 취득 기간[2004.9.17~2005.3.15]에 제공받은 난자

게는 2005년 이전까지는 난자 채취에 따른 위험성에 대한 서술이 없는 약식의 난자 기증 동의서가 사용되었다. 2005년 이후에는 합병증 관련 위험성이 서술된 동의서 양식과 비교적 엄격한 동의 취득 절차가 적용되었지만, 여전히 불임이나 생명 위협의 가능성에 대한 언급은 없었다(Munro, 2005. 5. 20). 조사위는 또한 황 교수팀의 여성 연구원들 중 두 명이 난자를 제공했고, 이중 한 여성 연구원은 "2003년 3월 10일, 황 교수 차로 함께 강남 미즈메디병원으로 가서 노성일 이사장에게 직접 시술을 받았고, 다시 황 교수와 실험실로 돌아와 실험에 임했다."(서울대 조사위, 2006: 33)고 보고했다. 또한 이들 외에도 여성 연구원 8명이 황 교수팀이 나누어 준 난자 기증 동의 관련 양식서에 서명했다고 진술했다.

이상의 설명에서 우리는 복제 줄기세포 연구에 사용되는 난자는 불임 전문 병원이나 산부인과에서 제공한다는 것,[5] 난자 제공 여성의 나이는 20대와 30대이며 젊은 여성에게서 채취한 난자일수록 수정/복제의 성공률이 높다는 것, 연구팀의 연구자들이 직접 난자 제공 여성들을 모집했고 또 직접 난자를 채취했다는 것, 그리고 난자(와 배아) 기증 동의서의 양식과 절차는 난자 채취를 받는 여성의 건강권을 지키는 데 핵심적인 사항이라는 점을 알게 된다. 말하자면 복제 줄기세포 연구의 발전 과정은 불임 치료 기술의 발전 과정과 밀접한 관련을 맺고 있으며, 불임 치료 기술은 우리 사회의 모성의 특수한 사회적, 역사적 조건과 상호 영향을 주고받으면서 여성 자신의 재생산 건강권(reproductive health), 선택권, 그리고 모성 체험에 대한 논의를 지연시킬 수 있었고 그에 따라 난자를 대거 확보할 수 있는 상황이 가능해진 것이다.

346개), 두 논문 연구의 연장선상에 쓰인 난자 수를 모두 합하면 여성 129명한테서 추출된 2,061개가 된다(서울대 조사위, 2006: 30-35).
5) 보건복지부 장관이 '배아 생성 의료 기관'으로 지정한 기관(생명윤리및안전에관한법률 제14조).

이런 시각은 난자를 취급하는 절차에 그대로 반영된다. 한국에서 1985년에 최초의 시험관 아기가 탄생한 이후 20년이 지난 2005년까지 여성들은 수정 후 남은 난자나 인공 수태 시술 후 남은 배아에 대한 권리가 없었다. 수정하고 남은 난자와 배아를 연구용 난자나 배아로 기증할지 폐기할지를 묻는 항목은 2005년 1월 '생명윤리및안전에관한법률'이 시행되고 나서야 처음으로 난자 채취 동의서에 추가되었다(일다, 2005. 6. 16; 우먼타임스, 2006. 1. 12).[6] 그러므로 지난 20년간 인공 수태 시술 이후 남은 정자, 난자, 배아가 어떻게 보관되고 어떤 용도로 쓰였는지, 그동안 시험관 아기 시술이 몇 회가 있었으며 그중 난자를 제공받아 시술한 것은 몇 회인지, 또 오직 연구용으로 난자 채취를 한 것은 몇 회인지 정확히 알기 어려운 상태다.

난자 채취 시술 과정에서 난자 제공 여성의 위치는 그 여성의 재생산 건강권과 선택권이 어떻게 설정되느냐에 따라 결정된다. 먼저 난자 제공 여성의 재생산 건강권 문제를 보도록 하자. 불임 전문 병원이나 산부인과에서 난자 추출 시술을 받는 여성은 자신의 난자로 시험관 아기(IVF) 시술을 통해 임신하기 위한 경우, 불임 여성에게 자신의 난자를 제공하기 위한 경우, 복제 줄기세포 연구를 위해 난자를 제공하기 위한 경우로 구분된다. 그러나 난자 채취 시술을 받는 여성은 그 목적이 무엇이든 기본적으로 다음 과정을 동일하게 거친다. 먼저 초음파로 난소의 상태를, 그리고 피검사로 호르몬의 수준을 측정 받는다. 7~10일간 배란 촉진 피하 주사를 맞는다. 난자가 충분히 성숙해졌을 때 난자를 잘 추출하기 위해 생식선 자극 호르몬(HCG) 주사

---

6) 배아 생성 의료 기관으로 지정 받은 의료 기관은 정자나 난자를 채취할 때, 정자 제공자·난자 제공자·인공 수태 시술 대상자 및 그 배우자에게 "배아 생성의 목적과 배아 보관 및 폐기에 관한 사항, 임신 외의 목적으로 잔여 배아를 이용하는 것에 대한 동의 여부"를 서면으로 남겨야 한다(생명윤리및안전에관한법률 제15조).

를 맞는다. 긴 바늘을 질, 자궁, 나팔관, 난소의 경로를 따라 넣은 후 바늘로 난자들을 흡수하는 시술을 받는다. 여기서 한 가지 예외는 불임 여성에게 난자를 제공하기 위해 난자 채취 시술을 받는 여성이다. 이때 난자 제공 여성은 불임 여성의 생리 주기와 보조를 맞추기 위해 위 과정을 거치기 전에 10~14일간 배란 억제 피하 주사를 맞는다. 그리고 위 과정이 시작되면, 불임 여성 역시 에스트로겐 함유 약을 복용하고 프로게스테론 주사를 맞으면서 배아가 착상이 잘되도록 자궁의 조건을 만든다(Baum, 2001: 118).

매그너스와 조(Magnus and Cho, 2005)는 난자 채취 시술 과정이 여성의 건강에 끼치는 위험의 수준과 정도를 이렇게 기술했다.

> 난소에 자극을 주어 난자를 얻어 내는 과정을 거친 여성들의 0.3%에서 5%, 많게는 10%의 여성들이 심각한 난소 과자극 증후군을 경험하는데, 여기에는 때로 병원에 입원해야 할 정도의 통증 유발, 신부전증, 잠재 미래 불임증, 심지어 목숨을 잃는 경우도 포함된다.

난자 채취 시술 과정을 거치는 여성이 난자 채취하는 데 따르는 위험성에 대한 정보를 충분히 제공받지 못한다는 것은 특히 복제 줄기세포 연구를 위해 난자를 제공하는 일반 여성들에게는 치명적인 결과를 가져올 수 있다. 연구를 위해 난자를 제공하려는 일반 여성들은 시험관 아기 시술을 받으려는 불임 여성들과는 다른 위치에 있기 때문이다. 시험관 아기 시술을 받아 자신의 난자로 임신을 하려는 여성은 임신이라는 보상을 위해 위험을 감수하는 '선택'을 할 수 있다. 그러나 산부인과적으로 아무 문제가 없는 젊은 여성이 자신에게 아무런 대가가 돌아오지 않는 상황에서 자신의 건강을 담보로 위와 같이 힘든 과정을 거치고 난자를 기증하는 '선택'을 했다고 할 수 있으려면 난자 채취에 따른 위험성에 대해 자세하고도 충분한 정보를 받은 상태에서 선택이 이루어졌어야 한다. 그러나 복제 줄기세포 연구를 위해 난자를 제공한 일반 여성들은 위험성에 대한 정보를 충분히 제공받지 못했다.

다음, 난자 제공 여성들의 선택권 문제를 보자. 일반 여성들의 난자 제공이 자율적인 선택에 따른 것이라고 말할 수 있으려면 연구에 대해 정확한 정보를 주어야 한다. 그러나 난자 제공 여성들은 복제 줄기세포 연구의 성격에 대해 혼란된 정보를 받은 상태에서 난자를 제공하기로 결정했다. 황교수팀의 2005년 연구를 위해 난자를 제공하기로 '선택'한 한 여성이 연구를 어떻게 이해하고 있는지를 보도록 하자.

> 제 소중한 난자들을 채취해 대체 어디서 무엇을 하는 데 사용한 것인가요? 저는 아이를 낳아 본 적도 없지만 바로 이런 것이 생명이구나, 하면서 살붙이에 대한 정이 무엇인지 나중에야 깨닫게 되었답니다. 제가 여성으로 태어났다는 자부심을 처음으로 느낀 것이 난자를 기증하면서부터였기 때문에 이후에 어떤 고통과 후유증도 그럭저럭 이겨 낼 수 있었는지도 모릅니다. 생명을 살리는 일에 보탬이 되고자 기꺼이 제 작은 생명을 내주었는데 그 생명의 온기를 잃어버리고 말았습니다. 적지 않은 여성들의 피와 눈물은 정녕 이대로 스러지고 마는 것인가요? 난치병 환자들과 그 가족도요?(『한겨레21』, 2005.12.27)

이 여성은 정확하게 자신의 난자가 어디서 무엇을 하는 데 사용되는지는 모르지만, '생명을 살리는 일', 즉 난치병을 '치료'하는 데 도움을 주기 위해 난자를 제공했다고 말하고 있다. 또한 자신의 난자를 '생명'으로 이해하고 있으며, 줄기세포를 만드는 것이 생명을 살리는 일이고, 작은 생명을 통해 (큰) 생명을 살림으로써 생명의 연결을 통해 자신의 난자가 계속 생명을 유지하는 것이라고 이해하고 있다.[7] 그러나 현재까지 복제 배아든 생식 목적의 잔여 배아든 배아 줄기세포에 근거한 '치료'는 전혀 존재하지 않는다. 존재하지도 않는 미래의 희망 사항을 연구 목표로 부각하는 것은 난자 제공 여성에게 자신의 난자 제공이 '치료'에 사용되는 것이라는 오해를 낳는다. 따라서 복제 줄기세포 연구를 위해 난자를 기증하는 여성에게 자신의 난자 기증이 난치병 '치료용'이 아니라 체세포 핵 이식 줄기세포를 만들기 위한 기초 연구에 쓰이는 '연구용'이라는 점을 분명히 알 수 있도록 정확한 정보를 주어야 한다(Magnus and Cho, 2006).[8]

또한 일반 여성의 난자 제공이 자율적인 선택에 따른 것이라고 말할 수

---

[7] 여성들이 난자, 태아, 아이와 자신을 각기 분리된 개체로 인식하기보다는 서로 분리될 수 없는 상호 연관적인 것으로 인식하거나(양현아, 2005: 236; 조영미, 2004: 85-6), 가능한 한 동일시하려는 태도(Tong, 2004: 98)를 보이는 것은 세계적으로 여성들에게 나타나는 보편적인 현상으로 보고되고 있다(Petchesky, 2001b). 여성들은 여성의 체험에 근거해 저마다 재생산권에 대한 인식이 다르고, 그것은 법과 제도에 나타난 협의의 재생산권 개념들과는 다르다. 모성(motherhood)을 개인의 권리나 책임의 문제로 인식하기보다는 여성의 생애 주기 전반에 걸친 활동과 관련된 사회적 기능으로 인식하는 특징을 보인다. 즉 여성들은 자신의 재생산권을 확정된 권리로 인식하기보다는 언제나 특정 상황에서 협상해서 얻어지는 것으로 인식하고 있었다. 또한 여성들은 도덕적 행위자인 '자아와 성적 함의를 지닌 '몸'으로 구분해 몸을 보기보다는 자아와 몸이 긴밀히 연결된 것으로 인식하는 것으로 나타났다(Petchesky, 2001a). 이 같은 여성들의 모성 체험에 비추어 보면 소유권의 개념에 근거한 여성의 '몸에 대한 자기 결정권' 혹은 '신체적 통합권' 등은 재생산권을 협의 개념으로 접근하는 방식이다. 재생산권 논의는 한편으로는 '권리'로의 개념화를 통한 정치 세력화가 필요하지만, 다른 한편 '권리'로 번역되지 않은 모성 체험을 사회적 실체로 드러내는 작업이 병행되어야 한다.
[8] 예컨대 최근에 설립된 '연구·치료 목적 난자기증지원재단'은 '연구 목적 난자기증지원재단'으로 명칭을 바꿔야 할 것이다. 황우석 팀에 난자를 제공한 여성 두 명이 "연구팀이 난자의 사용 방안 등에 관해 허위 또는 불충분한 정보를 제공했고 난자 채취 시술의 부작용에 대해서도 충분히 설명해 주지 않은" 점을 들어 국가와 난자 채취 의료 기관 두 곳을 상대로 손해 배상 소송을 냈다(오마이뉴스, 2006.4.21).

있으려면 난자 제공 여성의 위치가 난자 제공과 관련하여 위계적인 관계에 놓여 있지 않아야 한다. 우선 난자 채취 과정의 정보를 제공하는 상담자와 시술을 하는 의사는 연구팀이나 IRB(기관심의위원회) 구성원이 아니어야 한다. 연구를 하는 당사자와 관련 기관의 구성원한테서 연구의 성격과 위험 부담에 대해 객관적이고 충분한 정보를 기대하기 어려울 수 있기 때문이다.

그리고 환자 치료를 조건으로 환자의 가족이 난자를 제공할 수 있도록 해서는 안 된다. 황우석 교수팀의 2005년도 연구의 난자 획득 과정이 윤리적으로 문제가 없음을 주장한 정규원과 현인수(2006)는 미토콘드리아 DNA 문제를 해결함으로써 복제 줄기세포 연구를 촉진하려면 체세포 제공자와 생물학적으로 연결된 여성의 난자를 세트로 채취할 수 있게 할 것을 제안했다(Jung and Hyun, 2006: W21).9) 이렇게 하면 난자 채취 시술의 위험 부담이 있더라도 가족을 위한 위험 부담이니까 윤리적으로 수용하기가 나을 뿐 아니라, 미토콘드리아 DNA의 거부 반응을 줄일 수 있다는 것이다. 그러나 만일 이런 정책이 수용되면, 강력한 가족주의가 지속되고 있는 한국 상황에서 여성들은 가족한테서 난자 제공의 압력을 받을 것이고 여성의 선택권은 행사될 수 없을 것이다(Magnus and Cho, 2006).

여성에게 난자 채취 시술의 위험성에 대한 충분한 정보가 주어지고 난자 제공 강요가 없는 상황에서 그 여성이 난자를 제공하려 한다면 그 여성의 선택권은 존중되어야 할 것이다. 그러나 (불법으로 난자 매매를 하지 않는 한) 아무런 경제적 보상이 주어지지 않는 상황에서 복제 줄기세포 연구를 위해 젊은 여성들이 자신의 난자를 대가 없이 제공할 가능성은 매우 희박해 보인

---

9) 황우석 교수팀의 연구 윤리를 보증한 이 논문은 서울대 조사위 보고 이후에 편집장 직권으로 취소되었다(조선닷컴, 2006.2.3).

다. 그러므로 줄기세포 연구를 위한 난자와 배아의 수급은 또다시 불임 치료를 위해 시험관 아기 시술을 받는 여성들과 이 여성들에게 자신의 난자를 제공/매매하는 여성들에게로 향한다.

4. 국가주의, 가족주의, 분절되는 여성의 몸

한국에서 복제 줄기세포 연구는 연구할 수 있는 과학자의 권리, 투자하고 이윤을 남길 수 있는 사업가의 권리, 그 기술 상품을 이용해 의학적 치료를 받을 수 있는 개개인의 권리가 결합해, 국제적으로 국가 경쟁력을 제고해야 한다는 국가적 노력의 대의 아래 약진해 왔다. 여기서 여성들의 몸은 여성 자신의 것이기 때문에 여성 권리의 관점에서 고려되어야 할 것으로 이해되기보다는 국가 경쟁력을 위한 자원으로 간주되었다. 복제 줄기세포 연구에 2천 개가 넘는 난자가 손쉽게 제공되는 사회적 현실은 지난 40년간의 근대화 과정에서 한국 여성의 출산력이 가부장적 가족, 국가, 출산 의료 기술의 통제를 받은 출산 역사의 연장선상에 있기 때문에 가능했다.

정부는 1961년 경제 개발 계획을 수립하는 과정에서 경제 개발에 성공하기 위해서는 '인구 조절 계획을 반드시 동반해야 한다는 결론'을 얻고 1961년부터 가족계획을 실시했다. 당시 여성들도 피임과 출산 통제 수단을 강력히 열망했기에 국가의 가족계획 사업 실시만을 가지고 국가가 여성의 출산력을 일방적으로 통제했다고 말할 수는 없을 것이다. 문제는 출산 조절 자체에 있는 것이 아니라 모성을 국가 정책의 수단으로 인식하는 도구적 모성이 국가가 1960~70년대에 가족계획 정책을 실천하면서 완전히 자리 잡았다는 데 있다(황정미, 2001, 2005: 105-8).

[표2] 합계 출산율[10)

연도	1960	1966	1968	1971	1974	1977	1980	1983	1986	1989	1992	1995	1998	2001	2004
출산율	6.3	5.4	4.2	4.54	3.81	3.02	2.83	2.08	1.60	1.58	1.78	1.65	1.47	1.30	1.16

자료: 통계청(2006), '인구동태건수 및 동태율 추이'; 1960~1968 통계는 박병태 외(1978), 111쪽

황정미(2005: 110)에 따르면, 가족계획 사업은 전국적으로 2천 명이 넘는 가족계획 요원이 활동하고, 1968년에는 전국 16,823개 마을에 '가족계획어머니회'가 설치될 정도로 신속하게 확산되었다. 그러나 이 과정에서 어머니들의 자발적 목소리를 반영할 수 있는 어떤 대의 체계나 지역 대표자 협의회, 전국적인 대표 체계 등도 갖춰지지 않았다. 정부는 어머니들을 정부의 출산 정책을 몸으로 실현할 대상으로 인식했으며 이들을 정책의 주체로 인정하지 않음으로써 어머니들의 출산 통제 경험은 출산 정책의 공적 담론에서 의미화되지 못했다. 그러므로 1960,70년대 어머니들은 먹는 피임약과 피임 시술, 그리고 인공 임신 중절 등 출산 통제 수단의 사용과 그에 따른 고통과 부작용을 개인적인 문제로 받아들였고, 정부 출산율 목표가 1966년 5.4명에서 1986년 1.6명으로 달성되는 20여 년 동안 출산과 모성은 사사로운 일로 자리 잡았다([표2] 참조). 황정미(2005: 112)는 이와 같은 1960,70년대의 출산 경험을 이후 한국 사회에서 여성의 모성을 주변적이고 도구적으로 인식하고 여성들 역시 손쉽게 피임과 인공 임신 중절을 실천하는 역사적 배경으로 지목하고 있다.

한편, 지난 40년간의 근대화 과정은 여성의 재생산권이 의료 영역 안에

---

10) 통상 출산율 저하의 요인으로 1960년대와 1970년대의 경우는 유배우 여성의 출산 조절을, 그리고 1980년대 이후는 결혼 연령의 상승을 지배적 요인으로 꼽고 있다(황정미, 2005: 105).

놓이는 기간이기도 했다. 한국 여성은 1960년대까지 극소수를 빼고는 가정에서 아이를 낳았다. 그러나 시설 분만율(병원, 의원, 조산소, 보건 기관)의 변화 추이를 보면, 1970년에는 시설 분만율이 17.6%에 불과했지만, 1980년 52%, 1985년 75.2%, 1991년 98.1%, 2000년 99.9%로 여성의 출산 과정은 완전히 의료 영역에 편입되었다(조영미, 2003: 42-50). 출산 의료화 과정에서 가장 눈에 띠는 것은 출산 의료 기술의 도입과 최첨단화의 가속화, 그리고 그에 따라 여성이 출산 과정의 주체에서 관리 대상으로 위치가 바뀐 점이다. 한 병원의 분만 방법 변화 추이를 보면 1962년부터 1982년까지 자연 분만은 70%에서 46%로 감소한 대신, 제왕 절개술은 3%에서 25%로 증가했다(서울대의대산부인과학교실, 1983; 조영미(2003: 72)에서 재인용). 제왕 절개를 통한 출산은 2002년 현재 모든 분만의 39.2%에 이른다(한국여성개발원, 2003: 353). 또한 산전 관리 횟수는 2000년 현재 정부의 권장 횟수인 7회를 훨씬 넘긴 12.3회이며 한국 사회에서 산전 수진율은 100%다. 산전 검사 항목도 갈수록 첨단화해, 1988년에는 혈압, 체중, 소변 검사 위주이고 혈액 검사나 초음파 검사는 약 3분의 1 정도만 하는 것으로 나타났으나, 1994년에 이르면 초음파 검사가 97.6%로 정규화된다. 기형아 검사는 1994년에는 양수 검사(4.7%), 융모막 검사(0.3%)로 극히 일부만 하고 있었지만 1990년대 말에는 정규적인 검사 항목으로 포함되어 있다(조영미, 2003: 52). 이 과정에서 여성들은 최첨단 의료 기술에 대한 의존이 더욱 심화되었고 여성 자신의 출산 체험은 무력화되었다.

이와 함께 1980년대 중반부터 통계로 잡혀 1990년대 초반에 절정을 이룬 '태아 성 감별 후 여아 인공 임신 중절' 현상은 자녀 수를 줄이라는 국가의 가족계획 정책에 부합하면서도 부계 혈통을 유지하려는 가부장제 가족의 욕망을 최첨단 의료 기술을 이용해 실현한 예다. 널리 알려진 대로, 한국의 출생 성비는 양수 검사라는 신기술이 도입되기 전인 1980년에는 105였으나 10년 후인 1990년에는 117로 심하게 왜곡된다. 그중에서도 가부장제 가족의 전통이 가장 강하게 남아 있는 곳으로 알려진 대구·경북 지역은 1990년 당시 출생 성비가 130까지 치솟았다(한국여성개발원, 2003: 61).

한편, 출산 의료 기술의 발전은 시험관 아기 시술의 도입과 발전, 그리고 불임 전문 병원의 확산으로 이어졌다. 한국은 1985년에 서울대병원에서 최초로 시험관 아기가 탄생한 이래, 2002년 한 해만 해도 전국 100여 개소의 불임 클리닉에서 전 세계 시험관 아기의 20%인 약 8천 명이 시험관 아기 시술로 태어난 것으로 보고된다(김명희, 2003: 143). 또한 세계적으로 시험관 아기 시술에 쓰이고 남은 배아의 약 50%가 국내에 있는 것으로 알려져 있으며, 잔여 배아 수는 최소 10만 개에서 최대 150만 개까지로 추정한다(한겨레, 2006. 2. 10).

한국에서 시험관 아기 시술이 이렇게 빠른 속도로 발전하고 확산된 이유는 환경 오염과 만혼 등의 자연적, 사회적 조건이 변화하면서 불임 부부의 수는 늘어나는데,[11] 혈연에 기초한 가족 계승과 가족 중심주의 문화, 생물학적 모성을 기혼 여성의 본질적 정체성으로 안지하는 전통과 문화는 여전히 강력한 영향력을 행사하고 있기 때문으로 보인다. 한국 가족의 구조 안에서 불임은 여성의 정체성을 근본적으로 위협하는 경험이며 이 과정에서 시험관 아기 시술은 불임의 기혼 여성이 반드시 거쳐야 할 관문으로 자리 잡고 있다. 이 과정에서 가부장적 한국 가족의 전통과 시험관 아기 기술이 서로 만나, 가족은 생물학적 모성이라는 전통을 확대·강화하는 효과를 갖게 되었고, 시험관 아기 기술 분야는 불임 센터의 확산으로 풍부한 난자

---

11) 우리나라의 불임 부부는 2000년을 기준으로 140만 쌍이고 기혼 여성의 불임률은 13.5% 정도로 추산되고 있다(연합뉴스, 2006. 3. 5).

와 잔여 배아를 확보할 수 있게 된 것이다. 그리고 이렇게 확보된 난자와 잔여 배아는 (복제) 배아 연구의 밑거름이 되었다(조주현, 2005).

[표3]은 시험관 아기 시술과 배아 줄기세포 연구가 국가별로 어떻게 실천되고 있는지, 주로 난자 획득 문제를 중심으로 정리한 것이다. 시험관 아기 시술에서 난자 획득이 문제가 되는 것은 불임 여성 자신의 난자로는 수정이 안되어 다른 여성의 난자를 이용해야 하는 경우가 있기 때문이다.[12] 난자 공급과 관리는 국가마다 여성의 권리와 관련해 접근이 다르다. 현재 세계에서 공식적으로 난자 매매를 인정하는 국가로는 미국이 유일하다. 미국에서는 2001년 한 해에 이루어진 시험관 아기 시술 중 11%(10,750건)가 다른 여성한테서 제공받은/구입한 난자로 시술되었다. 미국은 특히 난자 제공/구입을 통한 시술이 40~50대 여성의 임신 가능성을 높여 주기 때문에 난자에 대한 수요가 계속 증가하는 추세다. 그에 따라 비용도 올라가고 있는데, 뉴욕만 봐도 일회 시술 비용이 1995년 1,500불에서 2005년 8,000불로 급등했다(Sauer, 2006: 154).[13]

한편, 자신의 난자로 시험관 아기 시술을 받는 미국 여성들은 자신의 몸

---

12) 특히 불임 문제는 불임 여성의 고령화와 관련이 있기 때문에 다른 여성의 난자에 대한 수요는 앞으로 더욱 증가할 전망이다. 다른 여성의 난자로 수정된 배아는 불임 여성 자신의 자궁에 착상시킬 수도 있고 만약 자신의 자궁이 약하면 다른 여성의 자궁(대리모)에 착상시킬 수 있다. 대리모는 난자와 자궁을 모두 제공한 경우와 자궁만을 제공한 경우로 구분된다.
13) 난자 공여/구입을 통해 임신할 경우, 시술받는 여성은 자신과는 유전적으로 아무 관련이 없는 아이를 출산하는 셈이다. 싸어(Sauer)는 이 문제를 해결하기 위해 제공된 난자의 핵을 제거하고 시술받는 여성의 난자의 핵을 이식하는 생식 세포 핵 이식(germinal vesicle transfer)을 시도했으나 토끼에서는 성공했지만 인간에서는 아직까지 성공하지 못했다고 보고하고 있다. 시험관 아기 기술 발전 과정에서 이미 체세포 핵 이식 기술의 전신이 시도된 셈이다. 다른 한편 시술받는 여성의 난자에 제공된 난자의 세포질을 주입하는 세포질 이식(ooplasm transfer)은 현재 시술되고 있으나 임신 성공률은 높지 않다(Sauer, 2006: 159).

[표3] 국가별 불임 치료 및 (복제) 줄기세포 연구를 위한 난자 획득 방법

국가	불임 치료를 위한 난자 획득 방법	배아 줄기세포 연구를 위한 난자 획득 방법
미국	• 난자 매매 가능 • 뉴욕의 경우, 1995년에는 1,500불, 2005년 현재 8,000불 • 난자 매매 여성 35세 미만, 통상 6회까지 추출 허용	• 생식 목적의 잔여 배아에서 추출된 기존의 줄기세포주에 대한 연구만 연방 자금 지원. 따라서 연방 차원에서는 배아를 생성할 필요가 없음 • 민간 차원에서는 연구 목적 배아 생성
이스라엘	• IVF 시술을 받는 여성만이 다른 불임 여성에게 난자를 제공할 수 있음 • 금전적 보상 금지 • 정부가 의료 공제를 통해 횟수 제한 없이 시술 비용을 지원	
독일*	• 일반 여성한테서 난자 제공받음 • 금전적 보상 금지	• 모든 유형의 배아 줄기세포 생성 금지 • 단, 2002년 이전 추출된 연구 목적의 줄기세포를 수입해 연구하는 것은 허용
영국**	• 일반 여성으로부터 난자 제공받음 • 제한적 보상 (하루 평균 15파운드)	• 생식 목적의 잔여 배아 줄기세포 연구 허용 • 연구 목적 배아 생성 가능 • 연구 목적일 경우 IVF 시술이나 다른 산부인과 수술을 받은 여성에게서만 난자를 제공받을 수 있음
한국	• 일반 여성으로부터 난자 제공받음 • 2005년 12월부터 금전적 실비 보상 • 2006년부터 저소득층 대상 1만6천 불임 부부에게 2회 300만 원 시술 지원	• 생식 목적의 잔여 배아 줄기세포 연구 허용 • 연구 목적 배아 생성 가능 • 연구 목적일 경우 일반 여성으로부터 난자를 제공받을 수 있음

자료: 김옥주, 2005; 연합뉴스, 2006. 3. 5; 이영희, 2004; 정규원, 2005; Baum, 2001: 123-9; Sauer, 2006: 156-8;「생명윤리및안전에관한법률」개정안, 2008.12.6에서 재구성.

* 2002년 4월, 독일 연방의회는 배아 줄기세포의 수입과 활용을 허용하는 '인간 배아 줄기세포의 수입 및 사용에 관한 배아 보호 확보를 위한 법률'(약칭 줄기세포법)을 제정했다. 이 줄

기세포법에서는 독일 내에서 배아 줄기세포를 직접 생성하는 것은 여전히 금지하지만, 2002년 1월 1일 이전에 외국에서 임신을 목적으로 만들어진 배아에서 생성된 배아 줄기세포에 한해서 수입을 허용하고 있다. 2004년 7월 현재 5개 연구팀의 배아 줄기세포 수입 요청이 받아들여진 상태이고, 7개 연구팀의 신청 요청이 검토 중에 있다. 독일의 이러한 규제 체제는, 비록 2002년도 줄기세포법에 의해 일정한 요건을 갖춘 배아의 수입을 허용하고는 있지만, 기본적으로 배아 복제를 허용하고 있지 않다는 점에서 '엄격한 규제 체제'라고 이름붙일 수 있다(이영희, 2004).

** 영국의 인간수정및배아발생기구(HFEA)는 현재 일반 여성도 복제 줄기세포 연구에 난자를 기증할 수 있게 하는 개정안을 고려 중이다. 개정안은 또한 연구자나 환자의 가족과 친구들도 난자를 기증할 수 있고, 여성 연구원은 자신이 속하지 않은 다른 연구팀을 위해 난자를 기증할 수 있으며, 제공 경비는 하루 15파운드를 초과하지 않으며, 상담자와 시술 담당 의사는 연구에 참여할 수 없다는 내용도 담고 있다. 영국은 최근 연구용 난자의 부족으로 중국과의 공동 연구를 고려 중이다(Henderson, 2006. 2. 14; Lister, 2006. 2. 16).

에서 추출된 난자를 모두 수정시키기를 원하기 때문에 이들에게서 잔여 난자를 구하기는 어렵다(Sauer, 2006). 또한 미국 여성들은 배아 연구를 위해 자신들의 잔여 배아를 쉽게 기증하지 않는 것으로 나타났다. 비영리 기관인 랜드 코퍼레이션(Rand Corp.)의 2003년 연구에 따르면, 냉동 배아 40만 개 중 2.8%(11,000개)만이 과학적 연구에 사용되는 것이 허용되었고, 2.3%는 '배아 입양'을, 2.2%는 즉시 폐기를, 시술을 받은 여성들의 절대 다수는 이후 다시 시술을 받을 가능성을 두고 배아를 그대로 보존하기를 원했다. 이 기관의 추정에 따르면 2.8%(11,000개)의 배아를 모두 배아 줄기세포 연구에 이용한다면 약 275개의 줄기세포를 얻어 낼 수 있다(Manjoo, 2005. 6. 8).

　　반면에 이스라엘은 오직 시험관 아기 시술을 받는 여성만이 다른 불임 여성에게 자신의 잔여 난자를 제공할 수 있게 규정하고 있다. 따라서 일반 여성은 친족 간에도 자신의 난자를 제공할 수 없다. 금전적 보상은 금지되어 있으며 시험관 아기 시술은 의료 공제의 대상이다. 독일은 시험관 아기 시술을 위해 일반 여성이 난자를 제공할 수 있으나, 금전적 보상은 금지하고 있다. 반면에 영국은 시험관 아기 시술을 위해 일반 여성이 난자를 제공할 수 있으며, 제한적 보상(하루 평균 15파운드)을 허용한다.

한국은 2005년 1월 '생명윤리및안전에관한법률'을 시행하면서 처음으로 난자 제공에 관한 규정을 마련했다. 이 법안은 일반 여성이 난자를 제공할 수 있으나 금전적 보상은 금지했다. 그러나 2008년 12월부터 시행된 '생명윤리및안전에관한법률' 개정안은 난자 제공 여성에 대해 실비 보상을 하는 것으로 되어 있다. 개정안은 배아 생성 의료 기관이 난자 제공 여성에 대한 건강 검진을 해야 하며(법률 제15조2, 시행규칙 제5조2), 동일 여성에 대한 난자 채취의 빈도는 평생 3회로 하되 6개월 이상의 기간을 두어야 하며(법률 제15조3, 시행령 제10조2), 난자 제공자에 대한 실비 보상은 교통비, 식비, 숙박비, 시술 및 회복에 소요되는 시간에 따른 보상금으로 하되 구체적인 산정 기준은 배아 생성 의료 기관의 장이 기관 위원회의 심의를 거쳐 정하게 된다(법률 제15조4, 시행규칙 제5조의3).[14]

한편, 국제적으로 배아 줄기세포 연구에 정부가 재정 지원을 하는 국가는 영국, 한국, 중국, 싱가포르뿐인 것으로 알려져 있다(Silver, 2005). 영국과 한국은 두 국가 모두 시험관 아기 시술 후 남은 배아를 이용한 줄기세포 연구와 연구 목적으로 배아를 생성하는 것을 허용하고 있지만, 영국은 연구 목적으로 배아를 생성할 경우 IVF 시술이나 다른 산부인과 수술을 받은 여성에게서만 난자를 제공받을 수 있게 규제하고 있는 반면, 한국은 연구 목

---

14) 보건복지가족부(2008-12-08), 「생명윤리 및 안전에 관한 법률 시행령 및 시행규칙 일부개정 공포 시행」, 정보마당> 법령자료> 입법예고. http://www.mw.go.kr/front/jb/sjb0403vw.jsp?PAR_MENU_ID=03&MENU_ID=030403&BOARD_ID=200&BOARD_FLAG=00&CONT_SEQ=202796&page=1.

적으로 일반 여성도 난자를 제공할 수 있게 허용하고 있다. 반면에 독일은 모든 유형의 배아 줄기세포의 생성을 금지하고 있으며, 예외적으로 2002년 이전에 추출된 연구 목적의 줄기세포를 수입해 연구하는 것만을 허용하고 있다. 미국은 생식 목적의 잔여 배아에서 추출된 기존의 줄기세포주에 대한 연구만 연방 자금을 지원하고 있기 때문에 연방 차원에서는 배아를 생성할 필요가 없게 된다. 반면에 민간 차원에서는 연구 목적으로 배아를 생성할 수 있다.

이렇게 생명 기술 안에서 여성의 위치는 생명 기술 자체의 탈맥락적 보편성에도 불구하고 각 국가의 역사적, 문화적 특수성의 맥락 안에 놓여 있다. 페미니스트 생명 윤리와 기술 페미니즘의 방향은 결국 국가마다 생명 기술의 연결망에 다르게 놓여 있는 여성들 간의 연대, 즉 보편적 페미니스트 생명 윤리를 어떻게 구성할 수 있느냐에 있을 것이다. 그것은 한편으로 문화적 다양성과 보편적 인권의 충돌 문제, 다른 한편으로 모성의 윤리를 인권의 개념으로 확산하는 문제에 대한 논의로 나아갈 것을 요구한다.

5. 맺음말

지금까지 (복제) 배아 줄기세포 기술에 난자가 어떻게 개입되는지, 그 기호적, 물적, 사회적 요소들의 실천 과정을 살펴보았다.

난자에 대한 기호적 실천 과정은 생명 기술의 탈맥락화, 보편화, 균질화의 동력과 경험 세계에 놓인 여성들의 몸 체험 간의 긴장을 통해 다양한 해석의 공간을 열어 놓고 있다. 또한 복제 배아 줄기세포 연구에 관한 언어적 재현의 정치학을 통해 줄기세포 기술의 사회적 의미를 선점함으로써 기술의 연결망을 재구성하려는 각축이 진행되고 있다. 기호적 실천 과정은 (복제) 배아 줄기세포 기술이 그 자체로 의미가 있는 것이 아니며 우리가 상상력을 어떻게 재구성해 개입하느냐에 따라 그 의미가 확정되는 사회 과정이라는 점을 보여 준다. 따라서 기술 페미니즘의 실천은 기호적 실천 과정에 다양하고 세밀한 방식으로 개입해 기술의 사회적 효과가 젠더 관계에 어떤 영향을 끼치는지를 드러낼 수 있을 뿐만 아니라 상상력을 확장해서 기술의 의미를 재구성하는 시도를 할 필요가 있다. 다만 기호적 요소의 실천 과정은 물적 요소들의 실천 과정과 관련되어야만 그 개입의 효과가 나타난다는 점을 중시해야 한다.

물적 요소의 실천 과정은 한국에서 난자는 어떻게 생산되며 이번 복제 줄기세포 연구에는 난자가 어떻게 공급됐는지를 중심으로 살펴보았다. 한국에서 난자 생산은 불임 치료 기술인 시험관 아기 기술의 발전 과정과 밀접한 관련을 맺고 있었으며, 시험관 아기 기술은 우리 사회의 모성의 특수한 사회적, 역사적 조건과 친화하면서, 여성 자신의 건강권(재생산 건강권), 선택권(자기 결정권), 체험적 모성에 대한 논의를 지연시킬 수 있었다. 그리고 이점이 난자 제공 여성들이 재생산권을 행사하지 못하게 하는 배경으로 작용했다. 여성들은 난자 채취의 위험 수준과 정도에 대해 정보가 충분하지 않았으며, 난자 제공을 '선택'(자발적으로 제공)했다고 말할 수 있는 위치가 아니었다. 따라서 불임 치료와 무관하게 연구를 위해 난자를 제공하려는 여성에게는 건강권과 선택권을 확보할 수 있도록 정확하고 충분한 정보가 제공되는 절차가 마련되어야 한다.

구체적으로는, 먼저 난자 채취의 잠재적 위험성에 대해 정확한 정보가 제공되어야 한다. 둘째, 복제 줄기세포 연구가 난치병을 치료하기 위한 연구가 아니라 체세포 핵 이식 줄기세포를 만들기 위한 기초 연구이며 난자

기증은 치료용이 아니라 연구용이라는 점을 난자 제공자에게 분명히 밝혀야 한다. 셋째, 해당 연구와 무관한 위치에 있는 의료진에게서 상담과 시술을 받아야 한다. 넷째, 환자 치료를 조건으로 환자의 가족이 난자 제공을 하도록 해서는 안 된다.

사회적 요소의 실천 과정은 한국에서 난자 공급이 어떻게 이렇게 수월하게 이루어질 수 있는지를 중심으로 살펴보았다. 지난 40년간의 국가 발전 계획에서 국가주의의 강화, 가부장적 가족의 유지, 출산 의료 기술의 확산 아래 각 체계들 간의 선택적 친화 과정을 통해 여성의 모성은 도구화되었고, 그 연장선에서 난자 공급이 이루어질 수 있었다. 특히 세계화 시대를 맞이해 국가 간 경쟁이 더욱 치열해지면서, 여성의 몸은 국가 경쟁력을 위한 자원이 될 수 있다는 인식이 팽배해 여성의 재생산권에 대한 요구가 국가주의와 정면으로 배치되는 듯한 상황이 연출되었다. 그러나 국가가 공식적으로 배아줄기세포 연구를 지원하는 경우는 세계적으로 네 나라에 불과하며, 각국은 난자 제공과 관련한 여성의 재생산권에 매우 다른 접근을 하고 있었다. 여성의 재생산권에 국가마다 접근이 다른 것은 국가주의와 여성의 재생산권에 대한 요구가 본래적으로 갈등 관계에 있는 것이라기보다는, 각국의 역사와 문화적 배경 안에서 사회의 여러 체계들이 상호 작용한 결과로 그 관계가 구성되는 것임을 말해 준다. 여성의 재생산권과 국가주의의 공존은 여성의 재생산권을 인권의 맥락에서 공식화하고, 인권을 존중하는 국가주의의 실천을 통해 가능하다(Nussbaum, 2000). 이와 함께 권리 개념에 반영되지 않은 여성의 모성 체험을 사회적 현실로 언어화하고 궁극적으로 권리 개념으로 번역하는 작업이 필요하다.

기술의 사회적 의미가 행위자들의 기호적, 물적, 사회적 실천을 통해 확정되는 것이라면, 난자를 둘러싼 생명 의료 기술에 대한 페미니즘의 개입

역시 기호적, 물적, 사회적 실천 과정 모두에서 이루어져야 한다. 기호적, 사회적 실천 과정에서 이것은 여성 정체성의 강화 전략과 여성 정체성의 해체 전략이 동시에 적용되어야 함을 뜻한다. 여성 정체성의 강화 전략이란 여성의 모성 체험을 인권(권리)의 언어로 번역하는 작업을 말한다(Donchin, 2003; Tong, 2004). 여성들은 재생산권에 대해 자신들이 임신, 출산, 육아의 짐과 책임을 가장 많이 지고 있기 때문에 이에 대한 결정권, 즉 재생산권을 얻을 수 있다고 생각한다(Petchesky, 2001b: 302). 여성들의 이와 같은 주관적인 배려와 책임의 도덕적 언어를 권리의 언어로 공식화할 수 있는 방법, 즉 사적 영역에 놓인 여성의 모성 경험을 공적 영역의 권리 언어로 번역하는 작업이 필요하다. 인권의 맥락에서 이 같은 시도는 국가별로 실천되는 특수성을 넘어 보편의 의미를 획득할 수 있도록 국제적 연대를 통한 공동의 기준을 마련하는 방안으로 구체화될 수 있다.

여성 정체성의 해체 전략이란 '여성', '모성', '인간'에 대한 기존의 규범을 미래 지향적으로 열어 놓는 것을 말한다(Butler, 2003; Gamson, 1995). 이 범주들은 아직도 진행 중인, 실현되지 않은 범주들이다. 그것은 법과 제도에 반영된 확정된 권리 개념과 그에 따른 규범인 재생산권을 해체하는 과정에서 재생산권에 대한 새로운 주장을 담론화할 수 있다. 여성들이 자신의 재생산권을 여러 경쟁적인 요구와 가치들의 경합 안에서 협상을 통해 체득되는 것으로 이해한다는 점에서, 한 가지 모성으로 환원되지 않을 수 있는 접근이 필요하며 그것은 모성의 구체적 경험들을 사회적 실체로 만드는 작업, 즉 문화 번역이 필요하다는 것을 말해 준다. 정체성의 강화와 정체성의 해체 전략은 서로 모순되어 보이지만, 정체성의 강화는 제도적 억압에 대응하기 위해, 정체성의 해체는 문화적 억압에 대응하기 위해 필요한 전략으로 상호 보완적이다.

마지막으로 기술의 물적 실천 과정에서 페미니즘의 개입은 기술에 대한 새로운 감수성을 요구한다. 생명 의료 기술에 대한 무조건적인 거부나 의존이 아닌, 생명 의료 기술에 대한 비판과 전략적 개입이 동시에 일어날 수 있어야 한다. 연구와 정책, 교육 과정에 더 많은 여성들이 관여하여 생명 의료 기술에 여성 집단이 형성될 수 있어야 하며 이를 통해 연구와 정치적 실천이 여성의 관점을 반영할 수 있도록 하는 것이다.

3_생명정치, 벌거벗은 생명, 페미니스트 윤리

1. 문제 제기

촛불 시위를 진압한 경찰의 공권력이 법적 정의의 구현이었는지 아니면 폭력이었는지를 가리는 논의가 진행 중이다. 언론 보도에 따르면 촛불 집회에서 경찰이 과잉 진압을 했다는 국가인권위원회의 판단이 편향적이라는 비판을 받고 있으며, 이에 대해 인권위는 "현 정부나 정치적 입장에 따라서는 대단히 불편한 목소리일 수 있지만 국제 인권 규정과 인권위 원칙을 갖고 판단"한 것이라고 답변했다고 한다(한겨레신문, 2008.11.4).

우리는 정부가 공권력을 행사할 때 그것이 언제나 법과 정의를 실현하기 위해 필요한 것인지 아니면 폭력인지 구분하기 어려울 때가 많다. 폭력과 정의를 구분할 수 없는 이 모호함 때문에 우리는 국가 권력의 남용을 정확히 지적하기 어려운 것이다. 국가 권력의 성격을 분석한 아감벤(Agamben, 1998)에 따르면, 국가 권력의 본질은 근본적으로 상호 대립적인 원리인 법적 정의와 폭력을 통합한 데 있으며, 법적 주권에는 근본적으로 폭력의 형식이 필요하다. 즉, 국가의 주권은 폭력과 법을 정확하게 구분할 수 없는 지점, 즉 폭력이 법 안으로 들어가고 법이 폭력 안으로 들어가는 입구에 위치한다는 것이다(Agamben, 1998: 30). 국가 권력의 본질이 법과 규칙의 실천보다는 법과 규칙이 적용될 수 없는 예외 조항을 만들고 그 예외 조항에서부터 다시 법칙을 만들어 내는 것일 때, 우리 모두는 잠재적으로 법이 적용되지 않는 예외에 속할 수 있으며 국가 권력의 희생양이 될 수 있다는 인상을 갖게 된다(Caton, 2006).

촛불 시위가 우리 사회에 던진 화두 중 하나가 촛불은 누구인가 하는 것이다. 촛불의 정체성은 웹2.0 세대, 유비쿼터스 세대, 다중, 집단 지성, 천민, 반미주의자, 좌파로, 보는 이의 정치적 입장과 사회 구조를 보는 방식에 따라 다양한 스펙트럼을 형성하고 있다. 촛불은 정부에게 자신들을 '주권자 시민'으로 인정하라고 요구했지만, 정부를 대변하는 언론은 이들을 '반정부 세력, 불법 폭력 시위자'로 규정했다(아고라페인들, 2008). 법적 정의의 보호를 받을 수 있는 '시민'에서 분리된 생명은 국가 폭력의 대상이 되면서 '시민'이 아니기 때문에 그 폭력의 남용을 비판할 수 없게 된다.

아감벤(1998)은 『호모 사케르』에서 벌거벗은 생명 개념을 제시하며 근대 국가의 통치권이 벌거벗은 생명을 배제함으로써 포함하는, 포함적 배제의 방식으로 작동된다고 주장했다. 이것은 생명을 사회적 생명과 벌거벗은 생명으로 구분한 후 사회적 생명에 근거한 개인의 권리와 시민 정체성의 형성, 그리고 그 개인/시민에 근거한 국가의 형성이라는 근대적 구도의 기초를 이루는 것을 말한다.

아감벤은 벌거벗은 생명을 국가 주권의 공간에서 배제되는 사람 즉 비시민권자로 설정했지만 사실상 이 벌거벗은 생명의 원형은 개인의 권리 개념과 시민 정체성의 범주로 재현되지 않는 모든 영역으로 확장된다. 재현되지 않는 영역은 단지 비시민권자에만 속하는 것이 아니며 사회의 위계 체계들인 섹슈얼리티·인종·계급·젠더 체계들의 상호 교차에 의해 각 체계들의 범주에서 제외된 집단들로 확대되어 나간다. 또한 이미지 유통의 정치에서 작동되는 혐오감과 수치심, 공포심과 두려움은 사회적 생명과 벌거벗은 생명의 분리를 유지하는 기제이며 내 안에 존재하는 벌거벗은 생명, 즉 잔여적 생명을 무시하게 만든다.

지구화 과정에서 폭력의 새로운 징후는 바로 사회적 생명과 벌거벗은 생명이 분리됨으로써 일어나며 이 글에서는 이 같은 폭력성의 특징에 페미니스트 윤리가 대응해야 할 방향을 모색해 보려고 한다. 페미니스트 윤리는 개인 안에, 개인 간에, 그리고 사회 집단들 간에 분리된 사회적 생명과 벌거벗은 생명을 통합하려는 데 있다. 내 안에 존재하는 벌거벗은 생명의 잔여적 생명을 직시하고 사회적 생명과 벌거벗은 생명이 통합된 나를 인정하는 것, 타인과의 관계에서, 그리고 사회 집단 간의 관계에서 사회적 생명과 벌거벗은 생명의 구분에 즉각적으로 반응하지 않고 사회적 생명과 벌거벗은 생명의 통합을 위한 상상력을 발휘하는 것, 즉 인간성의 내용을 지키기 위한 상상력과 감수성의 개발이 생명정치의 시대에 페미니스트 윤리의 지향점이 된다.

이 글에서 제시된 근대 국가, 지구화, 폭력, 페미니스트 정치, 페미니스트 윤리에 관한 이론적 논의들은 한국 사회가 정치 사회 문화 전반에 걸쳐 지구화 과정에 직접 접속됨에 따라 일어나는 사회 변화의 성격을 파악하기 위한 것이다. 연구자는 현재 우리가 놓여 있는 시대적 상황에 대한 이해를 기반으로 페미니스트 정치학과 윤리학의 방향을 모색해 보려고 한다. 또 이론적 논의들과 촛불 시위, 성폭력 사건, 이미지 정치 같은 사회 현상들을 상호 교차하면서 현재 우리가 놓여 있는 국면의 특성을 분명히 파악해 보려고 한다. 이론은 현실의 추상이지만 변화된 현실은 또다시 새로운 시선을 요구한다. 새로운 시선으로 우리는 변화된 사회적 현실에 적극적으로 대응할 수 있게 된다.

2. 생명정치와 벌거벗은 생명

푸코는 전통 사회의 권력이 생사 여탈권(power of life and death)에 근거해 구성되었다면, 근대 국가의 권력은 생명 관리권(a life-administering power)에 근거해 구성된다고 주장했다(Foucault, 1978: 136). 특히 19세기 이후 근대 권력의 작동은 탄생부터 죽음에 이르는 전 과정을 미세하게 관리함으로써 권력이 작동하는 영역이 법적 죽음의 권리에서 생명 관리 권력으로 이동했다고 말한다. 권력의 목표가 생명을 유지, 번식시키고 생명에 질서를 부여하는 것일 때 사형으로는 그 목적을 달성하기 어렵다. 그 대신 권력은 생명을 향해 기계로서의 몸과 종족으로서의 몸의 개념으로 접근하며, 인간의 몸이 유순해지도록 훈련하는 해부 정치와 인구의 출생, 사망, 건강, 수명을 관리하는 생명 정치를 전개시킨다고 말한다(ibid., 139-145). 생명 권력은 생명과 그 기제들을 명백한 계산의 영역으로 가져오며 지식 권력을 인간 생명을 변형시키는 행위자로 만든다(ibid., 142). 따라서 생명 권력 사회에서 죽음과 주검은 권력을 발생시키지 못하는 영역이 되면서 의미를 생성하기 어렵게 된다.[1] 한

---

[1] 최근 인기리에 방영되고 있는 「CSI 수사대」나 편혜영의 단편소설집 『아오이가든』(2005, 문학과지성)에서 우리는 죽음과 주검이 아무런 의미를 만들어 내지 못하는 현상들을 목격하게 된다. 인간의 의미를 채우는 '인간성'이 인간에게서 제거될 때, 즉 인간이 단지 생명일 뿐인 벌거벗은 생명으로 환원될 때, 인간은 개구리와 교미할 수 있으며(「아오이가든」), 인간의 주검은

편 아감벤은 푸코의 생명정치에서 더 나아가 국가 권력은 예외의 공간을 갈수록 확장함으로써 사람들은 죽음을 두려워하는 것이 아니라 벌거벗은 생명으로 환원될까 봐 두려워하게 된다고 주장했다(Agamben, 2005). 누구라도 언제라도 예외적인 공간에 놓일 수 있고, 벌거벗은 생명으로 환원될 수 있다는 불안을 갖는다는 것이다.

벌거벗은 생명은 '호모 사케르'(homo sacer, 신성한 사람) 개념에서 유래한다. 호모 사케르는 로마 시대에 평민 법정에서 범죄 행위를 이유로 유죄 판결을 받은 사람을 지칭한다. 호모 사케르는 제물이 될 수 없으며, 호모 사케르를 죽였다 해도 살인죄를 적용받지 않는다(Agamben, 1998: 71). 호모 사케르가 제물이 될 수 없으며 동시에 살인죄의 적용 대상도 되지 않는다는 것은 호모 사케르가 신권과 정치권 영역 모두에서 배제된다는 것을 뜻한다(ibid., 84). 로마 시대의 평민들은 자신들의 영역에 속하지 않는 사람들을, 즉 범죄나 불경죄를 저지른 사람들을, 신의 영역에 속한다는 것으로 풍자하기 위해 호모 사케르라고 명명했다. 호모 사케르는 법정의 영역, 즉 국가 주권의 영역에 속하지 않기 때문에 이들에게는 법에 따른 절차인 처벌이 가해지지 않으며, 따라서 이들은 벌거벗은 생명으로 환원되고 이들의 생명을 없애더라도 살인죄를 적용받지 않는 것이다. 벌거벗은 생명은 국가 주권이 지배하는 법 − 정의의 공간에 놓여 있지 않기 때문이다. 또한 호모 사케르는 속죄의 제물이 될 수 없는데, 호모 사케르가 제물이라면 제물을 신에게 바치지 않고 죽이는 사람은 그 제물의 부정함을 그대로 받기 때문이다. 그러므로 호모 사케르가 신의 제물이 될 수 없는 사람이라는 것은 그들을 신의 영역에서도 배제한다는 것을 말한다.

썩은 생선과 차이를 지닐 수 없게 된다(「시체들」).

법의 영역과 신의 영역에서 배제된 호모 사케르는 법의 영역과 신의 영역 그 사이에, 그 위에, 그 문턱에, 구분할 수 없는 공간에 위치한다. 그런데 이 이중의 배제는 동시에 이중의 포함을 동반한다. 국가 주권은 호모 사케르를 그 주권 영역에서 배제된 자의 신분으로 그 주권 영역 안에 포함시키며, 신권은 호모 사케르를 신의 영역에서 배제된 자의 신분으로 그 신의 영역 안에 포함시킨다. 호모 사케르는 제물이 될 수 없음의 형식을 통해 신에게 속하며, 죽임을 당할 수 있는 형식으로 사회에 포함되는 것이다. 따라서 호모 사케르의 지위는 바로 법적 영역과 신의 영역에서 이중적으로 배제되고, 그리고 그 때문에 그가 겪게 되는 폭력의 특별한 성격에 있다(ibid., 78-82).

아감벤은 우리가 이미 예외적인 관계로서만 유지되는 인간 행위의 극한 영역을 접해 왔다고 설명한다. 이 극한의 영역은 이중적 배제를 통해 신성의 영역에서는 세속의 무용지물로, 세속의 영역에서는 신성의 무용지물로, 제물과 살인 사이를 구별할 수 없는 공간의 형식으로 구성된다(ibid., 83). 이 영역은 처벌받지 않고 살인하는 것이 허용되는 공간이며 제물로 찬미되지 않고 죽이는 것이 허용되는 공간이다. 호모 사케르는 바로 이 영역에 포획된 벌거벗은 생명인 것이다. 아감벤은 오늘날 국가 권력과 대칭되는 위치에 있으면서 절대적인 기본권으로 간주되는 생명의 신성함이란 것이 사실상 생명이 회복될 수 없을 정도로 버림받는 것을 표현하는 것이라고 주장한다. 개인이 이 포함적 배제의 공간에 놓일 때 그 개인은 벌거벗은 생명으로 환원되며 국가 폭력의 대상으로 부상한다. 말하자면, 푸코(Foucault, 1978)가 근대 국민 국가를 '인구 국가'로 이론화해 근대 국가는 국가 권력의 중심 문제로 부상한 생물학적 생명(biological life)을 감시, 통제하기 위해 일련의 기술들을 사용한다고 설명했다면, 아감벤은 여기서 더 나아가 서구 정치를 '우리 대 적'의 범주에서 '벌거벗은 생명 대 국가 권력'의 범주로 이동시키고 있는 셈이다.

생명정치는 규범적 시민과 벌거벗은 생명으로 생명을 구획한 후 벌거벗은 생명에 대한 포함적 배제에 근거해 권력을 행사한다. 벌거벗은 생명의 존재는 규범적 시민이 존재하기 위해 반드시 필요한 것으로 국가 폭력의 대상으로 국가 안에 포섭된다. 촛불 시위는 국가 주권의 생명정치에 대항해 규범적 시민(비오스)과 벌거벗은 생명(조에)의 통합을 실현하는 시민운동의 방향의 전환점을 보여 줬다. 그간의 시민운동이 시민권이라는 국가의 법과 규범의 논리 안에서 진행된 것이라면 촛불 시위는 규범적 인간 안에 잔여적으로 놓여 있던 벌거벗은 생명을 호명하고 시민적 규범과 벌거벗은 생명을 통합하는 운동이었기 때문이다.

정부는 "위험하다고 생각하면 안 사 먹으면 된다."고 해서 소비를 선택할 수 있는 사람들과 그 밖의 사람들을 구분함으로써 소비 선택을 할 수 없는 공간을 예외적 공간으로 설정한 후 배제하려고 했다. 그러나 그 예외적 공간에는 이미 중산층을 포함한 광범위한 시민들이 속해 있었고 이들은 자신들을 결과적으로 벌거벗은 생명으로 환원한 국가의 생명정치에 대한 대대적인 저항을 일으켰다.

정부가 촛불 시위 기간에 통치권의 위기를 맞게 된 것은 대부분의 규범적 시민들을 벌거벗은 생명으로 범주화하는 정책을 보였기 때문이다. 미국산 쇠고기를 안 사 먹는 선택을 할 수 있는 시민들은 규범적 시민의 범주에서도 소수 집단에 불과하다. 미국산 쇠고기 수입은 미국산 쇠고기를 안 사먹을 수 없는 절대다수의 규범적 시민들을 배제해 벌거벗은 생명으로 범주화하는 결과를 낳았다. 벌거벗은 생명으로 범주화된 시민들의 저항의 목표는 시민권의 회복에 놓여 있고 정부가 자신들을 시민으로 대우할 것을 요구하는 것이었다. 이 과정에서 대다수의 시민들은 예기치 않게 시민인 자신이

[그림1] 생명정치와 생명정치에 대한 저항

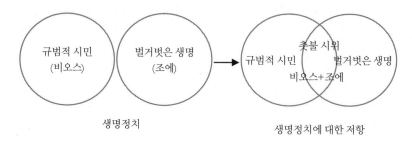

언제든지 벌거벗은 생명으로 환원될 수 있다는 것뿐 아니라, 우리 안에 법과 생명이 공존하고 있다는 것을 인식하게 되었다.[2]

촛불 시위는 시민들에게 그동안 나와 가족의 삶에 국한된 것으로 여기던 건강이란 이슈가 지역과 국가의 경계를 넘어 전 지구적으로 매개된 생명정치의 문제로 확장될 수 있는 영역임을 깨닫게 한 운동이다. 정치적, 법적 권리의 문제뿐만 아니라 내 안에 잔여적으로 존재하던 생명이라는 이슈가 정치화됨으로써, 시민과 벌거벗은 생명이 '생명'으로서 공동의 조건에 놓여 있음을 인식하는 계기를 마련했다. 이것은 생명정치가 '생명'을 매개로 국가의 경계를 넘어서는 영역으로 확산될 가능성을 열어 놓았다는 것을 뜻한다.

---

[2] 그러나 촛불 시위는 사회에서 이미 배제된 벌거벗은 생명들을 시민의 영역에 포함하는, 규범적 시민과 벌거벗은 생명의 광범위한 연대로 진화하지는 못했다.

3. 벌거벗은 생명과 여성

아파듀라이(Appadurai, 1996)는 국민 국가가 앞으로도 지구성(globality)과 근대성(modernity)의 관계를 매개할 중재자의 역할을 계속 수행할 수 있을지 의문이라고 보았다. 우선 인터넷 연결망과 국제적 금융망, 전 지구적 이주의 대중화와 같은 초국적 현실이 전개되는 상황 자체가 우리 자신이 국민 국가의 범주를 넘어 생각해야 할 배경을 이룬다는 것이다. 그는 우리의 정서와 사회적 삶, 공동체를 형성하는 영역인 지역성(locality) 역시 아직까지는 국민국가의 범주 안에 놓여 있지만 이웃의 범주는 자연 발생적인 것에서 의도적인 것으로 옮아 가고 있으며, 사회 운동과 정체성의 정치도 지역(영토성)과 결속이 점차 느슨해진다고 보았다.

많은 연구자들이 지구화가 사회 조직과 문화적 의미를 변형할 것으로 예견했다. 지구화로 새롭게 등장하는 혁명 계급은 코즈모폴리턴들로서 자신들끼리의 연결을 강조한다. 해너스(Hannerz, 1990; Chang & Ling, 2000: 30에서 재인용)는 세계주의가 "타자와 관계를 맺으려는 경향 혹은 의지이며, 이질적인 문화 경험에 열려 있고 통일성보다는 차이를 추구하는 지성적이고 심미적인 자세"라고 말한다. 래쉬와 어리(Lash and Urry, 1994; Chang & Ling, 2000: 31에서 재인용)는 코즈모폴리턴의 주체성을 '성찰적 개인주의'로 규정한다. 후기 근대적 주체는 친밀한 관계, 우정, 직업 관계, 여가와 소비의 가능성들 등 여러 사회관계들의 가능성에 열려있다고 말한다.

반면에 하비(2007)는 지구화 과정의 이념적 배경을 이루는 신자유주의는 계급 세력의 귀환 혹은 창조를 뜻하는 것이라고 주장한다. 신자유주의를 통한 민영화와 상품화, 금융화, 위기관리와 조작, 국가 재정의 재분배는 밑에서부터의 '탈취에 의한 축적'(accumulation by dispossession)이며 이 과정에서 계급이 형성된다고 본다. 신자유주의 아래에서 개인은 '인간'에 부착된 물리적, 심리적, 도덕적 실체를 처분하게 되고, 문화 제도의 보호막을 잃어버린 인간은 사회적 노출의 결과로 고통받게 된다고 말한다. 이제 생산 요소의 하나로 환원된 개인은 '일회적으로 처분될 수 있는 노동자'의 모습으로 등장해 강도와 범죄의 카르텔, 마약 밀매망, 소규모 조폭, 공동체, 민중, NGO를 거쳐 세속적, 종교적 의미에 이르기까지 광범위한 다중을 구성한다고 말한다(하비, 2007: 212-220).

페미니스트 연구자들은 이 지구화 과정에서 특히 주변부에 있는 여성들이 부정적인 영향을 받음을 지적한다(Chang & Ling, 2000; Pratt, 2005; Sassen, 2000). 지구화 과정에서 여성들은 전 지구적으로 인종과 젠더 배열에 따라 재편되고 있다. 장과 링(Chang & Ling, 2000)은 그것을 금융·생산·무역·통신이 통합된 세계를 구축하는 기술 근육 자본주의와 여성 이주 노동자가 제공하는 노동 친밀성 체제의 분화로 설명한다. 사센(Sassen, 2000) 역시 지구화 과정이 젠더 배열을 보이고 있음을 설명하면서, 지구화의 대항 지형이 존재하며, 또 다른 지구적 회로는 불법 인신매매(성매매와 정규 노동), 조직적 여성 수출(신부, 간호사, 가정부), 송금(주로 여성 이주 노동력)을 내용으로 하며, 일부 또는 전체가 지하 경제(shadow economy)에서 작동한다고 말한다. 이 회로가 등장한 것은 경제 지구화와 접속된 저발전 국가들의 주요 상황이 실업률 증가, 내수 시장용 중소 기업 몰락, 정부 채무의 증가를 보이기 때문이다. 사센은 이 또 다른 지구적 회로가 생존의 여성화를 보여 주는 척도라고 설명한다. '생존의 여성화'란 가족과 공동체, 심지어 정부까지 자신들의 생존을 위해 더욱 더 여성의 수입에 의존하게 되는 현상을 말한다(ibid., 505-6).

전 지구적으로 여성의 경제 활동이 증가하고 있는데, 이러한 여성의 경제 활동에 의존해 생활하는 가족이 증가하고 있고, 남성 중산층의 몰락과 함께 결혼·가족·젠더 관계에서 전 지구적 변화가 예상되고 있다(Castells, 1997: 157-68; Peterson, 2003: 112). 그러나 그 변화가 남성과 같은 공/사 구분에 근거한 공적 영역으로 진출하는 현상은 아니다.[3] 여성 대다수의 삶에서 공적 영역 진출은 사적 영역과 단절된 형태의 체험이 아니며(김영옥·김경희, 2004: 119), 여성들은 공/사 구분에 따른 노동자 정체성으로 환원되기보다는 공/사 경계를 넘나들고, 넘어서는 새로운 주체성을 구성하고 있다(이해응, 2005; Chang & Ling, 2000; Fernandez-Kelly, 2007).

지구화 과정에서 젠더 배열은 국민 국가 내의 생명정치와 상호 교차해 벌거벗은 생명의 여성화를 가져온다. 국가의 예외적 공간의 설정이 젠더와 인종 배열에 따라 진행될 뿐 아니라, 지역 내 위계적인 사회 체계들과의 상호 교차를 통한 확산 역시 젠더 배열에 따라 진행되기 때문이다. 이 절에서는 예외적 공간이 어떻게 사회적 위계 체계들 간의 상호 교차를 통해 확산되는지와 벌거벗은 생명의 이미지의 정치성의 문제를 다루도록 한다.

1) 포함적 배제 공간의 확산

어떤 영역이 법적 유기 영역으로 설정되고 그에 따라 어떤 범주의 사람들이 벌거벗은 생명으로 환원되는지 하는 포함적 배제의 영역을 설정하는 과정은, 사회 내의 억압을 지속시키는 체계들인 계급·젠더·섹슈얼리티·가족·지역 체계들과의 상호 교차를 통해 확산된다. 상호 교차성을 이론화한 콜린스(Collins, 2000: 42)에 따르면 여성 억압의 다양한 유형들은 계급·인종·

---

[3] 보부아르는 그것을 여성이 자신의 몸과, 남성과, 아이들과 맺는 관계는 남성이 자신의 몸과 여성과 아이들과 맺는 관계와 근원적으로 다르기 때문이라고 예측했다(Beauvoir, 1953: 680-715).

젠더·섹슈얼리티 같은 사회적 위계 체계들의 상호 교차의 영향 아래 있으면서 서로 속박되어 있다. 따라서 한 위계 체계에서 이뤄지는 억압의 성격은 다른 위계 체계들과 어떻게 연결되고 교차되는지를 파악함으로써 이해할 수 있다. 콜린스는 섹슈얼리티 체계의 억압성을 분석하는 데 세 가지 차원이 작동하고 있다고 본다. 첫째, 섹슈얼리티 체계가 그 자체로 독자적인 억압 체계이며, 둘째, 계급·인종·젠더 체계 각각이 섹슈얼리티 체계를 지원하고 있으며, 셋째, 계급·인종·젠더·섹슈얼리티 체계가 상호 교차하면서 한 장(site)을 형성하고 있는 것이다(ibid., 127).

2004년 밀양 고교생 집단 강간 사건의 상황은 한국 사회의 위계 체계들이 어떻게 상호 교차하면서 배제적 포함의 영역을 설정하고 그 영역에 속한 개인을 벌거벗은 생명으로 환원하는지를 잘 보여 준다(조주현, 2006).[4] 사건이 알려지고 진행되는 과정에서 지역, 언론, 경찰, 피해자의 가족과 가해자들의 가족들, 가해자의 여자 친구들은 각자가 속한 집단이 적용하고 있는 범주에서 피해자를 배제함으로써 각각의 체계를 유지하고 있다. 이때 적용범주의 기준은 지역·계급·가족·젠더·섹슈얼리티 체계 각각의 중심 규범이다.

먼저 지역 체계를 보자. 사건이 발발한 지역인 밀양은 스스로를 "몇 백년 동안 이어 내려온 도덕과 예의 장"으로 범주화한 곳이다. 그런데 이 지역에 집단 강간이 발생한 것은 도덕성을 근간으로 하는 밀양의 명예를 뿌리부터 위협하는 것이다. 이때 밀양 지역의 명예를 지키기 위해서는 집단 강간당한 여중생의 섹슈얼리티가 비정상적인 것임을 부각해야 하고, 그런 비정

---

4) 밀양 사건을 상호 교차성에 초점을 맞춰 분석한 논의는 7장 참조. 이 절에서는 밀양 사건을 포함적 배제 공간의 확장과 벌거벗은 생명으로의 환원이 상호 교차의 경로를 통해 구체화되는 것임에 초점을 맞춰 수정, 보완했다.

상적인 섹슈얼리티를 지닌 여학생이 밀양 출신이 아니라는 것을 강조해야 한다. 그래야 밀양은 '강간의 도시'가 아닐 수 있게 되는 것이다. 따라서 사건을 조사하던 밀양 경찰의 발언에서처럼 "머리에 피도 안 마른 것들이 꼬리치고 다녔다. 내 고향이 밀양인데 니들이 밀양 물 다 흐렸다."는 격한 발언이나, 한 밀양 시민이 밀양시청 게시판에 올린 "조신하고 정숙한 학생이라면 남의 동네 원정까지 와서 남학생을 기다리고 만나고 할 여지가 없었을 것입니다." 하며 피해 여학생의 정숙하지 못함을 탓할 뿐 아니라 피해 여학생이 밀양 출신이 아님을 지적하는 것은 모두 이 같은 맥락에서 이해될 수 있다.

한편 누리꾼 사이에서는 밀양 사건을 비판하는 글들이 폭주하면서 '밀양 촌 동네,' '강간의 동네 밀양,' '경상남도가 아닌 강간남도,' '서울에 못 올라오게 해야' 등 지역 이미지들이 올라오기 시작했다. 여기서 '밀양 강간범' 이미지는 서울과 지방의 위계적 구분을 정상화하는 상징으로 이용된다. 즉 밀양이라는 '동네'는, 경상남도 '지역'으로, 그리고 다시 '촌'(근대화되지 못한 공간)으로 그 범위가 확장되면서, 지방의 낙후성과 열등함을 상징하는 기표로 작용한다. 그리고 여기에 '밀양 강간범'은 '촌 동네'가 더는 정이 흐르는 순박한 동네가 아니라 비서울의 후진성을 보여 주고 서울과 비서울의 위계적 지역 체계를 정당화하는 상징으로 인지된다.

섹슈얼리티 체계가 정상적인 성의 범주를 '순결'한 이성애로 규정하고 피해 여학생의 성을 비정상적 성으로 배제할 때, 이 섹슈얼리티 체계는 밀양을 도덕과 예의 고장으로 타 지역과 차별화하려는 구도를 지원하는 형태로 작용한다. '비정상적인 성'을 갖고 있는 여성에 대한 성폭행은 도덕과 예의 고장이라는 지역성을 훼손하지 않기 때문이다. 더구나 그 '비정상적 성'을 갖고 있는 피해자가 밀양 출신이 아니기 때문에 밀양은 피해자를 배출한 책임도 없게 된다. 같은 맥락에서 강간을 비정상적 성으로 섹슈얼리티 범주에서 배제하는 섹슈얼리티 체계는 서울과 지방을 위계적으로 설정하려는 서울 중심주의를 지원하는 형태로 작용한다. 지방을 전근대적인 공간으로 규정짓는 데에 지방에서 발생한 여중생 집단 강간 사건은 그 당위성을 입증해 주는 좋은 사례가 되기 때문이다. 이렇게 섹슈얼리티 체계와 지역 체계는 상호 교차하면서 서로의 체계를 유지시킨다.

계급 체계는 조사 과정에서 잘 드러난다. 조사 과정에서 경찰은 비공개 수사 약속을 어기고 피해 여중생의 성과 사는 곳의 동 단위까지 밝혀진 사건이 언론을 통해 공개됐으며 이 과정에서 피해자의 여동생까지 피해자로 잘못 묘사됐고, 일 년간 산부인과 치료를 받았다는 등의 출처 불분명한 기사가 언론을 통해 공개됐다. 수사 과정에서 경찰은 피해 여학생 앞에 "41명의 남학생을 세워 놓고 이름을 말하면 손가락으로 누군지 가리키라고 했"다. 또 한 명 한 명을 마주하면서 "넣었냐, 안 넣었냐"를 묻기도 했다. 가해자들과 다시 대면해야 했던 충격으로 피해 여학생은 정신과에 입원했다. 언론과 경찰이 피해자에게 이렇게 폭력적이어도 된다고 생각한 것은 저소득 계층의 인권과 사생활은 보호의 대상이기보다 개입의 대상으로 간주되기 때문이다. 여기에 '정숙하지 못한' 여성으로 섹슈얼리티 체계에서 주변화된 것이 계급 체계가 아무 망설임 없이 피해자를 '특종'으로 대상화하는 것을 가속화했다.

젠더 체계 역시 '정숙하지 못한 성'과 '정숙한 성'을 구분하는 섹슈얼리티 체계의 지원을 받는다. 가해자 남학생들의 여자 친구들은 자신들의 남자 친구들을 두둔하면서 오히려 피해 여학생을 '미친ㅇ들,' 'ㅇ것들'로 호명하며 자신들의 여성성과 구분했다. '정숙하지 못한 성'을 갖고 있는 여성의 존재는 그 여성과 자신을 구분하려는 여성의 섹슈얼리티를 정숙한 것으로 보장해 준다. 그리고 섹슈얼리티 체계의 정상/비정상의 범주로 구분된 여성은 이에 근거해 이들을 보호해 주는 남성과 함께 각기 여성과 남성을 대표하는 사회적 젠더 체계를 구축한다. 이들은 강간을 한 남자 친구들이 "우리 앞에서만은 다 착하고, 장난도 잘 치며, 잘 웃는 애들이어서 그런 일을 했을 거라 믿기도 힘들었다."고 설명했다. '정숙한' 여성과 '착한' 남성이 대표하는 젠더 체계는 '비정상적인 성'을 설정한 섹슈얼리티 체계의 지원을 받아 유지되고 있다.

가족 체계의 위계는 정상 가족과 비정상 가족으로 구분된다. 이성애 핵가족을 정상 가족으로 범주화하는 가족 체계는 어머니와 딸의 순결을 전제로 유지된다. 어머니와 딸의 섹슈얼리티가 '정숙하지 않을' 경우, 이들이 속한 가족은 정상 가족의 범주에서 배제되며 이들 가족에 대한 폭력은 정당화된다. 가해자 남학생들의 부모와 이웃들은 TV 프로그램의 인터뷰를 통해, "왜 피해자 가족한테 미안한 마음이 들어야 합니까? 우리가 피해 입은 건 생각 안합니까? 여자애가 꼬리치는 데 안 넘어갈 애가 어디 있겠으며… 딸자식을 잘 키워서 이런 일 없게 해야지 않겠나?" 하고 말함으로써, '정숙하지 않은' 딸을 둔 비정상 가족 때문에 '정상 가족'인 자신들이 위협받고 있음을 주장했다. 또 이들 가족의 이웃들은, "지금 우리가 말을 못해서 안 하는 게 아니다. 애들(가해자 남학생)한테 해 입힐까 봐 가만있다. 잠잠해지면 우리도 가만있지 않겠다."고 하여, 피해자 가족이 집단 강간을 고소한 것을 '정상 가족'을 위협하는 행위로 치환하고 있다.

그러나 다른 한편 재판부가 이렇게 관대한 처분을 할 수 있었던 것은 피해자 아버지가 가해자 6명과 합의를 해 주었기 때문이다. 알코올 중독자이며 가정폭력으로 3년 전 이혼했고 아이들에게도 술주정과 폭력을 행사했지만, 여중생인 피해자의 친권은 아버지에게 있었다. 또한 이 사건을 고발한 사람은 어머니와 이모지만, 아버지는 딸에게 앞으로 술주정과 폭력을 행사하지 않겠다고 약속하며 "가해자들과 합의해 가난을 벗어나자."고 딸을 설득해 수천만 원을 받고 합의해 줬다. 딸이 지난 일 년간 무슨 일을 당했는지도 알지 못한 무관심하고 '친권을 주장할 자격이 없는' 아버지였지만 딸의 섹슈얼리티를 통제할 수 있는 가부장의 권위가 호명되었고 필요에 따라 가부장의 권위는 다시 세워졌다.

지역·계급·젠더·섹슈얼리티·가족 체계들이 교차하면서 이 가족은 한편으로는 '비정상 가족'으로 다른 한편으로는 가부장적 '정상 가족'으로 필요에 따라 범주화되었다. '정숙하지 못한' 딸/여성의 섹슈얼리티에 근거해 섹슈얼리티 체계가 유지되며, 섹슈얼리티 체계는 지역·계급·젠더·가족 체계의 지속을 도왔다. 이렇게 각 체계의 중심 범주에서 배제된 영역에 있는 사람들은 각기 다른 공간에 있지만 체계들 간의 상호 교차를 통해 각기 다른 공간에 있는 경험들은 서로를 구속하면서 배제의 공간을 확대하고, 그 공간 안에 있는 사람들을 소수자로, 주변인으로, 벌거벗은 생명으로 환원해 나간다.[5]

---

5) 정숙하지 못한 여성의 성은 보호받을 가치가 없다는 담론은 우리 사회에서 매우 뿌리 깊은 것이다. 법이 이런 통념을 반영해 여성에게 불리하게 작동되는 것에 대한 그간의 비판은 그 법을 여성의 권리를 반영한 평등한 법으로 바꾸자는 것이었다. 그러나 생명정치의 시각은 우리가 의존하는 국가 권력이 법을 임의적으로 적용하고 있다는 데 초점을 맞추고 있으며, 국가 권력이 법을 임의적으로 적용하는 데에 가부장주의적 순결 관념이 지배하는 섹슈얼리티 체계가 그 논리를 제공해 주고 있다고 본다. 다른 한편, 법적인 차별/배제와 사회적 차별/배제가 다른 경우가 있을 수 있는데, 예를 들어 법적으로는 거주권이 없는 미등록 노동자가 사회적으로는 장소에 대한 권리를 인정받을 수 있는 경우다. 하지만 그 사회적 허용은 미등록 노동자와 직접 관련된 사람들의 주관적 배려와 관용 여부에 의존하는 것이며, 그 사람들의 마음 상태에 따라 언제든지 철회될 수 있는 것이다. 자신의 권리가 타인의 감정에 달려 있다는 설정은 미등록 노동자가 포함적 배제의 위치에 있는 벌거벗은 생명이라는 점을 보여 준다.

2) 이미지 유통의 정치와 무관심의 확산

이미지 범람의 시대에 벌거벗은 생명의 이미지들의 대중적 유통은 우리에게 무엇을 전달할 수 있을까? 우리는 TV와 매체를 통해 현실 속의 벌거벗은 생명의 이미지들을 대면한다. 그 이미지들은 전쟁/테러의 현장과 포로, 사형수의 이미지뿐 아니라, 고통스러워하는 불법 체류자·노숙자·빈자·병자·노인·여성들의 무력한 모습들을 보여 준다. 그러나 이미지의 홍수로 우리는 이미 온갖 혐오물에 익숙해져, 현실 속의 고통의 이미지에 대해 점차 무감각해지고 있다. 타인의 고통의 이미지를 단지 구경할지 말지를 선택하는, 뉴스 소비자의 마음으로 전환되고 있는 것이다.

손탁(Sontag, 2003: 3-17)은 타인의 극한적 고통의 이미지들을 읽을 때 우리는 크게 세 가지 반응을 보인다고 말한다. 첫째는 평화주의자의 태도인데 이때의 '우리'는 충돌과 직접 관계가 없는, 원거리에 있는 제3자로 자신의 위치를 정한다. 제3자인 '우리'의 시선은 평화를 촉구하지만 그 시선은 충돌에 묶여 있는 특정 국가/집단의 역사와 정치를 제거한 추상적인 시선이다. 둘째, 어느 쪽이 옳고 그른지에 대해 분명한 입장을 갖고 있는 '우리'다. 그 '우리'에게 고통의 이미지는 정체성을 뜻한다. 따라서 그 '우리'는 고통의 이미지를 읽으면서 오히려 전의를 불태우고 복수와 정의를 실현할 것을 주장하게 된다. 셋째, 이 무서운 이미지에 대해 '넋이 나간 상태'가 되는 것이다. 그 '우리'는 전쟁/충돌에 대해 순진함과 피상성, 무지를 드러낸다. 손탁은 고통의 이미지에 대한 이 세 가지 반응이 사실상 전쟁과 테러와 충돌을 지속시키는 기제라고 설명하면서, 우리는 주어진 고통의 이미지에서 누구의 이미지가 보이지 않는지, 누구의 잔인함이 보이지 않는지, 누구의 죽음이 보이지 않는지 질문하는 것이 중요하다고 말한다.

이미지 시대에 살고 있는 우리는 고통과 파괴의 이미지에 익숙하지만, 고통의 이미지에 담긴 의미를 알고 있지는 않다. 이미지 자체는 말을 하지 않으며 사람들이 어떤 이야기를 가져오느냐에 따라 이미지의 의미가 규정되기 때문이다. 고통의 이미지에 대한 이야기는 우선적으로 이미지를 사진에 담는 사진작가의 의도를 반영하지만, 곧 사진의 의미는 사진을 사용하는 집단들의 의도에 따라 변한다. 특히 벌거벗은 생명의 이미지가 국제적 관심을 끄는 것은 그 이미지가 당사자들 간의 이해관계를 넘어선 어떤 보편적인 것을 포함할 때다(Sontag, 2003: 18-39). 예를 들어 '뚜엣'의 눈물6)은 국제결혼 이주 여성의 문제를 담고 있으며, 이라크 아부그라이브 포로수용소의 고문 사진7)은 서구 문화의 폭력성의 성격을 보여 주고 있다.

호치민 국제공항에 도착한 뚜엣은 시선을 허공에 고정시킨 채 살아서 고향에 돌아왔다는 데 안도와 서러움의 눈물을 흘리고 있다. 언론은 뚜엣의 얼굴 모습이 크게 클로즈업된 사진을 이런 기사와 함께 실었다.

지난달 22일 오후 2시 베트남 호치민 국제공항 입국장. 휠체어에 몸을 실은 앳된 얼굴의 뚜엣(20·가명) 주변에 가족들이 몰려들었다. 어떤 이는 차마 얼굴을 보지 못한 채 고개를 숙였고, 또 어떤 이는 휠체어에 매달려 서럽게 울었다. 가족도 고국도 변한 게 없었지만, 한국으로 시집간 지 1년여 만에 고국 땅을 다시 밟은 아리따운 스무 살 처녀 자신은 만신창이가 돼 있었다. 그리던 딸과 재회한 초라한 행색의 어머니 응우옌 티 리엔지(50)는 몸이 아파 돌아온다는 얘기만 듣

---

6) 한겨레(2008-10-30), "한국 시집온 지 1년 만에 음독, 스무살 뚜엣 '전신마비'" http://www.hani.co.kr/arti/society/society_general/318978.html.
7) "Photos: Iraqui Prisoners" http://www.washingtonpost.com/wp-dyn/world/mideast/gulf/iraq/prisoners/(워싱턴포스트지 사진 모음).

고 나왔다가, 딸이 거의 말도 못하는 등 전신마비 상태가 된 사실을 알고 몸이 얼어붙고 말았다.(한겨레신문, 2008.10.30)

기사는 뚜엣이 공항에 도착했을 때 공항에 마중 나온 사람들의 반응을 묘사하고 있지만 사진에는 뚜엣의 얼굴만이 클로즈업되어 있다. 사진에는 드러나 있지 않지만 '눈물바다'를 이루었다는 그 공항의 베트남인들은 뚜엣의 눈물을 보고 아마도 뚜엣을 이렇게 만든 나라, 곧 한국에 대한 분노의 감정을 갖게 됐을 것이다. 손탁은 우리가 고통의 이미지를 읽을 때 그 이미지에서 배제된 이미지와 배제된 고통, 그 고통을 야기한 잔인함의 주체가 누구인지를 질문할 수 있어야 한다고 주장했다. 뚜엣의 눈물을 통해 우리는 무엇을 읽게 되는가? 손탁은 고통의 이미지를 읽을 때 추상적인 동정심이나 대상과의 일체감으로 손쉽게 환원하지 말 것을 제안한다. 그렇다면 아마도 뚜엣의 눈물에서 우리가 읽어야 할 것은 한국으로 딸을 시집보낸 베트남 가족들의 기대와 불안, 한국 사회에 대한 베트남 사회의 원망과 분노, 국제이주 결혼 과정을 방조하는 베트남 정부, 국제결혼을 중개하는 한국의 알선업체의 사업 방식, 이주 결혼에 대한 한국 정부의 역할, 베트남 신부를 맞은 한국의 남편과 가족들의 걱정과 불안함일 것이다.

벌거벗은 생명의 고통의 이미지들을 보고 동정심을 느끼는 한 우리는 적어도 고통을 야기한 동조자는 아니라고 생각하기 쉽다. 그러나 동정심은 우리가 그 고통의 제공자가 아님을 말해 주기도 하지만 그 고통에 대해 아무것도 해 줄 수 없는 우리의 무능력을 말해 주기도 한다. 손탁(Sontag, 2003: 100-103)은 사람들이 벌거벗은 생명의 고통의 이미지를 피하고 무관심해지는 것은 우리가 그 고통에 대해 아무것도 해 줄 것이 없다는 두려움 때문이라고 말한다. 변화를 가져오기 위해 우리가 할 수 있는 게 아무것도 없다고 생각될 때 우리는 지겨워지고, 빈정대고, 무감각해지기 시작한다. 그러므로 벌거벗은 생명에 대한 도덕적 무감각함의 실체는 사실상 분노와 좌절로 가득 찬 감정이라고 할 수 있다. 손탁은 벌거벗은 생명의 이미지에 대해 그 고통과 상상적 유사성을 느끼면서 타자와 연결되려는 것은 현실의 권력관계를 단지 신비화할 뿐이라고 말한다. 벌거벗은 생명의 이미지가 진정으로 우리를 자극하는 경우는 그들의 고통과 우리의 특권이 같은 국면에 놓여 있을 뿐 아니라 연결되어 있을지 모른다는 생각을 할 때다(ibid., 102-3).

한편, 이라크의 아부그라이브 수용소에서의 포로 고문 사진은 벌거벗은 생명의 고통의 모습을 무제한으로 드러낸다. 아부그라이브 수용소의 고문의 내용은 여성의 몸을 가리는 것을 규범으로 하고 있는 이슬람 여성에게는 나체로 있게 하는 고문을, 이슬람 남성에게는 여성의 팬티를 머리에 씌우고 동성 간의 성교를 강요하는 고문을 한 것이다. 이들은 이미 개인의 정체성이 지워진 '벌거벗은 생명'으로 환원되어 있을 뿐만 아니라, 고문은 포르노적 성격을 띠고 있다(Caton, 2006). 폭력이 섹슈얼리티와 결합하면 포르노적 성격을 띠게 된다(Bernstein, 2004).

성적 수치심을 유발하는 고문과 기타의 고문이 다른 것은 전자는 고문당하는 사람의 지위를 영원히 모멸적인, 변태의 지위를 갖게 하는 데 비해 후자는 고문당하는 사람을 근대적 주체로 전환시킨다는 점이다. 버틀러(Butler, 2008a)는 고문을 통해 미군은 아랍 주체/아랍 마인드를 강압적으로 생산했다고 말한다. 서구 문화를 성적으로 더 '진보적'이라고 보고 있는 미군 문화가 자신들의 남성주의와 동성애 혐오감을 통해 적을 페미니스트와 동성애자로 상정함으로써, 아랍 주체/아랍 마인드를 만들어 낸다는 것이다. 말하자면 군대가 고문을 통해 구성하는 아랍 주체/아랍 마인드는 동성애 혐오증과 여성 혐오증의 기제를 통해 실현됐다고 할 수 있다.

아부그라이브 수용소의 고문 사진이 포르노적 속성을 띄는 것을 버틀러(Butler, 2008a)는 지구화 과정에서 권력이 작동하는 새로운 방식에 성 정치가 복무하게 된 것으로 분석한다. 그동안 성 정치는 남녀평등을 주장하고 강압적 이성애성을 비판함으로써 진보 정치를 상징하는 것으로 이해되었고, 여기서 '진보'란 근대성의 역사, 즉 진보와 합리, 이성의 역사성에 위치한 것으로 상징되었다. 그러나 버틀러는 최근의 지구화 과정에서 성 정치의 진보성이 근대적 시간대를 상징하는 위치에 놓이면서 근대적 시간대 밖에 놓여 있는 대부분의 공간을 미성숙한 전근대의 시간대에 놓는 데 전유되고 있다고 주장한다. 말하자면 여성의 사회 진출과 동성애의 인정을 진보와 근대를 상징하는 것으로 규정하고 그 상징을 무기로 하여 타 시간대를 타자화한다는 것이다.

버틀러는 이렇게 성 정치가 지구화 과정에서 발생하는 근대적 시간대와 종교적 시간대의 충돌의 과정에서 근대적 시간대에 위치한 인간성을 대변하는 것으로 작동하면서 배제와 테러의 동력이 되고 있음을 설명한다. 그리고 성 정치가 이제 국민 국가 단위의 권리 개념이나 정체성의 정치로 환원되지 말아야 한다고 주장한다. 버틀러는 특히 페미니스트 정치와 퀴어 정치가 문명의 이와 같은 야만적 임무를 막아야 한다고 주장하면서 이를 위해 새로운 정치학을 제안한다. 말하자면 "근대성과 문화적 통합을 유지한다는 명목 아래 폭력을 자행하는 것이 사실상 가장 심각하게 자유를 위협하는 것임을 보여 줄 수 있는 분석틀을 만드는 것"(Butler, 2008a: 19)이다.

4. 벌거벗은 생명과 페미니스트 윤리

벌거벗은 생명에 대한 페미니즘의 윤리적 대안은 무엇인가? 단지 이들의 상황을 목격한 것을 충실히 증언하는 것이 제 역할인가? 생명에 형식을 부여해 지배하려는 근대 국가의 폭력성에 대응하기 위해서는, 그리고 그 기본을 이루는 합리적 개인주의와 개인의 권리 개념의 한계를 넘어서기 위해 페미니스트 윤리는 어떤 모색을 해야 하는가?

근대 국가는 생명정치의 구도에서 생명에 형식을 부여해 사회적 생명(비오스)과 벌거벗은 생명(조에)으로 구분한 후 전자를 시민의 자격으로 국가의 기획에 포함하고 후자를 벌거벗은 생명으로 배제적 포함의 영역에 포획한다. 이때 우리에게는 완전한 시민으로 국가의 보호 아래 놓이거나, 벌거벗은 생명으로 환원되거나, 생명정치의 구도 자체에서 탈주하는 세 가지 길이 주어진다. 완전한 시민의 권리를 주장하는 것은 안전함을 보장받는 한편으로 국가의 기획 안에 들어감으로써 국가가 정상화하는 시민 정체성의 틀에 갇히게 된다. 그러나 다른 한편 국가의 포함적 배제의 공간에 놓임으로써 벌거벗은 생명으로 환원되면 국가 폭력의 대상이 된다. 이때 벌거벗은 생명은 "그들 자신의 운명에 대한 완벽한 증인이지만 그들은 사실상 스스로 아무것도 증명하지 못한다"(Bernstein, 2004: 2). 마지막으로 탈주는 생명정치 체제 자체에서 탈주하는 것을 말한다.[8) 그것은 개인에게 완전한 자유를 부여하지만 다른 한편 개인에게 절대적 고독과 소외를 가져온다(조주현,

---

8) 소설가 쿳시는 『마이클 K』(2004, 들녘)에서 무력한 개인이 어떻게 국가 권력에서 탈주해 자유를 얻는지 보여 준다. 그러나 마이클이 얻은 자유는 절대적 고독과 소외와 맞닿아 있다. 하트와 네그리(Hardt & Negri, 2000: 203-4)는 아름다운 영혼의 소유자 마이클이 얻은 자유의 가능성과 한계를 잘 설명하고 있다.

2008).

이 세 갈래 길에서 페미니즘은 페미니스트 정치와 페미니스트 윤리를 모색하게 된다. 그것은 주어진 이 세 갈래 길 사이에, 그 길을 넘어서, 대안적인 길을 찾아가는 것이다. 먼저 대안적 길을 찾는 페미니스트 정치는 크게 세 방향으로 분류될 수 있다. 첫째는 애국주의와 대척점에 있는 세계 시민주의를 추구하는 것이다(너스범, 2003). 너스범은 나라를 자민족 중심주의의 방식으로 사랑한다면 비극적 종말을 가져올 수 있다고 말한다. 국가 안에서 진정으로 다문화주의를 실현시키고 싶다면 세계 시민주의 교육을 강화하고, 세계의 다른 지역에 대한 도덕적 책무를 깨달아야 하며, 국제적 협력이 필요한 문제를 해결해 나가야 한다고 주장한다. 너스범에게서 보편적 인권 개념을 설정하는 것은 세계시민주의로 나아갈 수 있는 중요한 준거틀이 된다.

반면에 버틀러에게 대안적 길은 문화적 통합의 강제와 폭력에서 보호되어야 할 자유를 찾는 것이고, 그 자유는 풍경에서(재현에서) 놓친 의미들 안에 있다. 그러므로 우리는 문화적으로 사유할 수 있는 시작과 끝을 폭력적으로 설정하는 목적론 바깥에 있는 시간대를 사유할 수 있어야 한다. 버틀러는 그것을 문화 규범을 지구적 틀 안에서의 발전 과정과 논쟁에 개방시키는 것으로 본다. 또한 그것은 지구화 과정에서 시간성들이 갈등하고 통합되고 있음을 이해하고, 적대를 권리 요구의 개념으로 전환함으로써 모든 문제를 근대적 역사 인식의 틀 안으로 포섭하는 것에 대해 저항하며, 인간에게 행복과 번영이 무엇인지 미리 재단하는 발전 담론에 저항하는 것이라고 설명한다(Butler, 2008a: 20).

문화적 시간대들의 공존에 대해 버틀러가 내놓는 대안은 새로운 주체의 형성과 사회적, 정치적 전선의 형성이다. 이때의 글로벌 주체는 정체성이나 인정에 덜 구속되는 주체이며 배제를 야기하는 국가 정책이나 규제 정책에 정치적 반대를 형성하는 연대를 구성한다. 버틀러는 글로벌 주체로 '소수자' 범주를 제안하는데, '소수자'는 시민과 비시민을 가로지르는 범주이기 때문이다(Butler, 2008b: 258).

너스범이 '인권'에 천착하고, 버틀러가 '권리' 개념을 근본적으로 넘어설 것을 제안한다면, 하비(2007)는 제3의 대안을 제시한다. 하비는 신자유주의 지구화에 대한 대안으로 권리 개념을 수정할 것을 제안한다. 즉 우선적 권리 개념으로 알려진 사적 소유권을 파생적 권리로 만들고, 파생적 권리로 알려진 언론과 표현의 자유, 교육과 경제적 보장의 자유, 조합 결성의 자유를 우선적 권리로 만들며, 그 밖에 세계적 공유물이나 기본적 식량 안보 접근권 같은 '다른 권리 개념들'을 권리 개념에 포함하자는 것이다. 신자유주의 지구화에 대한 저항 운동 역시 체제 바깥에 있는 소수자들의 연대로 제한할 것이 아니라, 체제 내에서 기존의 조건들에 대한 비판적 분석을 통해 대안을 도출하는 사람들과 체제 반대 운동에 참여해 반대 프로그램의 정수를 추출하는 사람들 간의 연대를 통해 적합한 활동 노선을 정하는 것이라고 주장한다(하비, 2007: 239-248).

이 세 논의들은 국민 국가의 폭력성에 대한 비판을 담고 있으면서도 그 접근법은 서로 다르다. 그러나 이 다름은 입장 간의 충돌을 보여 준다기보다는 대응 전략의 절차적 순서의 문제로 볼 수 있다. 생명정치의 억압성에 대한 미시적 전략은 버틀러가 제안했듯이 규범과 권리의 범주에 포섭되지 않은 소외된 경험들을 드러내는 정치학을 구사함으로써 내 안의 잔여적 생명과 벌거벗은 생명으로 환원된 타자의 삶을 드러내고 그 경험을 통해 기존의 규범적 범주를 열어 놓는 데 유용하다. 이것은 체제 밖에서 체제의 규범이 갖고 있는 억압성을 개념화하는 초기 작업에 적합하다. 다른 한편 체제 내에서는 너스범의 주장대로 보편적 인권 개념에 기반을 두고 국민 국가의 법과 규범의 억압성을 견제할 수 있다. 마지막으로 거시적 전략으로 체제 내의 비판적 분석과 체제 밖의 저항 운동 간의 연대를 통해 체제 자체의 재구성을 시도할 수 있다. 그러나 체제 안과 체제 밖, 체제 사이에서 대항하는 구도는 확정된 지향점을 찾아가는 것이 아니라 언제나 유동적인 상태로 변화에 열려 있다.

그렇다면 이 같은 페미니스트 정치학에 걸맞은 페미니스트 윤리는 어떤 특징을 보이는가? 푸코는 말년의 연구에서 근대 사회가 지식과 권력의 결합 구도를 통해 통치를 정상화하는 작동 방식을 벗어나는 방법으로 고대 그리스 시대의 '파르헤지아'(parrhesia)와 '파르헤지아스티스'(parrhesiastis), 즉 '두려움 없는 발언'과 '진실을 말하는 사람'의 개념으로 진실 말하기 게임을 함으로써 '존재의 미학', 즉 '윤리적 주체성'을 형성해 나가려는 데서 찾았다 (Luxon, 2004). 푸코의 윤리적 주체는 현대의 전문가와 달리 화자와 청자 사이에 위계적 관계를 형성하지 않고 오히려 청자가 화자를 선정하며, 청자는 화자의 주장이 마음에 끌리지 않으면 언제든지 떠날 수 있다. 이때 화자의 권위는 사회적 지위나 제도에 의해 뒷받침되는 것이 아니라 위험에 직면하는 독립성을 통해 부여된다. 윤리적 주체성은 독립적으로 성취되거나 획득되는 것이 아니고 구체적인 일상에서 말과 행동을 통해 실천되고 표현된다. 그리고 그 진정성의 기준은 규범이나 정상화의 권위에 있는 것이 아니라 진실을 말하는 화자가 청자와 신뢰를 형성해 청자를 교육하고, 나아가 화자와 청자가 함께 진실함을 추구해 나가는 데 있다. 푸코의 윤리적 주체성 개념은 근대 자유주의 국가 체제에서 시민의 권리를 국가에 요구하면서 개인은 국가의 보호를 받는 한편으로 정상화 과정을 통해 국가에 종속되는, 그런 구도를 벗어날 수 있는 단초를 제공한다.

한편, 버틀러(Butler, 2003b: 131-5)는 윤리적 주체성은 자신과 관련 없는 타자들의 존재를 인식하고 우리 자신이 그 타자와 연관되어 있음을 인식하는 것이라고 보았다. 버틀러는 레비나스의 '얼굴'(face) 개념을 차용해 폭력에 대한 우리의 윤리성의 방향을 제시한다. 타자의 '얼굴'은 말로 언설화하는 입으로 환원되는 것이 아니다. 뒷모습, 늘어뜨린 어깨, 길게 뺀 목과 같은 몸의 부분들은 마치 얼굴인 양 언어로 표현되지 않은 어떤 비명, 울음, 흐느낌을 보여 준다. '얼굴'은 타자가 놓인 극도의 위태로움을 드러내고 있으며, 평화는 바로 그 타자의 위태로움을 알아차리는 데 있다. 그러나 여기서 타자의 '얼굴'은 내게 윤리적 요청을 하고 있는데 우리는 아직 그 요청의 성격을 모른다는 데 문제가 있다고 버틀러는 말한다. 그 '얼굴'의 의미를 이해하려면 우리는 타자의 삶에서 그 위태로움을 깨달아야 하는데, 그것은 내 삶의 위태로움에 미루어 타자의 삶의 위태로움을 재단하는 방식일 수 없다는 것이다.

문제는 '얼굴'의 이미지는 두 가지 모순적 특징을 보이는데 그 사람의 정체성을 구획하는 동시에 그 사람의 정체성을 보이지 않게 한다는 것이다. 버틀러는 인간성은 이렇게 이미지에 드러나지 않으면서 이미지에 긴장을 불어넣는 곳에 있다고 설명한다. 그렇다면 우리의 폭력성이란 이미지로 타자를 규정해 타자의 인간성을 말살하는 것이리라. 버틀러는 벌거벗은 생명과 규범적 시민의 관계에서 서로 호명하는 방식과 상황 자체가 이미 도덕적 구속력이 있음을 알아야 한다고 주장한다(ibid., 130-1). 이 도덕적 구속력이란 인간의 정형을 설정함으로써 더 인간적인 사람과 덜 인간적인 사람으로 생명을 구분하고, 인간의 얼굴로 가장한 덜 인간적인 사람의 이미지를 만듦으로써 상대를 인간으로 생각한 우리를 속이는 '얼굴'의 특징을 제시한다. 그리고 때로는 어떤 이미지도 이름도 이야기도 만들지 않음으로써 처음부터 존재하지 않았고 따라서 가해도 없었다는 논리를 가능하게 만드는 규범적 권력이기도 하다.

이런 규범적 권력의 형식에서 벌거벗은 생명은 규범적 시민이 자신을 '인간'으로 생각하지 않으리라는 수치심과 함께 상대에게 살해될 수 있다는 두려움을 갖는다. 반대로 규범적 시민은 덜 인간적인, 또는 이미 인간이 아닌 벌거벗은 생명에 대해 혐오감과 함께 자기 방어를 위해 상대를 해칠 수 있다는 불안을 느낀다.

따라서 우리가 해야 할 작업은 '얼굴'을 비인간적인 것으로 만들거나, 아예 삭제함으로써 처음부터 존재하지 않은 것으로 만드는 규범적 권력을 바꾸어 내는 일이다. 그것은 특정 인간 유형을 부각하는 재현의 영역 안에 인간의 비명에 응답할 수 있는 공적인 보기와 듣기의 양식(modes of public seeing and hearing)을 세우는 것이다(ibid., 147). 버틀러는 우리가 폭력을 경험했을 때 즉각적인 보복의 자세를 취하는 대신 우선 그 폭력에 애도를 표함으로써 인간성을 찾아내는 노력을 기울일 것을 제안한다. 즉각적인 보복은 폭력에 따른 상실을 비현실화함으로써 오히려 인간의 고통과 죽음에 무감각하게 하며, 그를 통해 비인간화가 이루어지기 때문이다(ibid., 142-148).

5. 맺음말

아감벤은 오늘날 국가 권력과 대칭되는 위치에 있으면서 절대적인 기본권으로 간주되는 생명의 신성함이란 것이 사실상 생명이 회복될 수 없을 정도로 버림받는 것을 표현하는 것이라고 주장한다. 생명 관리 국가로 근대 국민 국가의 성격을 규정한 푸코에 이어, 아감벤은 서구 정치가 벌거벗은 생명 대 국가 권력으로 전선을 형성한 것으로 설명한다. 국가가 법과 정의가 적용되지 않는 예외 공간을 설정하고 그 공간에 놓인 생명을 벌거벗은 생명으로 환원해 국가 폭력의 대상으로 삼을 때, 국가와의 관계에서 벌거벗은 생명은 배제의 신분으로 포함되는, 배제적 포함의 관계에 놓인다.

이 같은 생명정치가 젠더와 인종 배열에 따라 재편되고 있는 지구화 회로와 만날 때 벌거벗은 생명의 여성화가 일어난다. 국가의 예외 공간의 설정이 젠더와 인종 배열에 따라 진행될 뿐 아니라, 위계적인 사회 체계들과의 상호 교차를 통한 확산 역시 젠더 배열에 의해 진행되기 때문이다. 한 위계 체계에서 이뤄지는 배제적 포함이 다른 위계 체계들의 배제적 포함 논리를 지원함으로써, 그리고 사회 체계들이 서로 교차해 배제의 공간을 확산한다.

벌거벗은 생명의 이미지의 유통은 배제적 포함의 관계를 고착하는 역할을 한다. 그것은 고통의 이미지에 우리가 보이는 추상적 동정심, 이미지와 동일시함으로써 복수와 정의를 실현하는 정체성의 정치, 또는 아예 고통의 이미지를 보지 않으려는 순진함과 무지의 태도가 아무것도 변화시킬 수 없기 때문이다. 손탁은 배제적 포함의 관계를 벗어나기 위한 방법으로 고통의 이미지에서 누구의 이미지가 보이지 않는지, 누구의 잔인함이 보이지 않는지, 그리고 누구의 죽음이 보이지 않는지를 질문하는 상상력을 가져야 한다고 말한다. 이 같은 맥락에서 특히 벌거벗은 생명을 전면적으로 재현한 것으로 논의되는 아부그라이브 수용소의 포로 고문 이미지를 지구화 과정에서 서구 권력이 타 문화권을 타자화하는 방식에 성 정치가 복무하고 있는 것으로 본 버틀러의 분석은 함의하는 바가 크다. '진보'를 상징하는 페미니즘이 지구화 과정에서 억압의 전위로 전용될 수도 있는 것에 대해 성찰이 필요함을 말해주기 때문이다.

생명정치에 대한 대응은 미시적 전략과 거시적 전략으로 나눠 볼 수 있다. 규범과 권리의 범주에 포섭되지 않은 보이지 않는 경험을 드러내는 정치학은 생명정치의 규범적 범주를 열어 놓게 하는데 유용하며 일상의 삶을 정치화하는 미시적 전략에 적합하다. 체제 밖에서 체제의 규범의 억압성을 드러내는 이 같은 작업은 궁극적으로 체제 내부의 변화, 그리고 체제 안과 체제 밖의 연대의 변화라는 거시적 전략으로 이어지게 한다. 그런 의미에서 생명정치에 대한 세 가지 대응은 전략적 위치에서 차이가 있을 뿐 서로 상보적인 관계에 있다고 말할 수 있다. 그러나 무엇보다도 이 모든 대응 전략의 기본을 이루는 것이 일상의 삶, 미시적 영역에서 벌거벗은 생명과 규범적 시민의 만남을 이룰 수 있는 페미니스트 윤리의 추구다. 수치심과 혐오감을 넘어설 수 있는 애도의 상상력, '얼굴'을 읽을 수 있는 감수성과 상상력의 개발로 '인간'의 내용을 지키는 것이 필요하다.

문제를 이렇게 보는 것에 동의한다면 앞으로 우리에게 요구되는 과제는 한편으로 일상의 삶에서 규범으로 규정되지 않은 벌거벗은 생명의 경험 세계를 드러내고 드러나지 않은 '얼굴'을 보고 들을 수 있게 하는 것이 된다. 또한 시민권과 인권의 긴장 관계를 통해 '시민'의 자기 성찰을 고양시킴으로써 시민과 벌거벗은 생명의 경계를 조정할 수 있게 하는 것이 되며 (Benhabib, 2006), 체제의 안과 밖을 가로지르는 연대의 구성을 모색하는 것이 된다.9)

---

9) 재현의 공간과, 법과 권리의 공간, 사회 운동의 공간에서 각기 대안을 찾는 이 같은 시도들은 각기 다른 영역에서의 문제 설정과 접근 방식이라고 할 수 있다. 그러나 재현과 사회적 사실은 서로가 서로를 규정하며 이 세 접근 방식은 서로 영향을 주고받으며 전개된다.

4_지구화와 공공성의 변화[1]

벌거벗은 생명의 등장과 여성운동의 대응

1. 문제 제기

한미자유무역협상(FTA)의 타결로 한국은 전면적인 개방의 길로 나아가게 되었다. 1980년대 중반부터 진행된 신자유주의적 시장 개방과 기업의 구조 조정으로 한국 사회는 이미 지구화의 영향 아래 들어섰지만, 실업과 고용 불안정, 비정규직의 확대, 이혼율의 급증과 저출산율, 기혼 여성 경제 활동의 증가, 국제결혼의 확산, 이주 노동과 불법 체류자 보호소 화재 등 최근 한국 사회가 체험하고 목격하는 사회 변화의 양상들은 이제 더 본격적이고 전방위적으로 지구화가 진행될 것을 예고한다.

　지구화를 둘러싼 통상적 시각은 지구화가 위험과 기회라는 양면을 지닌다고 보는 것이다(박은정, 2005; 조형, 2002). 지구화는 근대 국가의 불균등 유

---

1) 이 글은 조주현(2007), 「지구화, 텅 빈 생명, 페미니즘: 공공성의 변화와 여성운동의 대응」, 『시민사회와 NGO』, 5(1): 63-90을 수정한 것이다.

형과 위계 유형을 그대로 유지·심화할 수 있다는 점에서 위험인 반면, "포괄과 배제의 새로운 유형, 새로운 승자와 패자를 만들어 낼 수 있다는" 점에서 기회이기도 하다(박은정, 2005: 66). 여성에게 지구화가 기회인 것은 여성의 법적 지위와 가족과 시민 사회에서의 지위가 상대적으로 상승하고 시장 진출 기회가 확장되며 개별적으로 능력을 인정받고 발휘할 수 있는 가능성이 증가되리라는 점이고, 지구화가 위기인 것은 여성 임금 노동자 70%가 비정규직인데다 각종 사회 보장 혜택에서 배제되어 항상적인 고용 불안정이 굳어져도 여성의 집단적 정치 세력화는 점차 더 확보되기 어려워지리라는 전망에서다(조형, 2002: 61-62).

한편, 지구화 과정에서 우리는 폭력성의 새로운 징후를 목격한다. 9·11 사태 이후 아부그라이브 포로수용소 고문 사건, 김선일 씨의 죽음, 여수 외국인보호소 화재 사건 등에서 볼 수 있듯이 국가의 주권이 미치지 않는 새로운 정치적 공간의 확산과 거기서 파생되는 폭력은 우리에게 지구화 과정에서 근대 국가와 폭력의 관계에 대해, 그리고 여성은 이 폭력성과 어떻게 직면하는지에 대해 새로운 의문을 갖게 한다.

이 글은 지구화가 공공성을 어떻게 변화시키는지를 그 경제적, 정치적 구조의 변화를 중심으로 이해함으로써 여성운동이 현재 어떤 사회 정치적 지평 위에 놓여 있는지를 이해하려는 시도다. 이를 통해 변화하는 정치 경제적 맥락이 여성운동에 함의하는 바가 무엇인지, 또 이때 여성운동은 어떤 점을 고려해 개입해야 하는지를 탐색해 보려고 한다. 이 글은 공공성의 변화를 페미니스트 관점에서 다음 두 측면을 중심으로 논의한다.

첫째, 경제 지구화의 영향으로 국민 국가 단위의 근대적 공/사 구분이 약화되고 젠더·계급·인종·국가가 상호 교차하는 상황에서 계급 정체성을 형성하기는 더욱 어려워진 반면, 여성 비정규직화와 노동 유연화의 결과로 여성 경제 활동은 증가하고 남성 중산층은 몰락함에 따라 결혼·가족·젠더 관계에 전 지구적 변화가 예상되며(Peterson, 2003: 112), 이에 따라 여성운동은 새로운 틀을 모색할 것과 시민운동에서 주도적인 역할을 할 것이 기대된다는 것이다. 둘째, 정치적으로 국가 권력은 국가의 주권(sovereignty)이 적용되지 않는 배제의 공간을 확장함으로써 배제의 공간을 지배하는 생명정치(biopolitics)를 확산한다는 것이다. 국가의 공공성이 작동하는 공적 영역은 개인이 시민권을 행사하는 정치적 공간이다. 그러나 공공성이 작동하는 공적 영역 너머의 배제의 공간에 존재하는 개인은 시민권이 박탈된 '벌거벗은 생명'으로 환원되어 국가 폭력의 대상으로 부상한다(Agamben, 1998).

　　이 같은 공공성 변화의 두 측면, 즉 공/사 구분이 약화되는 사회적 현상과 공공성이 적용되지 않는 배제의 공간이 확장되는 정치적 현상은 같은 뿌리에서 나온 것이다. 지구화 과정에서 국가 간·국가 내 불평등의 심화로 여성 이주와 여성 비정규직화를 통한 공/사 구분 약화의 상황이 벌어지고 불법 체류나 난민 수용소 같은 배제의 공간이 확대되는 것이기 때문이다. 여성운동은 국지적 장에서 공/사 구분을 넘어선 여성들의 삶의 방식을 반영하는 공공성의 새로운 기준을 주장하는 한편으로, 공공성의 영역을 잠식하는 배제의 공간이 확산되는 것을 막을 수 있는 새로운 패러다임을 구성해야 하는 과제를 안고 있다.

2. 공공성 변화 논의의 배경과 의미

공공성은 국민 국가 단위의 시민 사회의 성장을 배경으로 한, 근대적 공/사 영역의 구분에서 파생된 개념으로 공적 영역의 규범적 특성을 뜻한다. 여기서 '공적' 영역이란 집합적 공공선의 추구와 관련된 영역으로 국가를 뜻하고, '사적' 영역이란 외부의 간섭에서 자유로운 개인 고유의 권리 영역으로 가족을 뜻한다. 그리고 시민 사회(시장 경제)는 국가와 관련해서는 사적 영역이 되고 가족과 관련해서는 공적 영역이 되는 것으로 분류된다. 근대 사회에서 국가와 시민 사회의 공적 영역과 가족의 사적 영역은 명확하게 분리될 수 있고 또 분리되는 것이 바람직하다는 전제가 있었다(조형, 2002: 17).

그러나 페미니스트 연구자들은 이 같은 근대적 공/사 구분의 논리를 현대 여성운동이 전개된 1970년대부터 지속적으로 비판했다. 공/사 영역 구분의 기제가 젠더 위계를 고착한다고 보았기 때문이다. 공/사 구분이 젠더 위계를 고착하는 것은 공적 영역은 남성의 영역이고 사적 영역은 여성의 영역이라는 논리로 공/사 영역과 남녀 구분이 짝을 이룰 때 발생한다. 그리고 거기에서 파생된 '공적 남성'과 '사적 여성'이라는 상징성은 공적 영역에서 여성을 배제하고 사적 영역에서 남성이 지배하는 것을 자연스럽게 만드는 배경적 힘으로 작용한다(조형, 2002; Fernandez-Kelly, 2007; Pateman, 1989).

페미니스트들은 근대적 공/사 구분과 남녀 성별 구분이 이런 식으로 짝을 이루는 것에 두 방향에서 비판과 대안을 제시했다. 첫 번째 대안은 사적 영역과 여성이 짝을 이루는 것을 해체하는 것이다. 이것은 여성들이 사적 영역에 매몰되지 않고 공적 영역에 진출해 여성도 경제적 사회권과 정치적 시민권을 갖게 하려는 방향으로 구체화됐다. 여성이 충분한 사회권과 시민권을 갖는 것은 자유주의 페미니즘의 오랜 강령이기도 하다. 그러나 여성과 사적 영역을 연결시키는 상징성을 해체하는 것이 공/사 영역 구분 자체를 문제 삼는 것으로 나아가게 하지는 않는다. 오히려 근대적 공/사 구분을 그대로 유지한 채 그 선상에서 더 많은 여성들이 공적 영역에 들어가게 하는 것이 목적이다. 따라서 개별 여성들은 사적 영역을 넘어서 공적 영역으로 들어갈 수 있겠지만, 사적 영역을 사적으로 남겨 두는 한 사적 영역이 여성들의 영역이라는 점은 그대로 유지된다.

예를 들어 한국 여성의 고용 현황을 보면 기혼 여성의 경제 활동이 빠르게 증가하는 추세고 전문직 여성의 비율도 크게 늘고 있다.[2] 이것은 공적 영역에 여성이 진출해 충분한 경제적 사회권과 정치적 시민권을 가짐으로써 여성과 사적 영역의 연결고리를 약화하는 전략이 어느 정도 실현되고 있음을 뜻한다.

그러나 여성 고용 현황의 또 다른 측면은 이 전략이 근본적으로 한계가 있음을 말해 준다. 우선 여성 경제 활동 참가율이 지난 10년간 49% 선에서 정체되어 있는 주된 이유는 여성이 육아와 가사를 전담해야 하기 때문이다. 여성이 경제 활동을 해도 여성들의 고용 상태는 불안정하고 빈곤하다. 2003년 현재 여성 임금 근로자 70%가 비정규직이며 단순 서비스직에 몰려 있고 (정형옥, 2004), 2000년 현재 여성 비정규직 중 60만 원 이하의 임금을 받는 비율이 87.8%이며, 법정 최저 임금인 421,490원 미만을 받는 경우도 22.9%다 (조형, 2002: 36).

대다수 여성들의 공적 영역 진출은 충분한 사회권과 시민권 획득으로 연결되지 않으며, 이들의 공적 영역 진출은 여성 대다수의 삶에서 사적 영역과 단절된 형태의 공적 영역 체험이 아니다. 사적 영역은 여전히 여성들의 영역이며, 공적 영역으로 진출한 여성들에게도 공/사는 매우 다른 방식으로 구조화된다(김영옥·김경희, 2004: 119).

---

2) 한국의 기혼 여성 경제 활동 참가율은 1980년에 40.0%(기혼 남성 88.3%)이던 것이 1990년 46.8%(기혼 남성 88.2%), 2000년 48.7%(기혼 남성 84.3%)로 증가했고(한국여성개발원, 2004), 여성의 전문직 종사 비율은 1995년 4.2%에서 2003년 8.5%로 두 배가 증가했다(김영옥·김경희, 2004: 110).

공/사 구분과 남녀 구분의 일치에 대한 두 번째 페미니스트 대안은 기존의 공/사 영역 구분을 넘어서는 것으로, 여성들의 체험을 반영해 공/사 영역을 재구성하는 것이다. 이것은 여성들이 그간 사적 영역에서 수행한 돌봄 노동(caring work)을 공식적으로 인정하는 것으로 구체화된다. 아이, 노인, 환자, 빈민같이 절대적으로 도움이 필요한 사람들을 위해 수고하는 돌봄 노동은 대부분 여성들이 가족 안에서 사적으로 수행한다. 이 돌봄 노동을 공식화하는 것은 가사 노동을 공적 영역인 시장 경제의 일부분으로 인정하는 것을 뜻한다. 경제학을 '양식 마련학(study of provisioning)'으로 재규정하자고 제안한 페미니스트 경제학자들도 있다(Barker and Feiner, 2004). 경제 활동을 양식 마련으로 이해해 그에 초점을 맞추면 우리는 사회생활을 개인들 간의 생존 투쟁이라기보다는 시장 못지않게 중요한 역할을 하는 상호성과 감정 이입과 같은 힘들이 작용하는 것으로 이해할 수 있게 된다. 결국 돌봄 노동의 공식화는 여성들이 공적 영역으로 진출하자는 것이 아니라 공/사 영역 구분의 틀을 바꾸자는 것이다.

이 두 번째 대안은 페미니스트들에 의해 그동안 지속적으로 논의되었지만 첫 번째 대안에 비해 주류의 대안은 아니었다. 그러나 이제 지구화의 영향으로 빈곤의 여성화가 가속화되고, 가족의 경제적 궁핍 앞에서 여성들이 먼저 그 문제를 해결하기 위해 비공식 노동을 하는 이른바 '생존의 여성화(feminization of survival)'가 전 지구적으로 확산되면서 이 논의가 새롭게 주목을 받기 시작했다(Fernandez-Kelly, 2007: 518; Sassen, 2000).

한편 지구화 과정으로 국가의 경계를 넘어 기업 간에 그리고 국가와 기업 간에 전격적인 협력의 시대가 도래하면서 국가의 역할이 축소되었다는 관측이 있다. 국가의 역할이 '경쟁 국가'로 자리 잡으면서 국가는 그 자체로 시장을 지향하고 더 나아가 시장을 기반으로 하는 조직으로 바뀌고 있어서 국가를 '시민적 결사체'가 아닌 '기업적 결사체'로 일컬을 정도다. 이와 함께 사회 안전, 국가 의사 형성, 시민의 정치적 권리와 의무, 합법성, 민주주의, 정의 등 기본 개념이 도전받게 되었다는 것이다(박은정, 2005: 80). 그러나 국가는 지구화 과정에 따라 국가 역할의 축소와 강화에 선택적 반응을 보인다고 할 수 있다.

장과 링(Chang & Ling, 2000)은 지구화를 금융, 생산, 무역, 통신이 통합된 세계를 구축하는 '기술 근육 자본주의(technomuscular capitalism)'와 대부분 여성 이주 노동자가 제공하는 돌봄 노동의 '노동 친밀성 체제(regime of labor intimacy)'라는 두 과정으로 구분한다. 이 과정에서 국가는 기술 근육 자본주의화에 대해서는 국가의 역할을 축소할지 모르나, 노동 친밀성 체제화 과정에서는 국가의 역할을 강화한다는 것이다. 말하자면 지구화 시대에 국가는 대상 집단에 따라 차별화된 전략을 사용한다고 말할 수 있다. 노동 친밀성 체제에 대한 국가의 개입은 생물학적 생명(biological life)을 감시, 관리하는 것이 국가 권력의 중심 문제가 된다는 푸코의 주장을 뒷받침한다(Foucault, 1978).

아감벤(Agamben, 1998, 2005)은 푸코의 생명정치 개념을 확장해 국가 권력의 본질은 법적 정의와 폭력이라는 근본적으로 상호 대립적인 원리를 통합한 데 있다고 주장한다. 국가의 주권은 폭력을 법적 정의와 정확하게 구분할 수 없는 지점, 즉 폭력이 법 안으로 들어가고 법이 폭력 안으로 들어가는 입구에 위치한다는 것이다(Agamben, 1998:30). 아감벤은 폭력과 법적 정의를 통합한 국가 주권의 모순된 상태와 직접 관련된 사람을 '호모 사케르'(homo sacer, sacred man, 신성한 인간)로 명명한다. 호모 사케르는 "살해당할 수는 있지만 제물이 될 수는 없는 사람"(who can be killed but not sacrificed)을 말한다(ibid., 73). 그는 단지 '살아 있다'는 사실 때문에 살해당할 수 있는 사람이며, 법적 책임 없이 그의 생명을 종식시키려는 국가 권력의 의지만으로 살해당할 수 있는 사람이다.

국가가 아무런 책임을 느끼지 않고 생명을 없앨 수 있는 인간이 존재한다는 이 설명은 쉽게 이해하기도, 받아들이기도 어렵다. 이 논리에 따르면 국가 권력은 사실상 괴물같이 사악한 측면이 있다고 봐야 하기 때문이다. 그러나 아감벤의 개념은 국가 주권에는 근본적으로 폭력의 형식이 필요하다는 점을 이해하는 데 유용하다. 법적 정의는 폭력을 부르고 폭력은 다시 법적 정의를 부르는 국가 권력의 모습은 국가 권력이 법과 규칙을 실천하기 위해 있기보다 법과 규칙에서 예외 상황을 만들고 다시 예외 상황에서 법칙을 만들어 내는 것이 본질이라는 것을 말해 준다.

아감벤은 현대에 들어올수록 예외 상황은 점점 더 전면으로 부상해 예외 상황이 근본적인 정치 구조가 되고 궁극적으로 예외 상황이 법칙이 되기 시작했다고 주장한다. 이렇게 예외 상황이 법칙이 되면 예외 상황에 기초한 법칙은 특수성을 상실하기 때문에 의미가 없어지거나 우스워지지만 국가 권력은 여전히 이 '법'에 시민들이 복종하기를 강요한다(Agamben, 2005). 이 '의미 없는 법률'에 대응되는 인간 형태가 바로 '벌거벗은 생명'(bare life)이다(Agamben, 1998: 133-5). 사회적 존재인 인간이 개념상 '자연 그대로'의 정체성 혹은 '동물적' 정체성으로 격하되는 것이다. 그것은 인간의 초월적 의미는 사상되고 인간이 가진 것이라곤 오직 생명뿐인 존재로 환원되는 것을 말한다.

이상과 같이 지구화 과정의 경제 사회적 측면은 공/사 구분에 대한 페미니스트 비판을 중심으로, 정치적 측면은 국가 권력의 폭력성의 특징을 아감벤의 벌거벗은 생명 개념을 중심으로 살펴보았다. 근대적 공공성 개념은 지구화 과정에서 변화에 직면하고 있는 것이 분명해 보인다. 그렇다면 공/

사 구분의 도식에 들어맞지 않는 여성들의 삶의 내용은 구체적으로 어떻게 전개되고 있으며, 벌거벗은 생명으로 환원된 인간에 가해지는 폭력성은 구체적으로 어떻게 발현되는 것일까?

3. 공공성 변화의 두 방향

지구화에 대한 신자유주의자들과 비판 이론가들 양측의 설명에 따르면 금융·생산·무역·통신·매체의 지구적 차원의 통합이 전례가 없을 정도로 높은 수준에서 이루어짐에 따라, 통합된 매체와 시장 연결망을 통해 이미지와 사고방식과 소비 유형의 생산도 지구화된다. 또한 자본과 제도의 회로는 전 지구적으로 '핵심 지역'을 연결하면서 이들 지역 간의 공통점이 각 국가 내부의 지역 간 공통점보다 더 많아지는 현상을 초래한다. 이 핵심 지역 연결망에 포함되지 않은 '죽은 땅'은 제3세계뿐 아니라 서구 세계에도 등장하며, 따라서 영토에 근거한 국가 단위 주도의 냉전 정치는 무력화될 것으로 전망한다(Agnew and Corbridge, 1995; Chang & Ling, 2000: 29에서 재인용). 이들은 지구화 시대에는 국가 주권, 민주주의, 정치 공동체에 대한 새로운 이해가 필요하다고 말한다(Dicken, 2003). 비판 이론가들 역시 점점 더 많은 경제, 사회, 문화 활동들이 국가의 경계 너머에서 일어남에 따라 국가가 '실속이 없어지고 있다'는 점을 인정하고 있다(헬드, 2002).

지구화 과정과 함께 새로운 주체가 형성되는데 신자유주의자들은 이들을 '세계인'이라고 명명한다. 세계인의 특징은 합리적인 개인주의자라는 것인데, 지구화 과정으로 합리성을 지닌 개인주의가 지배적이 될 것이기 때문에 신자유주의자들은 세계인이야말로 지구화 시대의 혁명 계급이라고 말한다. 세계인들의 세계주의는 "타자와 관계를 맺으려는 경향 혹은 의지이며, 이질적인 문화를 경험하는 것에 대해 열려 있고, 통일성보다는 차이를 추구하는 지성적이고 심미적인 자세"라고 말한다(Hannerz, 1990: 239; Chang & Ling, 2000: 30에서 재인용).

반면에 비판 이론가들은 이들 세계인들을 글로벌 지배 계급으로 본다. 이들은 "지구화 시대의 역사적 세력으로서 국가와 문화를 넘어선 글로벌 계급을 형성하고 상호 이익과 이데올로기적 관점을 공유하며 세계 개방 경제라는 사상 아래 공동의 목표와 해석 기준을 제도화한다"(Cox, 1993: 25; Chang & Ling, 2000: 30에서 재인용). 이들 글로벌 지배 계급에는 "OECD 국가 내부의 부유한 소수 집단과 제3세계의 도시 엘리트와 신중산 계급이 포함된다"(Gill, 1995: 405; Chang & Ling, 2000: 30에서 재인용). 그리고 이들의 주체성은 '성찰적 개인주의'로 규정되기도 하고 시공간의 압축화에 따른 '파편화된 포스트모던 감수성'으로 규정되기도 한다(Harvey, 1989).

1) 기술 근육 자본주의와 노동 친밀성 체제

지구화와 그에 따른 새로운 주체성의 형성에 대한 이상과 같은 논의는 중요하고 새로운 점이 있긴 하지만 세계의 거점 도시 근방에서 일하는 백인 남성 세계인들의 삶에만 초점을 맞춘 '제국의 수사학'이라는 점에서 신자유주의 이론이든 비판 이론이든 차이가 없다(Chang & Ling, 2000). 제3세계 여성의 시선으로 봤을 때 지구화에는 세계적 거점 도시들 안에서 백인 남성 중심으로 전개되는 기술 근육 자본주의 과정만 있는 것이 아니라, 그와 짝을 이루는 것으로 지구적 차원에서 돌봄 노동을 담당하는 노동 친밀성 체제의 과정이 상존한다. 노동 친밀성 체제는 인종 차별과 성 차별의 이데올로기에 의해 작동되며 아시아 여성들을 '서비스를 체현한' 사람들로 인식하게 하고 있지만 지구적 자본의 탈영토화된 성격 때문에 그 현실이 감춰지거나 신비화되는 특징을 보인다(윗글, 34). 글로벌 계급과는 달리 이들 여성들의 주체성은 표현할 언어, 수사, 담론, 목소리까지 없어지면서 침묵된다.

지구화 시대에 국가의 위치는 이중적이다. 국가는 기술 근육 자본주의와 관련해서는 공허해지고 있을지 모르지만 노동 친밀성 체제 안에서는 지구화된 서비스 경제를 구조화, 유지, 강화함으로써 새로운 활력을 얻고 있다. 예를 들어 필리핀에서는 1990년 현재 전체 노동력 8%가 이주 노동자인데, 이중 절반이 여성이며, 여성 이주 노동 유형의 대부분이 가정부와 성 노동자로 수렴되어 있다. 이들이 국내에 송금하는 액수는 1992년 현재 전체 외화 획득의 25%를 차지한다. 따라서 필리핀 정부에게 필리핀 이주 노동자는 "필리핀의 경제 발전 전략에 필수적인 수출 상품"이다. 다른 한편 이주 여성을 받아들이는 국가 역시 노동 친밀성 체제의 유지, 강화에 공모하고 있다. 홍콩 정부는 외국인 가정부가 최소 2년간 한 고용주에게 고용되어야 하며 상시 재택근무할 것을 의무화하고 있다. 싱가포르 정부는 외국인 가정부에게 6개월마다 임신 검사를 할 것을 의무화하고 있으며 검사를 통과해야 취업이 가능하다. 일본 정부는 필리핀 여성들이 접대업에 종사하는 것을 눈감아 주곤 한다(Chang & Ling, 2000: 35-6).

지구화 과정은 아시아 여성들을 '서비스를 체현하는 몸'으로 인종적, 성적 분업을 가속화하는 데 머무르지 않는다. 한 국가 안에서도 지역의 젠더·섹슈얼리티·계급·인종·국적 체계들의 상호 교차를 통해 특정한 상황과 주체를 구성해 낸다. 예컨대, 여성들은 이주 노동을 통해 노동 계급 정체성을 형성하지 않는다. 조선족을 보면, 2003년 현재 전체 조선족 노동력 10%가 한국 거주 이주 노동자이고, 이들 70~80%가 기혼이며, 절반 이상이 여성일 정도로 조선족 기혼 여성들은 집단을 형성하고 있지만 이들 집단에서 노동자성이 형성되지는 않는다. 조선족 기혼 여성들은 유입국인 한국 사회와 고향인 조선족 사회 양쪽에서 느끼는 차별과 편견에 저항하며 자신들의 정체성을 형성해 간다. 우선 자신들을 "촌스럽고 전근대적인 문화적 배경을 가진 하류 계층"으로 인식하는 한국 사회의 시선에 대응하기 위해, 중국으로 돌아가면 자신들이 소속될 부유 계층으로 그리고 국제 경험을 통한 문명화된 주체로 자신들을 규정함으로써 자신들의 행위성을 확보하려고 한다. 이들은 자신들의 모성과 아내로서의 정숙한 섹슈얼리티를 의심하는 고향 조선족 사회의 비판과 의심에 직면해 고향에 있는 자녀의 모든 교육비와 장래에 대한 투자를 전담한다. 또한 오랜 체류 기간에 따른 외로움으로 동거는 할지라도 '가족은 버리지 않는다'는 철칙을 강조함으로써 모성과 자신의 섹슈얼리티를 적극적으로 재구성하면서 한국 사회와 고향 조선족 사회의 경계에 선 자신들의 정체성을 형성해 나간다(이해응, 2005).

이런 현상은 홍콩에서 상주 가정부직에 종사하는 필리핀 여성들에게도 동일하게 나타난다. 홍콩 사회에는 필리핀 여성들이 성적으로 문란하다는 인식이 있는데 이에 대해 필리핀 이주 여성들은 자신의 어머니 정체성과 성당 활동을 통해 신실한 가톨릭 신자라는 도덕적 정체성을 부각함으로써 홍콩 사회에서 자신의 성적 정숙함을 인정받으려고 한다. 또한 가난에 허덕이는 조국 필리핀의 발전에 도움을 준다는 애국자라는 자부심이 있다. 이들은 공동체 내에 여성 간의 동성애를 발전시킴으로써 오랜 외국 체류에 따른 외로움을 해소하면서 동시에 홍콩 사회와 필리핀 사회 양쪽이 갖고 있는 자신들에 대한 성적 의심을 벗어나려고 한다(Chang & Ling, 2000).

그러나 필리핀 여성이 조국에서 애국자로 의미화되는 데 비해 조선족 여성은 이들의 이주 노동이 공동체를 약화, 해체한다는 조선족 사회의 비판에 직면한다. 중국 내 소수 민족인 조선족의 위치가 이주에 대한 국가 단위의 지원으로 연결되지 못하면서 이주는 조선족 사회의 가족과 여성 문제로 환원되기 때문이다(김은실·민가영, 2006).

이처럼 지구화 시대에 노동 친밀성 체제는 여성들의 객관적인 삶의 조건이 전 지구적인 차원에서는 인종과 젠더에 따라 배열되는 것으로 나타난다. 그리고 지역적인 차원에서는 인종과 젠더뿐 아니라 국적, 이주자 신분, 지역, 섹슈얼리티 등 점점 더 많은 위계 체계들의 상호 교차로 분절화, 위계화하는 상태임을 알 수 있다. 이 같은 분절화, 위계화 현상은 전 지구적인 생산 노동 체제에서도 그대로 드러난다.

중국은 1981년 홍콩 국경의 인근 지역인 셴젠을 제조업 수출 공단 지역으로 설정했다. 셴젠의 부상으로 2000년대 들어 경쟁에서 밀린 미국 국경 인근의 멕시코 의류 공단 지역과 그곳의 여성 노동자들은 사라지게 된다. 수출 공단 내 멕시코인 여성 노동자의 임금은 미국 내 여성 노동자 임금의 9분의 1에 불과했지만, 셴젠의 중국 여성 노동자의 임금은 멕시코 여성 노동자 임금의 일부에 불과했기 때문이다. 1970년대에 30만 인구의 도시였던 셴젠은 15년 후 인구 400만의 도시로 급부상한다. 이곳의 여성 노동자인 '다공메이'(打工妹)는 사실상 지구화 시대에 부상한 역사적 주체로서 국제적 노동자 계급이지만 노동자성이 형성되지는 않는다. 개인은 자신의 출생지에 속해야 하는 중국의 거주 정책에 따라, 셴젠으로 잠시 이주한 농촌의 젊은 여성들은 결코 공단 지역에 속하지 않기 때문이다. 이들은 값싸고 교체 가능한 노동력일 뿐이다. 게다가 이들의 어투와 옷차림은 이들이 공단 지역 사람이 아니라는 것을 말해 주기 때문에 이들은 도시 거주민들로부터 차별과 배제를 경험한다. 도시인들은 이들을 산업 자본주의 사회의 속도에 적응할 수 없는 게으른 시골 사람들로 인식한다. 고도의 노동 강도, 저임금, 차별 앞에서 이들 다공메이들은 몸으로 저항할 뿐이다. 생리통, 요통, 졸도 등은 셴젠 공단 내에서 일상적으로 일어나는 일들이다(Ngai, 2005; Fernandez-Kelly, 2007: 51-2에서 재인용).

반면에 니카라과의 조립 공장 여성 노동자들은 1994년에 실직 여성들을 포함한 여성 노동자 풀뿌리 조직을 만든다. 이때 조직의 여성 간부들은 자신의 정체성을 노동자에 두기보다 상황에 따라 어머니, 여공, 이웃 주민, 사회 불평등에 관심을 갖는 중재자로 규정했다. 조직 구성원들은 자신의 가족과 이웃의 상황에 관심을 기울이는 조직에 의욕을 갖게 됐고, 조직원들이 헌신하면서 조직은 정치적 잠재력이 있는 시민운동의 핵심 단체로 부상했다. 이들은 중국의 다공메이와 달리 자신들이 속한 공동체의 오래된 사회 연결망을 이용할 수 있었고, 젠더 문제뿐 아니라 계급 문제를 포함함으로써 남성 노동자들도 동원할 수 있었다. 그러나 이 조직은 국제적 주목을 받고 다른 NGO들과 연대를 하면서 프로젝트와 기금, 평가 절차 등에 얽매이는 과정에서 조직의 활기가 점차 가라앉게 된다(Bickham, 2005: Fernandez-Kelly, 2007: 519에서 재인용).

지구화 과정은 발전 국가 내 이민 사회에서도 발견된다. 뉴욕의 중국인과 한국인 의류 산업 제조업자들에 대한 비교 연구에 따르면, 고용주들은 각기 차별화된 전략을 사용한다. 중국인 고용주는 차이나타운의 오랜 사회 연결망을 이용해 평균보다 낮은 임금으로 노동력을 얻는 대신 근무 시간 배정을 유연화해 기혼 여성들이 자녀를 돌볼 수 있게 함으로써 이들이 가족과 직장 생활을 병행할 수 있게 배려해 준다. 그 결과, 중국인 기혼 여성들이 임금 인상을 요구하거나 노동자 정체성을 형성하는 예는 없다. 반면에 한국인 고용주는 한국인 이민 사회의 노동력을 고집하지 않으며 멕시코와 에콰도르 불법 체류자들을 능력에 따라 고임금에 채용한다. 그 대신 불법 체류의 신분

을 이용해 시장의 수요에 따라 손쉽게 인력을 대체한다(Chin, 2005; Fernandez
-Kelly, 2007: 520에서 재인용).

이상과 같이 여성들은 지구적으로는 인종과 젠더 배열에 따라 재편되
고 있지만, 지역적으로는 가족과 공동체의 생존을 위해 생산 영역에 뛰어
든다. 그리고 이 과정에서 노동자 정체성이 구성되기보다는 자신과 가족,
이웃의 생존을 위해 기존의 생산과 재생산 노동의 경계를 넘나들 뿐 아니
라 노동/성/가족의 경계를 넘나드는, 새로운 형태의 여성 주체의 탄생을
보여 주고 있다. 이때 여성운동에 필요한 것은 지구적 차원의 젠더 배열의
중요성을 인식하는 한편으로, 지역적 차원의 삶의 조건에 나타난 위계 체
계들 간의 상호 교차의 특징을 인식하며, 지구적 젠더 배열과 지역에서 여
성들의 삶의 조건을 연결할 수 있는 문화 번역의 책무를 적극적으로 수용
하는 것이다.

2) 국가 권력과 벌거벗은 생명

2007년 2월에 발생한 여수 화재 참사 사건의 언론 보도를 보면 당시 전
국 23개 출입국 관리 사무소 내 '외국인보호소'에는 897명의 이주 노동자들
이 구금돼 있다(프레시안, 2007-2-13). 법무부에 따르면 국내의 불법 체류 외국
인은 2006년 12월 기준으로 18만 6천894명이며, 이는 1999년의 10만 6천
118명에서 7년 만에 2배 가까이 늘은 것이다(연합뉴스, 2007-02-12). 이들이 '불
법' 신분이 된 것은 산업 연수생 제도 때문으로 알려져 있는데, 산업 연수생
제도는 2007년 1월 폐지됐지만 2006년 말까지 연수생으로 들어온 수만 명
의 이주 노동자들이 국내에 머물러 있다. 3년째 시행하고 있는 고용 허가제
역시 여러 문제로 사업장을 이탈하는 미등록 이주 노동자들을 만들어 내고

있다.

불법 체류자들이 벌거벗은 생명으로 환원될 가능성은 상존한다. 여수 화재 사건 실태 조사 보고서의 내용을 보면 보호소 공간은 개인의 권리가 그 의미를 완전히 상실하는 예외적 공간이었음을 알 수 있다.

보호실의 감시·관리를 출입국 관리 공무원이 아닌 경비 용역 업체 직원이 수행 했으며, 3층 보호실에서 화재가 발생한 사실을 알고도 용역 경비원이 수분 동 안 아무런 조치도 취하지 않았고 쇠창살을 붙잡고서 방안을 향해 "불 꺼라 불 꺼라" 하고 있었을 뿐이었다. 화재 사실을 통보 받고 3층 화재 현장으로 올라간 상황실 당직자는 정작 보호실 열쇠를 가지고 가지 않아 피해를 키웠다. 부상이 경미한 자들을 대피시키는 과정에서도 대피소로 바로 대피시키지 아니하고 우 선 2층 보호실로 대피시켰고 이들이 무섭다고 항의하자 그때서야 대피소로 대 피시키는 등 인명 구조보다는 질서 유지에 치중하여 피해를 확대시킨 원인이 되었다. 화재로 의식을 잃었던 부상자들은 병원에서 의식을 회복하자마자 수 갑을 채워 누워 있는 침대의 난간에 묶었다. 미등록 외국인 단속 과정에는 전자 충격기, 곤봉, 수갑 등의 계구가 폭넓게 사용되고 있고(여수출입국관리사무소 피 보호자 중 86%가 단속 과정에서 계구 사용이 있었다고 진술) 심지어 보호소 내에서도 이동시 계구를 사용했다. 여수보호소의 체류자들은 한 달에 1, 2회 정도의 운동 시간(1회 운동 시간은 20분 내지 30분)밖에 주어지지 않았다. 화재 참사로 죽은 사 체를 부검할 때는 유가족의 동의는커녕 통지조차 하지 않았다.(여수외국인보호 소 화재 참사 공대위, 2007.3.7)

불법 체류자는 영장 없이 단속 연행이 가능하며 구금 과정에서 이들에 대한 폭력으로 단속자가 처벌을 받는 경우는 없다. 이들은 시민이 아니기 때문에 이들은 생명을 가진 것 외에는 아무 의미가 없는 호모 사케르일 뿐이다. 따라서 이들에 대한 국가 권력의 폭력은 처벌 대상이 되지 않는다. 예외 상태에 속한다는 것은, 내부와 외부, 예외와 규칙, 합법과 불법이 구분되지 않는 영역에 들어간다는 것을 말하며, 개인의 권리나 법적 보호라는 말이 더는 아무 의미도 없는 영역에 들어간다는 것을 말한다(Agamben, 1998: 170).

이라크 아부그라이브 포로수용소에서 발생한 고문 사건은 국가 권력과 벌거벗은 생명의 관계를 좀 더 선명하게 보여 주는 예다. 2004년 5월 내부자 고발로 세상에 알려진 이 사건은 특히 포로를 고문, 살해하는 모습을 사진을 찍어 유포함으로써 수용소 내 폭력성의 본질을 상징적으로 보여 주었다. 모자로 얼굴을 가린 채 나체로 성행위를 연출하게 하는 사진, 목에 개 줄을 묶어 끌고 다니는 린디 일병의 웃는 모습, 사냥개를 포로의 코앞에 들이대는 모습, 두 손을 뒤로 하여 쇠 침대에 묶은 후 나체의 얼굴에 팬티를 씌운 모습, 족쇄 채워진 발은 접히고 양 쪽으로 뻗은 팔에는 오물을 묻힌 나체의 이라크인 앞에 곤봉을 들고 서 있는 미군의 모습 등, 포로수용소의 이미지는 사도마조히즘, 오리엔탈리즘, 인종 차별주의, 예수 순교의 상징을 압축해 놓은 형태를 보이고 있다(Caton, 2006: 119).

포로수용소 공간에서는 나체의 포로들이 피라미드를 만든 사진이 사무실의 컴퓨터 배경 화면을 장식하고 가까운 사람들끼리 고문 이미지를 유통시킬 정도로 포로들에 대한 폭력은 일상적이었다. 고문하는 사람이 고문당하는 사람을 찍는 사진에 자신의 모습을 보이는 건 그들의 행동이 암묵적으로 허락된 것이어서 범법 행위로 간주되지 않으리라는 확신이 있었기 때문일 것이다. 아부그라이브에서 미국의 권력에 대한 포로들의 신체적 종속은 벌거벗은 생명의 형태를 띠고 있다. 나체로 모자가 씌워진 포로들은 이미 개인의 정체성이 지워진 벌거벗은 생명으로 환원된 것이다. 그리고 벌거벗은 생명으로 환원된 이미지들이 대중적으로 유통됨으로써 누구라도 벌거벗은 생명으로 환원될 수 있다는 가능성에 대한 공포가 확산된다.[3]

한편 아부그라이브 사건은 성 정치를 내포하고 있다. 미국 여군(린디 잉글랜드 일병)이 나체의 아랍 남성 포로의 목을 묶은 가죽끈을 잡고 웃고 있는 이미지는 이 사건의 아이콘으로 자리 잡았다.[4] 아부그라이브의 성 정치란 사건의 형상화에 여성 인물을 배치함으로써 사진 발견에 따른 피해를 '여성'과 관련된 것으로 낙인찍고 책임을 전가하고 궁극적으로는 회복시킴으로써, 고문을 중지시키기는커녕 유죄 판결도 내리지 못한 미국 정부와 미국 시민의 부담을 제거하고 미국 정부의 행동을 사사로운 것으로 만드는 효과를 낳은 것을 말한다(Tetreault, 2006). 아부그라이브 구역을 관할하는 책임자인 카핀스키 장군이 여성이라는 점과 고문에 가담한 린디 잉글랜드 일병이 여성이라는 점이 부각되면서 아부그라이브에서 발생한 고문과 굴욕의 의미는 젊은 남성 집단을 지휘하는 위치에 여성을 놓은 것이 잘못이라는 논리로 나갔다. 또한 여성은 중간 크기의 배낭도 맬 수 없을 정도로 약하면서도 동시에 너무 사악하다는 논리로 아부그라이브의 고문을 사사로운 것으로 만들었다(Tetreault, 2006: 43).

앞에서 살펴봤듯이 아감벤에 따르면 근대 국가가 예외 집단을 상정하고 이들을 벌거벗은 생명으로 환원하는 것은 국가 주권과 시민 주권을 유지하는 데 필연적인 설정이다. 따라서 벌거벗은 생명에 가해지는 폭력성에 대한 대안의 방식으로 이들에게 시민권을 부여할 가능성은 국가 주권의 본질

---

3) 벌거벗은 생명 이미지의 대중적 유통이 어떤 효과를 낳을 지에 대한 추후 연구가 필요하다.
4) "Photos: Iraqui Prisoners" http://www.washingtonpost.com/wp-dyn/world/mideast/gulf/iraq/prisoners/ (워싱턴포스트지 사진 모음)

상 성립될 수 없는 것이다. 오히려 벌거벗은 생명으로의 환원은 불법 이주민 체류자에게만 적용되던 것에서 합법/불법의 법적 신분과 관계없이 점차 모든 이주민들에게 확대될 가능성이 크다. 본질상 시민의 주권은 시민이 아닌 자의 존재로 보장되며 합법/불법의 신분과 관계없이 모든 이주민들은 시민이 아닌 집단으로 간주될 수 있기 때문이다. 이런 상황에서 주민들과 불법 체류자들의 안전과 인간으로서의 존엄성은 더욱더 경찰, 공무원, 고용주, 시민의 '기분'에 달려 있는 상황에 처하게 된다(Rajaram and Grundy-Warr, 2004).

국가의 본질이 법이 적용되지 않는 예외 집단을 상정하는 것이라고 할 때 국가에게 이들을 보호해 줄 것을 요구하는 것은 현실적인가에 대한 의문이 제기된다. 이 같은 맥락에서 연구자들은 국가의 주권 개념과 무관한 보호의 개념을 형성할 것을 제안한다(Rajaram and Grundy-Warr, 2004: 59). 국제적 수준에서 수용소 내 체류민의 보호는 시민이 아닌 인간의 보호라는 측면에서 접근해야 한다는 것이다. 궁극적으로는 지구적으로 수용소 내의 인권은 개별 국가 대신 독립적인 국제기구가 관할하는 것으로 통합하는 것을 모색해 볼 수 있을 것이다. 그러나 이렇게 인식이 전환되려면 국민 국가와 전 지구적 공동체 사이의 갈등과 충돌을 직시하고 공존 방식을 구체화하는 작업이 선행되어야 한다. 이 같은 맥락에서 국민 국가의 폭력성에 대한 여성운동의 접근은 지역적 차원과 지구적 차원을 연결할 수 있는 '인권' 개념의 번역 가능성에 있으며 이 번역 과제에 젠더 배열을 반영시키는 데 놓여 있다고 말할 수 있다.

4. 지구/지역 번역으로서의 여성운동

생명정치의 폭력성과 여성은 어떻게 만나며 여성운동은 어떻게 대응할 수
있는가? 또 새로운 여성운동의 틀은 생명정치의 폭력성을 어떻게 인식하
는가?

진보적 학자들은 지구화 과정에서 서구 중심의 단일한 규범 체계로 재
편되기를 거부하고 문화적·지역적 다양성이 공존할 수 있는 규범과 윤리의
설정을 모색해야 한다고 주장한다(이상화, 2005). 이를 위해서는 먼저 신자유
주의가 지역적 맥락과 상호 작용하는 과정에 초점을 맞추고 그 과정에서 생
성·변형되는 공간을 언어화하는 작업과, 지역적·국가적·지구적 단위의 단
체와 조직 간의 다중적인 상호 소통이 활성화되어야 한다. 박은정(2005)은
여성의 경험을 반영해 국제법을 재구성하는 것을 예로 든다. 예컨대 헤이그
국제전범재판에서 강간은 처음으로 고문, 민간인 학살, 감금 등과 같은 인
간성에 반(反)하는 전쟁 범죄로 확인되었다. "국가 독점을 과감히 뚫고 여성
의 이익을 직접 국제기구에 가져가고 국가를 거치지 않고도 여성의 권리를
지구적으로 보장받는 길로 나가는 것"(박은정, 2005: 109)은 대안을 찾는 여성
운동의 한 방향을 보여 주는 것이다.

지역의 여성운동을 지구적 질서와 소통시키는 데는 층위가 다른 두 차
원을 어떻게 연결할 것인가의 문제, 즉 서로를 서로에게 번역하는 문제가
핵심 쟁점으로 떠오른다. 언어는 한 언어 내에서도 각 젠더·계급·인종 집단
에 따라 사용하는 어휘·숙어·논변의 패러다임, 수사적 기교, 언설과 몸짓
같은 사회 문화적 수단이 차등적으로 소유되지만(이상화, 2005: 45), 지구적 차
원에서도 각각의 언어는 전 지구적인 부와 권력의 불평등한 배분의 결과로
권력이 불평등하기 때문이다. 예를 들어 제3세계 언어를 제1세계 언어로 번

역하는 것은 단순히 한 언어를 다른 언어로 대치하는 것이 아니라 권력이 약한 언어에서 권력이 강한 언어로 번역하는 것을 뜻한다. 즉 제3세계의 일련의 경험과 범주들을 제1세계의 좀 더 강력한 경험과 범주들로 재해석하는 것이다. 이런 의미에서 언어 번역은 문화 번역의 성격을 지닌다.

문화 번역은 "타자의 언어, 행동 양식, 가치관 등에 내재화된 문화적 의미를 파악하여 '맥락'에 맞게 의미를 만들어 내는 행위"를 말한다(김현미, 2005: 48). 이때 문화 번역자는 "번역이 이루어지는 특정 시공간적 맥락과 문화 번역의 행위자가 누구인지에 따라 두 문화적 행위자 간에 평등한 관계를 만들어 내기도 하고 위계적인 관계를 고착시키기도 한다"(윗글, 48). 이렇게 문화 번역의 과정은 어떻게 번역하느냐에 따라 언어들 간의 권력 차이를 좁힐 수도 넓힐 수도 있다는 점에서 그 자체가 권력 행위가 될 수 있다.

그러나 제1세계 언어를 제3세계에 번역하려는 경우, 즉 지역의 여성운동가가 특정 지역의 고충을 인권이라는 좀 더 강력한 언어로 설명(번역)하려할 때 그녀는 양극단의 두 카드를 놓고 그 사이 어딘가에 자신의 위치를 두어야 하는 상황에 직면한다. 한 카드는 초국적 기준의 제도를 그대로 지역에 적용시키는 것이고 다른 하나는 초국적 기준의 제도를 이름만 유지하고 완전히 지역적 내용들로 조직의 구조와 원칙을 채우는 것이다. 이 과정에서 지역 운동가는 그 번역이 국가와 초국적 조직의 지원을 받을 수 있는 방식으로 진행되어야 하는 동시에 이 같은 사업에 불만이 있는 지역 참여자들을 설득할 수 있어야 한다는 점에서 취약한 위치에 놓인다(Merry, 2006: 48). 이렇듯 지역적 경험과 지구적 질서를 연결하려는 여성운동가는 어느 한쪽에 속하지 않기 때문에 언제나 양쪽에서 비난과 의심을 받을 수 있다.

실제로 인권 운동을 에워싸고 있는 광범위한 경제적, 정치적 권력 구조로 인해 문화 번역은 사실상 주로 초국적 기관에서 지역 기관으로 하향 이동하는 것이거나 권력 기관에서 비권력 기관으로 향하는 하향식 과정을 뜻하기 쉽다. 그래서 국제 재단이나 외국 정부 기금에 의존하는 여성운동 단체라면 후원자들의 문법에 맞는 방식으로 자신들의 업무를 제시해야 하는 상황에 놓인다. 인권은 종교와 민족성에 근거한 지역의 의미망 안으로 번역되어야 하며 합법적이고 호소력 있게 설정되어야 한다는 주장에도 불구하고, 운동가들은 국제적으로 통용되는 인권 용어들을 차용함으로써 후원자들을 만족시켜야 하기 때문이다. 이처럼 모국어 형식으로 번역하는 과정에는 지역 사회뿐만 아니라 국가와 재정 지원자들의 이해관계가 긴밀하게 연결되어 있다.

이런 상황에서 지역의 여성운동가는 보편적 인권 체계에 속하기 위해서 개인주의, 자립, 선택, 신체의 보전, 평등과 같이 인권을 구성하는 법적 이념들을 강조하면서, 동시에 지역에 인권 개념이 수용될 수 있도록 인권 개념을 지역의 맥락으로 재단하고 지역의 문화 형식과 공명할 수 있는 것으로 바꾸는 작업을 병행해야 한다. 이 과정에서 여성운동가가 제1세계 언어인 인권의 보편적 관점을 확산시키는 데 머물지 않고 지역의 경험을 반영한 확대된 개념으로서의 인권 주체성을 세울 수 있을지는 사실상 너무나 불확실하다. 지구화 과정에서 여성운동은 전 지구적 질서와 소통하며 지역의 경험을 지구적으로 유통할 기회를 맞았지만 동시에 서구의 관점으로 운동이 균질화될 위기도 동시에 존재하기 때문이다. 그럼에도 여성운동이 지구/지역 번역의 방향으로 나아가야 하는 이유는 인권이 그 기원과 암시라는 면에서 유럽 중심적인 개념이지만, 동시에 인권은 권리를 박탈당한 사람들이 가질 수 있는 유일한 도구이기 때문이다(Nussbaum, 1999; Merry, 2006).

5. 맺음말

이 글에서 연구자는 지구화가 공공성을 어떻게 변화시키는지를 페미니즘 관점에서 경제적, 정치적 구조의 변화를 중심으로 접근함으로써 여성운동이 어떤 사회 정치적 공간 위에 위치하며 무엇을 고려하고 어떻게 개입해야 하는지를 밝혀 보았다.

경제적 지구화 과정에서 여성들은 노동 친밀성 체제에 속하든 혹은 생산 노동 체제에 속하든, 여성들의 삶의 조건은 전 지구적 차원에서는 여전히 보편적 젠더 배열에 속해 있지만, 탈영토성을 특징으로 하는 지구화 과정에 의해 국지적 상황에서는 국적·이주자의 신분·인종·젠더·섹슈얼리티에 따라 점점 더 세밀한 기준으로 각기 분절화, 위계화되는 상태였다. 다른 한편 정치적 지구화 과정에서 국가의 주권은 지구화에 따른 국가 간의 불평등의 심화와 이주가 확산되는 상황에서 예외적 공간의 설정을 통해 국가 주권을 강화하는 모습을 보이고 있다. 배제된 공간에 존재하는 개인은 국가 주권의 폭력성이 아무런 반대급부 없이 행사될 수 있는 벌거벗은 생명일 뿐이다. 지구화 시대 국민 국가의 폭력성의 특징은 벌거벗은 생명의 존재가 저기 어딘가에, 어떤 소수 집단에만 적용되는 것이 아니라, 예외가 법칙이 되는 보편적 현상으로 확산될 수 있다는 점에 있다.

여성운동은 이 같은 정치 경제적 상황에서 지역적 경험과 지구적 질서를 연결하는 지역/지구 문화 번역의 과제를 향해 나아가야 한다. 지구적 차원의 젠더 배열의 중요성을 인식해 지구적 젠더 배열과 지역 여성들의 삶의 조건을 연결하고, 국가의 주권 개념과 무관한 보호의 개념을 제안할 수 있기 위해서는 지역적 경험과 지구적 질서의 상호 소통이 필수적이기 때문이다. 그러나 번역 과정에서 여성운동은 지역의 경험을 지구적으로 유통시킬 수 있는 기회와 서구 관점으로 운동이 균질화될 수 있는 위기를 동시에 맞게 된다. 그러므로 여성운동의 조직, 목적, 사업 내용, 그리고 여성운동가의 활동에 대한 자기 성찰과 긴장이 그 어느 때보다도 긴요하게 요구된다. 모든 것에도 불구하고 이 지난한 작업을 향해 나아가려는 것은 갈수록 분절화·위계화되는 지구화 시대에 분화된 개인들과 집단들을 연결할 수 있는 통로를 찾으려는 희망을 지속시켜야 하기 때문이다.

프로이트(Freud, 1930)는 인류 문명은 에로스의 발현과 폭력성의 억제를 통해 발전되어 왔다고 주장했다. 인간의 폭력성을 완전히 제압하는 것은 불가능하지만, 그간 인류 문명은 죄의식과 초자아(양심)의 설정을 통해 폭력성을 통제해 왔다는 것이다. 그는 인류 문명을 유지할 수 있기 위해서는 생명을 지속시키려는 에로스의 역할이 관건이라고 설파했다(Freud, 1930: 145). 개개인들 간의 결합을 유도하는 힘인 에로스를 발현함으로써 폭력성에 침식당하지 않을 수 있는 문명을 진화시키는 것, 그것이 21세기 지구화 시대의 폭력성을 넘어서는 방향이 될 것인가?

제2부

젠더 정치의
'위기'

5_군가산점제 논쟁과 젠더 정치

능력 접근 방법의 관점에서

1. 문제 제기

1998년 10월 19일, 이화여대 4학년 재학생 4명과 졸업생 1명, 그리고 연세대 4학년에 재학 중인 신체장애가 있는 남학생 1명이 함께 헌법재판소에 헌법소원 심판을 청구했다. 7급과 9급 공무원 시험을 준비하던 이들은 제대 군인이 군가산점제 적용에 따라 필기시험 과목별 만점의 5% 또는 3%를 가산받는 것이 헌법상의 평등권, 공무 담임권, 직업 선택의 자유를 침해한다고 주장한 것이다. 1년 후인 1999년 12월, 헌법재판소는 군가산점제가 청구인들의 평등권과 공무 담임권을 침해하므로 헌법에 위반된다는 결정을 내렸다(헌법재판소결정, 2000).

군가산점 제도는 1961년 7월에 국가가 처음 시행한 이래 세 차례(1969년, 1984년, 1998년) 개정되었다(정진성, 2001). 1961년에는 '군사원호대상자고용법'이라는 이름 아래 상이군인과 그 가족의 5% 의무 고용 할당을 명시했다. 1969년에는 '군사원호대상자고용법'에 취업 시험 특전에 관한 조문을 신설

해 현재 우리가 알고 있는 군가산점제가 시행되었다.[1] 1984년에는 '군사원호대상자고용법'을 포함한 관련 법안들을 통합해 '국가유공자예우등에관한법률'을 새롭게 제정하고 여기에 가산점 제도를 포함했다. 1998년에는 '국가유공자예우등에관한법률' 중에서 제대 군인에 관한 내용을 다시 분리해 '제대군인지원에관한법률'을 새롭게 제정하고 지금까지 권고 사항이던 종업원 수 20인 이상의 민간 기업도 의무적으로 적용하도록 바꿈으로써 군가산점제를 더 강화했다. 그리고 헌법재판소는 1999년 12월 '제대군인지원에관한법률'을 위헌 판결한 것이다.[2]

군가산점제에 대한 헌법 소원과 그에 대한 위헌 결정의 배경에는 국가와 여성의 관계의 변화와 그에 따른 새로운 유형의 갈등과 긴장이 국가와 여성 사이에 놓여 있다.[3] 이 제도를 처음 시행했을 때 국가는 제대 군인 집단과 형평을 고려할 대상 집단으로 여성을 염두에 두지 않았다. 국가의 7, 9급 공무원 시험은 1991년에 '공무원임용시험령'이 개정될 때까지 남녀 분리 채용 시험으로 실시되었고 원천적으로 여성 공무원의 채용 비율은 전체 공무원의 10% 이내로 제한되었기 때문이다(김복규·강세영, 1999: 186). 남녀 분리 채용 시험이 폐지된 1991년부터 남녀 간에 직접 경쟁이 시작되면서 여성 공무원 수가 급격하게 증가했다. 7급과 9급의 여성 공무원 비율은 1989년에 각

---

[1] 1969년 법 개정 신설 조문의 내용은 "국가 공무원, 지방 공무원 중에서 6급 이하 및 기능직 공무원을 채용할 때, 국가 기관, 지방 자치 단체 및 교육법에 의한 교육 기관 및 종업원 수 20인 이상의 민간 기업(제조업은 종업원수 200인 이상)이 모든 직급에서 근로자를 채용할 때(민간 기업에게는 벌칙 조항 없는 권고 사항으로서), 2년 이상 복무한 제대 군인에게는 5퍼센트, 2년 미만 복무한 군인에게는 3퍼센트의 가산점을 부여하는" 것이다(정진성, 2001: 8).
[2] 1998년의 '제대군인지원에관한법률'의 내용은 헌법재판소 판결문(2000) 참조.
[3] 군가산점제와 여성운동계의 대응의 간략한 역사에 대해서는 박홍주(2000), 정강자(2000), 정진성(2001: 8-13) 참조.

5.6%, 10.9%이던 것이 1992년에는 각 14.0%, 23.5%로, 1997년에는 각 18.3%, 39.9%로 10년간 3배 이상 증가했다(행정자치부, 1999: 36; 박홍주, 2000: 116 에서 재인용). 이것은 민간 부문의 여성 취업이 거의 차단된 상태에서 연간 5~6 만 명의 여성들이 공무원 시험에 몰렸기 때문이다. 경쟁이 치열해질수록 군 가산점제는 당락에 결정적인 영향을 미쳤다.[4] 그리고 이 시기에 국가와 여 성 간에, 국가 내 각 부처 간에 갈등과 긴장이 조성되었다.

한편, 1994년 이화여대 교수와 여대생 1,900명이 관계 기관에 군가산점 제 폐지 청원서를 제출했고 여성 단체들이 이에 가세해 건의서를 제출했다. 이에 행정쇄신위원회는 가산점의 비율을 3% 이내로 낮추는 안을 확정했고 국가보훈처는 1996년 1월 시행 예정이었으나 '관계 부처의 강력한 반대로' 처리가 보류되었다(정강자, 2000). 이 과정에서 군가산점제와 여성 채용 목표 제의 형평성 문제가 제기되었고 정부는 오히려 5급 공무원 공채까지 남성 에게 군가산점을 주는 확대 방안을 검토했다. 그러나 주무 부처인 총무처가 "5급 공채의 경우 (남성) 병역 미필 응시자가 특히 많아 (군가산점제) 도입 시 혼 란이 우려된다."고 반대함으로써(연합뉴스, 1995.10.12) 5급 공채 군가산점제안 은 무산됐다. 결국 1994년에 여성들이 시도한 군가산점제 폐지 운동은 정부

---

[4] 1998년 7급 일반 행정직의 합격선은 남성이 86.42점, 여성이 85.28점이며, 9급 일반 행정직은 95.50점이다. 1998년도 7급 합격자 99명 중 어떤 종류의 가산점도 받지 않고 합격한 사람은 3 명뿐이며, 군가산점을 받은 제대 군인 합격자는 72명이다. 이것은 가산점이 3~5%일 때 7급 시 험 총점 800점 중 24~40점까지 가산되어 가산점이 없는 여성들은 합격이 거의 불가능하기 때 문이다(헌법재판소결정, 2000: 184). 가령 여성이 자격증 가산점 4.5%(2년이 소요되는 정보처 리기사 2급 자격증 3%와 워드프로세서 1급 자격증 1.5%)를 받고 남성은 군가산점 이외에는 자격증 가산점을 전혀 받지 않은 상황이라 해도 여성은 0.5%가 부족하고 이는 800점 만점에서 4점을 차지하므로 0.1점 차이로 당락이 결정되는 상황에서 자격증 가산점은 군가산점을 넘어 설 수 없다(박홍주, 2000: 122-123).

부처 간 이견으로 실패했다.

　1998년에 군가산점제 적용 범위를 종업원 수 20인 이상의 민간 기업까지 적용하는 강화된 개정안이 국무회의에 상정되었을 때, 이 안은 국무회의에서 '성 대결'의 양상을 띠고 한때 보류되었으나 결국 다음 관계 장관 회의에서 다시 통과됐다(조선일보, 1998.7.21).[5] 반면에 1997년 대통령 선거 시점에서 군가산점 외에 호봉 및 승진에도 군 복무 기간을 반영하도록 하고 그 적용 범위를 공익 근무 요원에게까지 적용하는 안이 제기되었으나, 여성계의 강력한 반대에 직면해 유보 결정이 내려졌다.

　이렇게 군가산점제가 위헌 판결을 받기까지 전개된 1990년대 젠더 정치에는[6] 군가산점제가 성차별적인지 혹은 비제대 군인 차별적인지 여부

---

[5] 1998년 7월 21일 국무회의에서 "천용택 국방장관과 김의재 국가보훈처장은 가산점 부여에 적극 찬성한 반면, 신낙균 문화관광장관과 윤후정 여성특위위원장은 성차별 제도라며 반대, 남녀 성 대결을 보였으나 남성인 박상천 법무 장관은 여성 편에 섰다… 김정길 행정자치장관은 '내년부터 여성 우대를 위해 공무원 시험에서 합격자의 20%를 여성에 할당키로 한 만큼 두 제도가 서로 보완적'이라고 말했으나 신 장관은 '동의할 수 없다'고 반발했다. 논란이 계속되자 박상천 장관은 '사실상 모든 남자에 대한 우대 정책이므로 성 차별이라고 볼 수 있다'고 유권 해석(?)을 내렸다. 그러자 김대중 대통령은 '보훈처장과 여성특위위원장이 잘 조정해, 다음 국무회의에 상정해 달라고 말하고 다음 안건으로 넘어갔다."(조선일보, 1998.7.21)

　1998년 8월 7일에는 "김종필 국무총리서리 주재로 열린 관계 장관 회의에서 차기 국무회의 때 가산점을 주기로 한 시행령안을 원안대로 통과키로 결정, 이의 부당함을 지적해 온 '여성' 측의 판정패로 끝났다. 윤후정 여성특위위원장 등은 이날 여성계의 목소리를 대변, 시행령안은 성차별의 소지가 있다고 제동을 걸었다. 반면, 천용택 국방장관 등은 현재 여성 우대를 위해 공무원 시험에서 합격자의 일정 비율을 여성에게 할당하고 여성에게 5%까지 커트라인을 낮추고 있기 때문에 여성에게 불리하다고만 할 수 없고, 제대 군인 가산점 제도는 61년부터 시행돼 왔다는 점을 들어 원안 통과를 주장했다… 이날 회의에는 남자로는 정해주 국무조정실장, 천용택 국방장관, 김의재 국가보훈처장, 김홍태 법제처장이, 여성은 김모임 보건복지부장관, 윤후정 여성특위위원장이 참가했다."(조선일보, 1998.8.7).

[6] 젠더 정치란 젠더(성별)를 사회 제 집단과 개인의 사회적 위치, 이해관계, 분업을 이루게 하

와, 여성 채용 목표제[7]와 군가산점제가 상호 보완적일 수 있는지 여부가 주요 쟁점이었다. 이에 대해 헌법재판소 결정은 군가산점제가 형식적으로는 제대 군인이 아닌 사람을 차별하고 있지만 실질적으로는 여성을 차별하는 제도이며, 여성 채용 목표제와 군가산점제는 서로 보완적일 수 없다는 판단을 내린 것이다(헌법재판소 결정, 2000: 179).[8]

헌법재판소 판결 이후 군가산점제 논쟁은 새로운 국면을 맞았다. 제대 군인 스스로가 논쟁 주체가 되어 의견을 표명하기 시작했고,[9] 군가산점제

는 중심축으로 파악하고 젠더 관계를 반영하는 절차적 민주주의를 모색하는 것을 말한다.

[7] 여성 채용 목표제는 '여성발전기본법' 제6조인, '잠정적 우대 조치'에 근거하여 1996년부터 2002년까지 한시적으로 적용되는 제도로, 여성의 공직 임용 기회 확대를 위하여 연도별 채용 목표율에 따라 선발 예정 인원의 일정 비율 이상을 여성으로 합격시키는 제도다. 실시 대상은 채용 인원이 10명 이상인 시험으로서, 5급(행정 고등 고시, 외무 고등 고시, 기술 고등 고시)과 7·9급 공개 경쟁 채용 시험에 적용된다. 연도별 채용 목표율은 1996년 10%에서 시작해 2002년에는 5급 시험 20%, 7급은 25%, 9급은 30%까지 확대된다. 채용 방식은 여성 합격자가 목표 비율 미만인 경우에 하한 성적(5급은 합격선에서 -3점까지, 6급 이하는 합격선에서 -5점까지) 이상인 여성 중 성적순에 의하여 목표 미달 인원만큼 추가 합격 처리하는 것이다. 1996년부터 1999년까지 여성 채용 목표제의 적용으로 합격된 여성은 총 93명(5급 16명, 6급 이하 77명)이다.

[8] "가산점 제도는 제대 군인과 제대 군인이 아닌 사람을 차별하는 형식을 취하고 있"지만, "실질적으로 남성에 비하여 여성을 차별하는 제도"이며, "우리나라 남자 중의 80% 이상이 제대 군인이 될 수 있으므로 전체 남자 중의 대부분에 비하여 전체 여성의 거의 대부분을 차별 취급하고 있으므로 이러한 법적 상태는 성별에 의한 차별"이라고 보아야 한다(헌법재판소 결정, 2000: 179). 여성 채용 목표제는 종래부터 차별을 받아 왔고 그 결과 현재 불리한 처지에 있는 여성을 유리한 처지에 있는 남성과 동등한 처지까지 끌어올리는 것을 목적으로 하는 제도다. 이에 반해 군가산점 제도는 공직 사회에서의 남녀 비율에 관계없이 무제한적으로 적용되는 것으로서, 우월한 처지에 있는 남성의 기득권을 직·간접적으로 유지·고착하는 결과를 낳을 수 있는 제도다(윗글, 187).

[9] 가장 대표적인 단체로는 헌법재판소 판결 이후 결성된 군가산점제 폐지를 반대하는 제대 군인 단체인 싸우(http://ssaw.co.kr) 참조.

문제에서 징병제 문제로 논의가 이동했으며, 논쟁의 주체와 장이 무한히 확대되었다.[10] 논쟁의 의제들도 표면적으로 나타난 군가산점제 폐지 밑에 잠복해 있는 좀 더 복합적인 지점들을 건드리고 있었다. 이 당시의 논쟁 중에서 앞으로의 젠더 정치에 큰 함의를 지닐 내용은 다음과 같다.

첫째, (남성) 징병제에 대해 여성은 어떤 입장을 취할 것인가? 즉 남성 징병제는 남녀 구별인가, 남성 차별인가, 여성 차별인가? 둘째, 군필자에 대한 보상을 미필자에 대한 차별이 아닌 방법으로 보상할 수 있는 방법은 무엇인가? 즉 군필자와 미필자의 차이를 인정한 평등은 어떻게 가능한가? 셋째, 군가산점제 자체와 관련이 없는 대다수 여성들을 고려할 때, 이 문제를 젠더 정치의 주제로 삼을 수 있는가? 여성들 간의 차이, 나아가 남성들 간의 차이를 반영한 평등은 어떻게 가능한가?

이 글에서는 이 세 주제에 대한 한국 사회의 제 집단들의 입장을 정리한 후, 한국 사회에 (남성) 징병제가 존속하는 한 공/사 영역의 구분은 젠더 구분과 중첩되는 방식으로 구성될 것이며 그럴 경우 남성 중심의 국가 체제가 지속됨으로써 여성의 국민권은 제한된 역할만을 행사하게 될 것이라고 주장한다. 연구자는 군가산점제와 징병제에서 파생되는 젠더 불평등의 문제를 국가와 국민권의 개념에 한정해 접근하기보다는 인권 개념으로 확장해 접근할 것을 제안한다. 그럴 때 '능력 접근 방법(capabilities approach)'(Nussbaum, 1999, 2000; Nussbaum and Sen, 1995)은 인권 개념으로 젠더 정치를 실현할 수 있는 유용한 도구가 될 수 있을 것이다.

---

[10] 이 연구는 헌법재판소 판결 이후 인터넷상에서 전개된 논쟁들을 자료로 이용했다. 특히 여성 단체, 언론사, 대학, 제대 군인 단체, 변호사협회 등의 입장을 담은 보고서와 칼럼, 그리고 주요 사이트 토론실에서 진행된 논쟁들을 주요 자료로 삼았다.

2. 군가산점제 폐지 논쟁이 야기한 세 가지 쟁점들

헌법재판소 판결 이후의 논쟁들을 젠더 정치의 관점에서 보면 징병제와 관련해 국가와 여성의 관계를 어떻게 정립해야 할 것인가와, 젠더 정치에서 평등과 차이, 차이와 차별의 문제를 어떻게 다뤄야 할 것인가로 구분된다. 이 절에서는 이 문제들을 중심으로 논쟁을 정리하겠다.

1) 징병제와 국민권

헌법재판소는 군가산점제 위헌 판결에서 징병제와 관련해 "군 복무를 하는 것은 국민이 마땅히 하여야 할 이른바 신성한 의무를 다하는 것일 뿐, 국가나 공익 목적을 위하여 개인이 특별한 희생을 하는 것이라고 할 수 없다."(2000: 1777-178)고 판단했다. 또한 헌법 제39조 제2항에 명시된 바, "누구든지 병역 의무의 이행으로 인하여 불이익을 받지 아니한다."는 규정은 법적인 불이익을 의미하는 것이지 경제상의 불이익을 모두 포함하는 것이 아니라고 보았다. 헌법재판소는 징병제가 군가산점제의 근거가 될 수 없다고 판단한 것이다.

그런데 징병제가 당연한 국방의 의무이므로 군가산점제의 근거가 될 수 없다는 판단의 이면에는 대한민국 국민의 내용에는 군 복무가 기본 조건을 이룬다는 입장이 담겨 있다. 현재 군 복무는 병역법[11]에 따라 남성에게만 의무화되어 있기 때문에 우리나라의 국민은 현역 군 복무를 수행해 국민

---

11) 병역법 제3조 (병역 의무) ① 대한민국 국민인 남자는 헌법과 이 법이 정한 바에 따라 병역 의무를 성실히 수행하여야 한다. 여자는 지원에 의하여 현역에 한하여 복무할 수 있다.

의 기본 조건을 충족시킨 80%의 남자와 국민의 기본 조건을 충족시키지 못한 병역 면제자와 대다수의 여자로 이분된다. (남성) 징병제는 표면에 나타난 군가산점제 특혜 여부만이 아니라 완전한 자격을 갖춘 국민과 불완전한 자격을 갖춘 국민으로 국민을 이원화하면서 사회 전 영역에 걸쳐 군필 남성 중심의 구조를 강화해 왔다. 여기에 남성 대부분이 군 복무를 수행했고 거의 모든 여성이 군 면제인 상태에서 군 복무를 중심으로 한 공/사 영역의 구분은 공적 남성과 사적 여성의 젠더 배열을 강화하는 효과가 있다.

우에노 치즈코(2000: 18)는 근대화 프로젝트란 국민화 프로젝트를 뜻하며, 여성 배제야말로 근대화 프로젝트의 핵심이라고 말한다. 징병제를 통해 남성들의 동질성이 강조되고 여성들은 배제되면서 일류 국민과 이류 국민의 구분이 가능해지고, 그에 근거해 사회적 불공정을 합리화할 수 있는 근대적 기획이 가능해지기 때문이다. 한국의 근대화 과정이 '군사화된 근대성'이었음을 밝힌 문승숙(2006)의 연구에 따르면, 국민 개병제는 노동 시장과 밀접한 관계를 맺으면서 성별에 따라 노동 시장을 분할하는 데 중요한 역할을 했다. 병역필은 기업체 지원 자격을 통해, 군복무 경력 인정을 통한 보수와 승진 혜택을 통해, 그리고 군가산점 제도를 통해 그 적용 범위가 점차 확대되었고, 대기업의 기업 문화는 군사주의 가치를 반영했으며, 공장 생산직과 사무직에까지 군사화된 기업 문화가 확산됐다(문승숙, 2006: 65-59). 또한 1973년에 제정한 병역특례법을 통해 잉여 인력을 군수 방위 산업체나 중화학 공업 등의 전략 산업에서 대체 복무를 하게 하는데, 이들 대체 복무자 수는 매년 입영 대상자의 10~20%였다(ibid., 87-98, 95). 남성 징병제와 노동 시장을 통합하는 이 과정에서 여성은 가정적 역할을 하는 존재로서 어머니와 주부로 조직화되고, 여성 노동자들은 주변화됐다(ibid., 111-6).

이 같은 국민 국가의 구도에서 이류 국민에 속한 여성들이 완전한 국민권을 얻기 위해서는 여성도 군 복무를 수행하고 궁극적으로 군대에서 남녀 평등이 이루어지는 방식이어야 한다는 논리가 성립된다. 이것은 젠더 정치가 국민 국가가 편성하는 젠더를 수용하는 한 여성 해방은 여성의 완전한 '국민화'를 목표로 할 수밖에 없기 때문이다. 이런 구도를 벗어날 수 있는 한 방법으로 '국민권' 자체를 문제화함으로써 여성과 국가의 관계를 새롭게 설정하는 방식을 생각해 볼 수 있다. 예를 들어, 인권은 국민권보다 상위 개념이다. 여성은 국민 국가의 '국민'일 뿐 아니라 인권의 맥락에서 '보편적 인간'의 권리로 국민 국가의 젠더 불평등 문제를 접근할 필요가 있다.

징병제가 지속되는 것을 전제로 했을 때 상대적으로 진보적인 남성들이나 군필 남성의 모임에서는 "남자만 군대에 가는 것도 위헌 소지가 있다"거나, "여성을 전투 병력이 아닌 공익 근무 쪽으로 돌려 국가 사회에 대한 봉사 의무를 부과하자는" 등 남성만이 징병제의 대상이 되는 것에 대한 문제 제기가 없는 것은 아니었지만,[12] 논의는 대부분 징병제를 전제로 했을 때 "여성도 군에 가라/가겠다"는 주장은 미숙하거나 비이성적인 주장이라는 설명들이 주도했다.[13] 오히려 대부분의 논의들은 (남성) 징병제에 대한 대안으로 모병제를 제안했으며, 특히 여성 단체들은 '남녀 모두에 대한 모병제'를 제안했다(정진성, 2000: 28). 또한 군 복무 기간을 1년으로 줄이고 남녀

---

12) 대표적으로 싸우의 최용호와 류동민 교수의 논쟁(http://ssaw.co.kr/ssaw3/왼쪽상단자료실>좋은글>130번 글). 싸우(http://ssaw.co.kr)는 헌법재판소의 위헌 판결 이후 이 판결의 부당성을 토론하기 위해 개설되었으며 각 PC통신과 인터넷상에서 의견을 표명하던 누리꾼들이 1999년 12월 30일 재향군인회의 '군가산점 위헌 결정 철폐 규탄 대회'를 마친 후 결성되었다. 싸우는 국회는 '군의무복무자지원을위한특별법'을 제정하고, 정부는 일부 여성 단체에 대한 지원금을 중단하며, 일부 여성 단체는 군의무 복무자와 국민에게 사죄할 것을 요구하고 있다(http://ssaw.co.kr/ssaw3/notice.htm.).

13) 한국일보 사설(2000.1.10), 기획자보 2(http://www.jabo.co.kr/31th/spe02_1_31.htm).

모두 징병제를 하는 방안도 제시되었다.[14)]

헌법재판소의 위헌 판결 이후, 여당인 국민회의는 군가산점제 유지를 추진할 것이며 여성에게는 군가산점제에 비견되는 국가 봉사 경력 가산점제를 신설하겠다고 발표했다. 그러나 국민회의의 이 같은 안은 2000년 총선을 앞둔 선심성 정책이며 실현 불가능한 졸속안이라는 비판이 쇄도하면서 무산되었다. 그 대신 정부는 2001년 1월부터 국가 공무원 5급 시험(현재 응시 상한선 만32세)은 만 35세, 7급 시험(응시상한선 만35세)은 만 38세, 9급 시험(응시상한선 만28세)은 만 31세 범위 내에서 복무 기간에 상응하는 기간만큼 응시 상한 연령을 연장했다. 2002년 현재 대통령 선거를 맞아 신한국당은 군사 분야에 관해 현행 2년2개월에서 2년으로 병역 복무 기간을 단축하는 대선 공약을 발표했고, 민노당은 군을 현 70만 명에서 50만 명으로 줄이고 군 복무 기간을 18개월로 단축하며 북한과 평화 협정을 체결하게 되면 징병제를 모병제로 바꾸겠다는 대선 공약을 발표했다(한겨레신문, 2002.10.9).

2) 보상과 차별

(남성) 징병제에 대한 보상은 어떤 방식으로 이루어져야 할 것인가? 헌법재판소의 판결을 지지하는 논의 대부분이 징병제에 대한 보상은 이루어져야 하지만 여성과 미필자를 차별하는 방식으로 이루어져서는 안 된다고 주장했다. 징병제에 대한 보상은 국가에 요구해야 하며,[15)] 그것은 군 복무 기간에 해당하는 기간 동안 취업자에게 세제 감면, 연금 지원, 취업 시 연령 제

---

14) 조한혜정(2002.2.15), http://www.hani.co.kr/section-001057000/2002/02/00157000200202152023800.html.

15) Manifesto II(2000), http://go.jinbo.net/webbs/pdstext.php?board=actwo-7&id=27&class=1.

한 철폐(정강자, 2000), 혹은 군 복무 기간과 제대 후 일정 기간 동안 적절한 금전 보상, 직업 훈련, 직업 안내 등의 사회적 지원책 마련(김엘림, 1999/12/27) 등 국가가 경제적 보상을 해 주는 것이 주류를 이루었다.

반면에 군필자를 대표하는 단체인 '싸우'는 미필자의 권리를 침해하지 않고 어떻게 군필자에게 보상이 이루어질 수 있는가 질문한다.[16] 국가가 재원을 마련해 군필자에게 보상하는 것은 사실상 세금을 내는 주 집단이 군필자인 상황에서 국가의 보상이란 것은 내용상 군필자가 군필자에게 하는 보상이라는 것이다. 그런데 이 같은 논리는 역으로 국가를 사실상 제대 군인 집단의 확대된 조직으로 인식하고 있음을 보여 준다. 그리고 군가산점제는 국가가 스스로 경제적 투자를 전혀 하지 않고 미필자의 권리를 떼어서 군필자에게 보상해 줌으로써 국가가 사실상 군필 남성 국가임을 확인시키는 제도라고 할 수 있다.

(남성) 징병제에 대한 보상 방식은 군필자 집단, 미필자 집단, 국가의 삼각관계를 어떻게 설정하느냐에 따라 달라진다. 군가산점제는 미필자 대부분을 여성이 차지하는 상황에서 여성의 희생을 대가로 남성 중심적 국가 체제의 공공성을 지속하는 것이었다고 볼 수 있다. 국가의 남성 중심성을 벗어나기 위해서는 앞으로의 젠더 정치는 "무엇을 평등의 대상으로 삼아야 하는가"에 천착하고, 인권의 맥락에서 국민권의 개념을 상대화하는 작업이 필요하다.

---

16) 최용호는 싸우 게시판에 이런 글을 올렸다. "과연 제대 군인이라는 지위를 비제대 군인과 구별하지 않으면 어떻게 보상이 이루어질 것이며 또한 그 보상이 다른 기본권 주체의 권리를 침해해서는 안 된다라면 결국 제대 군인에 대한 보상은 제대 군인들이 하라는 말과 무엇이 다를 바 있겠습니까? 사회 경제 활동 인구의 대다수를 차지하는 군필자들이 그 재원을 부담해야 하는 것일 테고 사실상의 이중고…"

3) 평등과 차이

군가산점제 논쟁의 원인이 된 공무원 7, 9급 시험의 여성 응시자는 대부분 여대생들이다. 공무원 시험 응시를 생각조차 못하는 젊은 여성들이 많이 있음을 생각해 보면 이것이 여성 문제이라기보다 오히려 계급 문제가 아닌가 하는 생각이 들 수 있다(정진성, 2000: 22). 반면에 군필 남성 중 많은 사람들이 공무원 7, 9급 시험에 별 흥미를 느끼지 않는 것을 보면 마찬가지로 남성들 간의 계급적 차이 역시 작용하고 있음을 알 수 있다. 많은 군필 남성들은 여성 단체에서 주장하듯이 자신들을 군필자=남자=사회적 강자의 범주에 속하는 사람들이 아니며, 신의 아들=장군의 아들=군 면제자=사회적 강자와 대칭되는 사회적 약자 집단으로 이해하고 있다. 여성은 군필 남성을 대상으로 자신을 사회적 약자로 인식하는 데 비해, 군필 남성은 특권층 군 면제 남성을 대상으로 자신을 사회적 약자로 인식하는 것이다.[17] 군필 남성은 남남평등을 주장하고 있고, 여성은 남녀평등을 주장하는 셈이다.

남성들 내부의 차이와 여성들 내부의 차이는 여성 문제가 각론으로 들어갈수록 복합적으로 작용한다. 많은 경우 여성 문제는 계급·인종·섹슈얼리티·지역 문제 등과 상호 교차된 상태에서 표출된다. 또한 여성 문제를 해결하기 위해서는 젠더 정치도 여성을 피해자 집단으로만 인식하지 않고 계급·인종·섹슈얼리티·지역 문제를 함께 능동적으로 고려하는 자세가 필요하다. 그러나 한국 사회에서 젠더 정치·계급 정치·인종 정치·섹슈얼리티 정치·지역 정치가 대등한 관계에 있지 않기 때문에, 문제가 복합적인

---

17) 변희재(2000), "이화여대가 집중 공격을 받는 이유는 군필자들은 이화여대생을 자신보다 사회적 강자로 인식했기 때문일 것이다."

형태를 띨수록 젠더 문제는 가장 우선적으로 계급 문제나 지역 문제로 환원될 가능성이 크다. 여성 문제의 복합성을 인식하는 것과 여성 문제를 환원시키는 것은 다르다. 실질적으로 복합성의 긴장을 유지하기 위해서는 남성들 간의 차이, 여성들 간의 차이를 반영한, 즉 상호 교차성이 반영된 젠더 정치의 구도가 확립되는 것이 필요하다.

3. 국민권과 인권의 분리

한국 사회의 젠더 정치에서 국민권과 독립적으로 작동하는 인권 개념을 강화하는 것은 대단히 중요하다. 인권은 사람들 간의 차이를 부인하고 모든 인간을 동등하게 대해야 한다는 것이 아니라[18] 계급·인종·젠더·섹슈얼리티·지역 등의 차이에도 불구하고 그 차이가 불평등으로 강화되지 않을 수 있는 평등의 조건을 마련하는 것을 말한다. 센(Sen, 1992: 129-130; 1999)은 평등은 '능력의 평등(equality of capabilities)'을 실현함으로써 이루어질 수 있으며, 능력의 평등 개념은 사람들 간의 차이를 넘어 인류의 보편성을 주장할 수 있는 인권 개념에 근거하기 때문에 가능하다고 말한다.

인권이란 무엇인가? 센(Sen, 1997)에 따르면 인권은 공동의 인간성에 기

---

[18] 인간은 외부적 특징으로는 유산, 각자가 사는 자연 환경과 사회 환경이 다르고, 내부적으로는 나이, 성별, 건강, 정신적·육체적 능력이 서로 다르기 때문에, 어느 한 면에서의 평등은(예, 기회의 평등)은 다른 면에서의 불평등을(예, 수입의 불평등) 낳게 된다. 이때 인간들 사이의 이질성을 무시하고 모든 면에서 완전 평등을 추진하게 되면(예, 모택동의 문화혁명) 개인의 동기 부여는 떨어지고 그 결과로 사회 전반의 효율성도 떨어지게 된다(Sen, 1992: 138-140). 따라서 인간들 사이의 차이를 인정한다면 평등 문제는 어느 영역에서의 평등을 고려해야 하는지, 즉 무엇을 평등의 대상으로 삼아야 하는지의 선택의 문제로 좁혀진다(Sen, 1992: 19-21).

초한 것으로 인권은 모든 인간이 갖는 권리다. 인권은 헌법이 특정인들에게 보장한 권리, 즉 국가의 국민권에서 추론된 것이 아니다. 인권은 각 개인이 국민으로 속한 특정 국가의 주권과 무관하게 인정받는 것이다. 국가는 개인의 법적 권리에 대해서는 논쟁할 수 있지만 인권에 대해 논쟁할 수 없다. 인권은 국민권과 분리되며 국민권보다 상위 개념이기 때문이다.

인권을 국민권보다 상위 개념으로 보는 인식이 주목을 받게 된 것은 국가의 경계가 약화되고 지구화의 흐름이 본격화된 것과 맥을 같이한다. 금융자본과 노동력이 개별 국가의 경계를 넘어 이동하면서 타 문화, 타 인종, 타국민 간의 접촉과 마찰이 본격화되고, 자신이 속한 지역과 국가를 넘어 세계에 대한 관심이 높아진 상황에서 '세계 시민' '인류애' '인권'이라는 개념이 더는 공허하지만은 않은 상황에 이르게 된 것이다. 말하자면 지금까지 국민 국가 정치의 대안 논리가 국가 내부의 정체성의 정치였다면 이제 우리는 국민 국가 정치의 대안 논리로 국제적 기준에서 정치적 고려를 하는 것을 생각해 볼 필요가 있다. 국민 국가가 정체성의 정치를 집단 이기주의로 비판했다면, 같은 논리로 인류애와 인권에 근거해 국민 국가의 자국 중심주의를 국가 이기주의로 비판할 수 있게 된다. 결국 지역, 국가, 세계의 다중적 층위와 상호 작용은 정체성의 정치, 국민권, 인권 개념의 상호 작용으로 재현된다. 지구화가 국가의 경계를 약화시키고 있듯이, 인권 개념에 근거해 우리는 자국뿐 아니라 타국의 국민권에 문제를 제기할 수 있게 된 것이다.

그런데 이 같은 상황은 인권 개념이 정치화될 가능성이 매우 크다는 것을 짐작하게 해 준다. 우선 국민 국가 차원에서는 인권 운동이 현실적으로 다국적 기업의 제3세계 진출을 위한 정치 논리라는 비판을 제기할 수 있다.[19] 인권 개념이 인류라는 보편성을 앞세우고 있지만 사실상 서구의 개념이며 서구 중심의 지구화를 위한 정치 논리로 기능하고 있다는 주장이다.

반면에 세계 시민의 차원에서는 국민 국가가 문화적 특수성을 빌미 삼아 인권을 유린하고 있다는 비판을 제기할 수 있다. 국가는 인권 개념에 대항해 자국의 문화적 특수성을 강조하지만 실제로는 그 국가 내부의 독재나 억압을 정당화하는 기제로 문화적 특수성을 차용하는 예가 많다는 것이다.[20] 이렇게 인권을, 국민 국가는 지구화에 대한 저항 논리로, 세계 시민은 국민 국가에 대한 개입 논리로 각기 개념화하고 도구화하는 상황에서, 인류애에 근거한 인권을 지킬 수 있기 위해서는 인권 개념을 인류의 보편성을 반영하는 내용으로 구체화하는 작업이 필요하다. 또한 인권 개념은 서구의 것인지, 제3세계의 역사와 문화에는 '인권' 개념이 없었는지 밝혀 보는 작업도 필요하다(Sen, 1997).

인권을 인류 보편의 가치인 정의와 평등과 연관시켜 그 당위성을 주장하려는 센(1999)의 기획은 인권 운동을 정치 도구화하지 않게 하려는 노력의 일환으로 볼 수 있다. 센은 다양한 배경의 인간들 사이에서 평등 이념을 구현하기 위해서는 "무엇을 평등하게 할 것인가(equality of what)"가 핵심 쟁점이 되어야 한다고 주장한다(센, 1999: 34-41). 평등에 대한 평가는 인간의 여러 특수한 측면들(소득·부·행복·자유·기회·권리·욕구 충족 등)을 다른 인간과 비교함으로써 이루어진다. 그러니까 여러 측면들 중에서 어떤 변수를 선택하느냐(영역 선택)에 따라 평등에 대한 평가는 달라진다. 그리고 특정 변수의 선택은 아주 기본적인 수준에서 우리가 반드시 어떤 특정 관점을 선택해야 한다는 것을 뜻한다. 센은 소득이나 부, 행복, 자유 대신 '성취할 수 있는 자유(freedom to achieve)'를 특정 변수로 선택한다. 개인이 중요하게 평가할 만한

---

19) 이정옥, 「세계화시대 여성운동의 방향과 과제」, 제31회 계명여성학세미나 발표(2002.9.17).
20) "독재 국가는 세계화의 밥이다."는 표현은 인권 개념으로 그 국가의 국민권 개념에 개입하는 것을 뜻한다.

'기능들을 성취할 수 있는 능력의 평등(equality of capabilities to achieve functionings)'을 평등의 평가 기준으로 삼는 것이다(ibid., 48). 이것이 특히 롤즈의 기회의 평등과 다른 점은 롤즈는 평등 개념을 소득을 포함한 기초재 소유에서 공정한 기회의 평등, 즉 자유의 **수단**에 초점을 맞추었다면, 센은 그 기초재를 개인이 복지 수준의 성취로 전환할 수 있는 능력, 즉 자유의 **정도**(extent)에 초점을 맞춘다는 점이다(ibid., 59). 능력의 평등은 성취를 비교하는 것이 아니라 성취할 수 있는 능력을 비교한다는 점에서 사람들의 다양성을 가장 많이 고려한 관점이라고 할 수 있다.

센의 평등 개념에 비추어 볼 때, 군가산점제는 '공무원직에 진출할 수 있는 자유'가 남녀에게 불균등하게 주어진, 평등에 위배된 제도다. 또한 실제로 공무원직에 응시하는 여성들은 전체 여성에 비해 극소수라 하더라도, 실제로 응시하든 안 하든 그 제도가 전체 여성에게 공무원직을 성취할 수 있는 능력을 제한한다는 점에서 군가산점제 문제는 젠더 문제라고 할 수 있다.

다른 한편, 센의 관점에서 볼 때 징병제는 젊은 남성의 '성취할 수 있는 자유'가 군 면제자나 여성에 비해 심각하게 제한된 것이며, 따라서 불평등한 것이라고 볼 수 있을까? 남성 징병제는 남녀 집단 간의 신체적 차이를 고려한 제도다. 이 신체적 차이를 고려하지 않고 여성도 징병해야 한다는 것은 다양성을 무시한 불평등한 주장이다. 남성의 군 복무 기간 동안 여성은 대체 복무제를 해야 한다는 주장이 진정한 평등이기 위해서는 여성과 남성은 모두 군 복무의 경험을 자신의 이익으로 전환할 수 있는 동일한 능력이 주어져야 한다. 징병제가 한국의 젊은 남성에게 26개월의 '성취할 수 있는 자유'를 유예시킨 것은 분명하지만 그 유예의 대가로 한국의 남성은 대한민국 국민의 의무를 이행함으로써 '완전한 국민'의 지위와 권리를 평생 부여

받는다. 실제로 국가는 남성의 병역 의무를 고용 기회와 같은 경제적 이익으로 보상했고 또 그로써 1970년대와 1980년대의 군사화된 경제에서 남성이 생계 부양자 위치를 차지하게 했다(문승숙, 2006: 179). 그러므로 이 지위와 권리는 군가산점제라는 일회성의 보상 이외에, 한국 사회 전반의 군필자 중심의 정책과 조직과 문화를 통해 재생산된다. 이렇게 볼 때 징병제가 남성에게 '성취할 수 있는 자유'를 제한하기만 한 것이라고 보기는 어려울 것이다. 반면에 대체 복무를 한 여성이 군 복무를 한 남성만큼 대체 복무의 이행을 통해 사회 제 조직과 문화에서 직간접으로 혜택을 받을 수 있는 능력을 갖게 됐다고 보기는 어려울 것이다. 군 경험이 아니라 남성의 군 경험이 사회 공공 영역의 근간을 이루고 있기 때문이다. 그러므로 대체 복무제 역시 불평등을 해소하는 정책 제안이라고 보기 어려운 주장이다.

4. 남성 국가를 넘어서: 능력 접근 방법의 적용

센이 인권의 개념에 근거해 평등을 '성취할 수 있는 자유의 평등'으로 규정하고 '기능적 능력들'을 평가 기준으로 세운 반면에 그 능력들의 구체적인 항목은 예시하지 않았다면, 너스범(Nussbaum)은 능력의 구체적인 항목을 만들어 인권 보장의 정도를 평가할 수 있는 척도로 삼으려고 했다(Sen, 1993: 46-48). 너스범은 인류 보편의 가치에 근거해 가장 기본적인 능력의 항목들을 설정해 놓는 것이 차이와 다양성이 불평등으로 바뀌게 되는 것을 막을 수 있는 방법이 된다고 주장한다. 절대적 기준이나 단일한 규범에 의해 차이와 다양성이 무화되는 것을 21세기의 젠더 정치가 가장 경계해야 할 전선으로 보고 있는 포스트모던 페미니즘의 시각에서 볼 때, 인권에 기반을 두

[표1] 인간의 주요 기능적 능력(Central human functional capabilities)

1) **수명** 평균 수명을 살 수 있는 능력; 너무 일찍 죽지 않고, 삶을 영위할 가치가 없을 정도로 생명이 손상되지 않는 한 죽지 않을 수 있는 능력.

2) **신체적 건강** 재생산 건강²¹⁾을 포함하여 건강하고, 적당한 영양을 섭취하고, 적당한 주거지를 가질 수 있는 능력.

3) **신체의 보전** 자유롭게 장소 이동을 할 수 있는 능력; 성폭력과 가정폭력을 포함해, 폭력으로부터 안전할 수 있는 능력; 성적 만족의 기회를 가질 수 있고 재생산과 관련된 문제에서 선택할 수 있는 기회를 가질 수 있는 능력.

4) **감각, 상상력, 사유** 감각을 사용할 수 있고, 상상하고, 생각하고, 추론할 수 있는 능력 - 그리고 이것을 '진정으로 인간적인' 방식으로 할 수 있는 능력; 즉 최소한, 문자 해독과 기초적인 수학과 과학 교육의 학습을 통해 개발할 수 있는 능력; 경험과 연관하여 상상력과 사유를 사용할 수 있는 능력; 종교, 문학, 음악 등 스스로 선택한 행사와 작품을 만들 수 있는 능력; 정치적, 예술적 표현과 종교적 활동의 자유와 관련해 표현의 자유의 보장을 통해 보호된 상태에서 자신의 마음을 사용할 수 있는 능력; 기쁜 경험을 할 수 있는 능력; 불필요한 고통을 피할 수 있는 능력.

5) **감정** 우리 외부에 있는 사물과 사람들에 대해 애정을 느낄 수 있는 능력; 우리를 사랑하고 배려하는 사람들을 사랑할 수 있고, 그들이 없을 때 슬퍼할 수 있는 능력; 일반적으로 사랑하고, 슬퍼하며, 기다림, 감사하는 마음, 그리고 합당한 분노를 경험할 수 있는 능력; 자신의 감정의 발달이 두려움과 불안에 의해 훼손되지 않을 수 있는 능력. (이 능력을 지원한다는 것은 인간 발달에서 핵심적인 것으로 간주될 수 있는 인간 결합의 형태들을 지원한다는 뜻이다.)

6) **실천 이성** 선의 개념을 형성할 수 있는 능력; 그리고 자신의 삶을 계획하는 데 비판적 성찰을 할 수 있는 능력(이것은 양심의 자유를 보호하는 것을 포함함).

7) **관계**
A. 타자와 함께, 타자를 향해 살 수 있는 능력; 타자를 인정하고 관심을 보일 수 있는 능력; 다양한 형태의 사회적 상호작용에 참여할 수 있는 능력; 타자가 놓인 상황을 상상하고 그 상황에 동정을 보낼 수 있는 능력; 정의와 우정을 가질 수 있는 능력. (이 능력을 보호한다는 것은 그러한 관계의 형태들을 키우고 세우는 제도들을 보호한다는 뜻이다. 또한 집회와 정치적 견해의 자유를 보호한다는 뜻이다.)
B. 자존적이고 비굴욕적인 사회적 토대를 갖는 것. 모든 인간에게 동일한 가치를 갖고 있는.

8) **다른 종들** 동물, 식물, 자연의 세계를 염려하며 관계를 맺고 살 수 있는 능력.

9) **놀이** 웃고, 놀고, 여가활동을 즐길 수 있는 능력.

출처: Nussbaum, 1999: 235; 2000: 78-80.

고 평등을 측정할 수 있는 보편적 기준을 마련하려는 자유주의 페미니스트 인 너스범의 작업은 서구 중심적 단일화안이라는 혐의를 받을 수 있다 (Quillen, 2001). 그러나 인권은 서구의 안이 아니며 그렇게 되어서도 안 된다는 전제 아래 인권의 내용을 구성한다면 인권은 오히려 차이와 다양성을 지켜 주는 틀이 될 수 있다(Nussbaum, 1999, 2000; Nussbaum and Sen, 1995; Sen, 1997).[22] 너

---

21) 1994년 국제인구발전회의(ICPD, International Conference on Population and Development)는 이 [표1]이 지향하는 인간 기능의 의미를 가장 잘 구현하는 방식으로 재생산 건강 (reproductive health) 개념을 정의했다: "재생산 건강이란 재생산 체계와 그 기능 및 과정과 관련된 모든 경우에 신체적, 정신적, 사회적으로 완전히 온전한 상태를 의미하며 단순히 병이 없다거나 허약하지 않은 상태를 의미하지 않는다. 그러므로 재생산 건강이란 사람들이 만족스럽고 안전한 성생활을 할 수 있으며, 재생산을 할 수 있는 능력이 있으며, 재생산을 언제 어떻게 얼마나 자주 할지를 결정할 수 있는 자유가 있는 상태를 의미한다"(UN, 1995, p.40, para.7.2.). 재생산 건강이란 여성들이 선택할 수 있는 가족계획 방법에 대한 정보를 알 수 있고 이용할 수 있음을 의미한다. 국제인구발전회의(ICPD)가 건의했고 전국연구위원회(National Research Council) 산하 인구위원회의 재생산 건강에 관한 위원단이 채택한 안을 간략히 요약해 놓은 내용에 따르면 재생산 건강의 3대 필수 조건은 다음과 같다: "1. 모든 성행위는 강제와 감염에서 자유로워야 한다. 2. 모든 임신은 의도한 것이어야 한다. 3. 모든 출산은 건강해야 한다."(Tsui, Wasserheit, and Haaga, 1997: 13-14; Nauubausm, 2000: 78에서 재인용).

22) 인권의 개념 안에서 포스트모던 페미니즘과 자유주의 페미니즘이 만날 수 있는 공간이 있

스범은 가능성의 항목을 정할 때 문화적 차이와 젠더 차이를 반영하는 데 주력했다. 센의 '기능을 성취할 수 있는 능력' 관점에 젠더 관점을 반영해 '능력 접근 방법(capabilities approach)'으로 발전시킨 너스범(Nussbaum, 1999, 2000)의 작업은 인권 개념으로 국가의 여성 정책을 평가하고 방향을 제안할 수 있는 유용한 도구가 될 수 있다.[23]

능력 접근 방법은 ① 인간의 삶에서 특히 핵심적인 특정 기능들이 있으며, ② 그 기능들은 진정으로 인간적인 방식으로 행해질 수 있어야 한다는 전제에서 출발한다(Nussbaum, 1999: 234). 너스범은 '능력'을 기초 능력(basic capa- bilities), 내부 능력(internal capabilities), 결합 능력(combined capabilities)으로 구분한다. 기초 능력은 모든 인간이 타고난 능력으로서 우리가 인간에 대해 도덕적인 고려를 해야 하는 근거가 된다. 기초 능력은 보고 듣는 것과 같이 아주 기본적인 것은 즉시 기능으로 전환되는 것도 있지만, 대부분은 직접 기능으로 전환되지 않는다. 갓난아이는 기초 능력인 말하고 읽는 능력, 사랑하고 감사하는 능력, 실천 이성을 사용하는 능력, 일하는 능력을 갖고 있다. 내부 능력은 개인적 수준에서 실천할 수 있는 충분한 조건을 갖춘 상태를 말한다. 기초 능력과 달리 내부 능력은 개인적 수준에서 준비가 완전히 이루어진 상태를 말한다. 마지막으로 결합 능력은 내부 능력이 실천될 수 있게 하는 외적 조건이 겸비된 상태를 말한다. 개인이 실천할 수 있는 충분한 조건을 갖추었더라도 환경이 마련되어 있지 않으면 능력을 실천할 수

는 것 같다.

[23] 최근 10여 년간 아마티아 센(Amartya Sen)과 마르타 너스범(Martha C. Nussbaum)은 국가 발전 계획 안에서 젠더 평등이 이루어질 수 있도록 인권 개념에 근거한 젠더 평등의 기준을 마련하는 작업을 했다(Nussbaum, 1995, 1999, 2000; Nussbaum and Sen, 1993; Sen, 1997, 1999). 그 결과, 너스범은 인간의 주요 기능적 능력들의 항목을 문화적 차이와 젠더 차이를 반영하는 작업을 거쳐 마련했다.

없다. 예를 들어 독재 정부하의 국민은 내부 능력인 양심에 따른 사상과 표현의 능력이 있어도 그것을 정부가 금지하기 때문에 결합 능력이 없는 셈이다(Nussbaum, 2000: 84-86).

너스범이 발전시킨 능력의 구체적 항목은 결합 능력이다([표 1] 참조). 각각의 항목이 결합 능력이라는 뜻은 각 항목에 대해 개인의 내부 능력이 개발될 수 있게 해야 된다는 것과 함께, 일단 개발되었으면 그것이 실천될 수 있게 사회적 조건이 마련되어야 한다는 의미를 담고 있다. 너스범에 따르면 결합 능력 개념은 인권을 구체화한 것이기 때문에 국민은 능력 접근 방법의 기준에 근거해서 자신의 정부에 대해 권리를 요구할 수 있다(Nussbaum, 2000: 98).

[표1]을 보면 핵심적인 결합 능력의 항목으로 수명(평균 수명)의 능력, 신체적 건강의 능력, 신체 보전의 능력(이동의 자유, 성폭력으로부터의 자유, 성적 만족의 기회, 재생산 선택권), 감각·상상력·사유 능력, 자신의 삶을 자신의 양심에 따라 계획할 수 있는 능력, 사랑하고 놀 수 있는 능력, 정치적 집회·결사·언론의 자유를 통해 자신의 정치적 환경을 결정할 수 있는 능력, 재산권과 고용 평등의 기회를 통해 인간으로서 자신의 물질적 환경을 결정할 수 있는 능력이 설정되어 있다. 그런데 여기서 중요하게 지적되어야 할 것은 능력 접근 방법의 목적은 개인에게 반드시 그런 능력을 성취해야 한다고 하는 것이 아니라, 그런 능력을 성취할 수 있는 선택권이 주어져야 한다는 것이다 (Nussbaum, 2000: 87). 예를 들면, 균형 있는 식사를 할 수 있는 가능성과 조건이 주어진 상황에서 단식을 선택하는 것과 먹을 것이 없기 때문에 굶주리는 것은 다르다. 능력 접근 방법은 모든 개인이 반드시 균형 있는 식사를 해야 한다고 주장하는 것이 아니라 모든 개인이 균형 있는 식사를 선택할 수 있는 권리를 가져야 한다고 주장한다. 선택권이 있는 상황에서 균형 있는 식사를

할지 단식을 할지는 완전히 개인의 선택에 달려 있다. 이것은 능력 접근 방법이 성취의 결과로 평등(인권)을 평가하는 것이 아니라 성취의 조건으로 평가함을 뜻한다.

너스범에게 능력 접근 방법은 개별 문화를 넘어서서 비교 문화적 규범(cross-cultural norm)으로 작용한다. 따라서 특정 문화권에서 특정한 이유로 여성에게 이 능력을 실천할 선택권을 주지 않으면, 여성은 인권의 이름으로 국가에 선택권을 요구할 수 있다(Quillen, 2001:93). 또한 능력 접근 방법은 비교 문화적 규범이기 때문에 개별 국가를 넘어선 국제적인 연대에 기초한 인권 운동이 가능해지며 인권의 실현을 위해 개별 국가에게 능력을 근거로 압력을 행사하는 것이 정당성을 갖게 된다.

'능력' 영역을 항목화으로 만들어 비교 문화적 규범으로 사용하려는 너스범의 작업에 대해 세 가지 비판이 가능하다(Nussbaum, 1999: 229-231; 2000: 41-58).

첫째, 비교 문화적 규범은 개별 국가의 문화적 전통의 특수성을 간과한다는 비판이다. 그런데 우리가 개별 국가의 문화적 전통의 특수성을 존중하는 것은 그것이 다른 식의 삶, 즉 다양성을 존중하는 가치관이라고 보기 때문이다. 그러나 다양성에 논리적 근거를 둔 문화적 전통은 대부분 개인에게 전통에 따른 삶을 살 것을 강요함으로써 사실상의 절대적 규범으로 작용한다. 즉 상대주의에 근거한 문화적 전통이 상대주의를 부정하는 셈이다. 너스범은 문화적 전통이란 대부분, 여성들의 순응·희생·순종의 규범을 의미한다고 주장한다. 실제로 개별 국가의 근대화 과정에서 여성들에게는 문화적 전통을 재현하는 역할이 주어졌고, 그 과정에서 여성은 '근대 국민'의 구성에서 배제되었다(김은실, 1994; Chizuko, 2000; Felski, 1995). 만약 여성들이 전통적 삶을 선호하는 것에서 경제적 능력과 선택권을 갖는 삶을 선호하는 것으로 선호도를 바꾸고 있다면 그건 서구적 가치를 추종하게 되었기 때문이 아니라 여성이 인간으로서 스스로의 능력과 가치를 깨닫게 되었기 때문으로 보아야 한다. 너스범은 능력의 비교 문화적 규범은 여성들에게 그 내용대로 삶을 살아야 한다고 주장하는 것이 아니라고 말한다. 여성에게 경제적, 정치적 기회가 확보된 상태에서 여성이 전통적 삶의 방식을 선택한다면 그건 그 여성의 선택의 문제로 존중되어야 한다. 문제는 여성에게 선택권이 주어져 있느냐다.

둘째, 비교 문화적 규범은 다양성을 없애 버린다는 비판이다. 각국의 문화 규범은 그 자체의 아름다움이 있는데 비교 문화적 규범은 문화를 동질화함으로써 세계의 문화를 빈곤하게 만든다는 것이다. 이에 대해 너스범은 다양성을 유지해야 한다는 주장을 ① 다양성은 그 자체로 좋은 것이라는 주장과 ② 경제 효율성 위주의 가치관과 소비주의로 세계가 단일화되는 것을 비판하는 주장으로 구분한다. 여기서 두 번째 주장은 비교 문화적 규범을 만드는 것 자체에 대한 비판이 아니고 비교 문화적 규범의 내용이 경제 효율성 위주의 경제 규범을 반영하지 않아야 한다는 주장이라고 할 수 있다. 능력 접근 방법은 경제 효율성 때문에 개인의 선택권이 사장될 수 없다는 입장이다(Nussbaum, 2000: 33). 너스범은 능력 접근 방법은 무엇보다도 기본적으로 도덕 규범이며, 세계 시민이 공동의 윤리로 연대해 각국이 경제 효율성 위주의 정책을 펴 나가는 것을 규제하자는 입장이라고 주장한다. 그러므로 비교 문화적 규범은 두 번째 주장과 대립되지는 않는다. 문제는 다양한 문화 자체를 선호하는 첫 번째 주장에 대한 것이다. 그러나 너스범은 다양한 문화를 지켜야 한다는 것은 다양한 언어를 지켜야 한다는 것과는 다르다고 주장한다. 다양한 문화가 존재하고 역사가 있다는 것만으로 지킬 가치가 있는 것은 아니며 그 문화가 사람들을 해롭게 하는지를 판별할 수 있어야 한다고 주장한다. 다양한 문화임에도 불구하고 남성 중심적 문화들에는 여성 억압에서는 놀라울 정도의 문화적 동질성을 보이고 있다. 그러므로 너스범은 사람을 해롭게 하지 않는 진정한 다양성을 추구하기 위해서는 오히려 비교 문화적 규범이 필요하다고 주장한다. 비교 문화적 규범은 인권의 맥락에서 특정 문화적 가치가 지킬 만한 가치가 있는지를 보편적인 수준에서 판단할 수 있는 평가의 틀을 마련해 주기 때문이다.

셋째, 비교 문화적 규범은 간섭주의(paternalism)라는 비판이 있을 수 있다. 개인은 스스로에게 좋은 것이 무엇인지 알고 있기 때문에 개인의 선택의 자유를 존중해 줘야 하는데, 비교 문화적 규범은 좋은 선택과 그렇지 않은 선택의 기준을 제시함으로써 개인을 아이처럼 취급한다는 것이다. 너스범의 작업을 제국주의 시대를 연상케 하는 '문명 선교(civilizing mission)'라고 보고 너스범이 세계의 빈곤 국가 국민들에게 그들이 무엇을 원해야 하는지 교육하는 서구 백인 여성의 책임을 떠맡았다는 스피박의 비판적 논평은 이 같은 맥락에서 나온다(Scott, 2001). 그러나 비교 문화적 규범이 전제로 하고 있는 것은 정치적 자유와 선택의 기회가 보장되는 것이 좋은 것이라는 것이지 특정 삶의 방식을 선택하는 것이 좋은 것이라 주장하는 것은 아니다. 너스범은 다원주의 사회에서 국민들이 다양한 방식으로 자신의 삶의 방식을 선택할 수 있으려면 가장 핵심적인 유형의 선택과 자유가 보호되는 비교 문화적 규범을 정립할 필요가 있으며 선택의 자유를 지키려는 것이 간섭주의일 수는 없다고 주장한다(Nussbaum, 1999: 229-231; 2000: 41-58).

너스범이 능력 접근 방법을 구성해 각기 다양한 문화에 적용될 수 있는 비교 문화적 규범을 정립하려는 것은 차이의 정치를 주장하는 포스트모던 페미니즘과 대립된다기보다는 서로 보완적인 것이라고 할 수 있다. 능력 접근 방법은 차이와 다양성이 차별과 위계 구조로 변질되지 않게 하는 최소한의 기준으로 인권의 항목을 설정하는 것이고, 차이의 정치는 인권의 틀 안에서 다양성을 보장받을 수 있기 때문이다. 뿐만 아니라 인권을 지키려는 최소한의 구체적인 노력을 기울이지 않는다면 우리는 경제 효율성 위주의 지구화 과정에 오히려 속수무책으로 편입될 것이라는 너스범의 경고는 설득력이 있다. 다만 능력 접근 방법의 항목 설정과 어떤 항목에 더 우선권을 주는가의 문제는 센이 피력했듯이 앞으로 각 문화권의 적극적 개입으로 더 개발해야 할 부분으로 보인다.

5. 결론

한국 사회는 1990년대에 여성 관련 법, 제도, 정책이 눈부실 정도로 정비되어 UN에서 여성 발전 모범 국가로 선정한 전례가 있다. 이것은 한국 여성의 법적, 사회적 지위가 국제적 기준으로 볼 때 상대적으로 열악하다는 공감대가 광범위하게 형성돼 있었기 때문에 가능했다. 따라서 1990년대는 여성운동 단체가 주도해 여성 문제에 관한 정책 대안을 제시하면 그것을 정부가 정책으로 반영하는 젠더 정치가 전개되었다. 그러나 군가산점제 폐지와 그에 따른 논쟁의 구도는 이제 여성 정책이 더는 그 같은 방식으로 순조롭게 진행되지 않으리라는 것을 보여 준다. 젠더 불평등에 관한 젠더 정치의 구도가 복합적인 형태를 보이고 있는 것이다. 특히 군가산점제 폐지 결정 이후 등장한 담론들은 징병제와 국민권의 관계, 군 복무 보상과 그에 따른 여성 배제 문제, 남녀 간의 차이와 남성과 여성 각각 내부의 차이의 관계에 대한 것이다. 이는 여성은 피해자이므로 여성 집단에게 인센티브를 주어야 한다는 사회적 합의를 도출함으로써 젠더 불평등을 해소하려는 젠더 정치의 구도를 벗어나는 쟁점들이다.

군가산점제 폐지 논쟁이 제기하고 있는 젠더 정치의 새로운 구도는 크게 두 가지로 대별된다. 첫째, 징병제 논의에서 드러났듯이 여성의 국민권은 어떤 성격이며 어떤 방향으로 나가야 하는지, 즉 여성과 국가의 관계를 정립하는 문제다. 둘째, 계급·인종·젠더·섹슈얼리티·지역으로 분화된 한국 사회 제 집단 간의 다양성을 감안한 젠더 평등의 정치를 정립하는 문제다. 인권 개념을 기반으로 평등에 대한 논의를 전개하고, 그에 기초해 '능력 접근 방법'을 구체화한 센과 너스범의 작업은 인센티브를 통해 평등을 실현하려는 젠더 정치를 넘어서면서도 젠더 불평등 해소에 근원적이면서도 구체적인 방안을 제시하고 있다.

평등은 젠더 차이를 무화함으로써 이루어지지 않는다. 차이를 인정하지 않는 산술적 평등은 궁극적으로 더 심한 불평등을 낳는다. 차이를 인정했을 때, 평등은 특정 수단(수입, 자원 등)의 재분배보다는, 개인이 원하는 '기능을 성취할 수 있는 능력'의 평등을 통해 가능하다. 센과 너스범은 이것이 차이를 무화하지 않고 평등에 이를 수 있는 길이라고 주장한다. 여성은 국가에게 여성으로서의 차이를 인정한 국민권을 요구할 수 있다. 여성의 다름을 무화하는 정책을 택하지 않으면서 여성의 다름이 불평등의 원인이 되지 않게 하려면, 여성은 국가의 경계 안에서 완전한 국민권을 얻으려 하기보다는 국민권이 인권과 수렴될 수 있도록, 국민권이 곧 인권이 되는 사회를 향해 나아가야 한다. 따라서 여성과 국가의 관계는 국민이면서 동시에 국가 정책을 비판할 수 있는 이중적 관계를 갖는다.

센과 너스범의 논의를 유추하면, 젠더 정치는 젠더 차이를 인정하듯이 계급·인종·섹슈얼리티·지역의 차이를 인정해야 한다. 그러나 집단 간의 불평등을 해소하는 효과적인 방법은 자원의 재분배보다 '능력의 평등'을 이루는 데 있다. 집단 간의 이질성이 존속하는 한, 특정 영역의 자원 재분배가 다른 영역의 집단 간 평등을 동반하지 못하기 때문이다. 그러므로 젠더 정치는 '능력의 평등'이 제 집단 간의 불평등을 해소할 수 있도록 연대의 정치를 구현할 필요가 있다. 센과 너스범의 '능력 접근 방법'은 집단 간의 다름을 없애지 않으면서 인간의 공동 조건을 모색해 나가는 방법을 제시하고 있기 때문에 연대의 정치에 효율적인 도구가 된다. 연대는 지역-국가-세계의 중층적 지형에서 이루어진다.

이상에서 인권 개념의 적극적인 수용을 통해 젠더 정치를 변화시킬 것을 제안했다. 이 같은 논의에서 파생된 중요한 주제로는 국민권(시민권)과 인권의 공존의 방식에 대한 이론 연구와, 한국 사회에서 인권이 번역되는 방식과 과정에 대한 경험 연구가 있다. 이 두 주제는 모두 중요한 것이나 이 글의 범위를 벗어나는 것으로 이에 대한 별도의 연구가 필요하다.

6_대학 내 교수 성희롱의 성차별적 특징

세 대학 사례를 중심으로[1]

1. 문제 제기

한국 사회에 성희롱[2]이란 용어가 널리 알려진 것은 서울대 S교수 성희롱 사건(1992-1998)을 통해서다. 이 사건은 사건의 발발부터 대법원 판결이 있기까지 6년간 지속되었는데 재판 진행 과정에서 가장 쟁점이 된 것은 무엇이 성희롱인가 하는 점이었다. 통상 성희롱 여부에 대해서는 행위자와 피

---

[1] 이 글은 조주현·장승옥·정현희(2003)의 교육부 연구 과제인 "대학 내 성희롱·성폭력 예방에 관한 연구"(교육인적자원부 교육정책연구 2003-일-07) 중 연구자가 맡은 부분의 일부를 논문 형식으로 수정·보완한 것이다.

[2] "'성희롱'이란 업무, 고용, 그 밖의 관계에서 국가 기관·지방 자치 단체 또는 대통령령으로 정하는 공공 단체(이하 '국가 기관 등'이라 한다)의 종사자, 사용자 또는 근로자가 다음 각 목의 어느 하나에 해당하는 행위를 하는 경우를 말한다. 가. 지위를 이용하거나 업무 등과 관련하여 성적(性的) 언동(言動) 등으로 상대방에게 성적 굴욕감이나 혐오감을 느끼게 하는 행위, 나. 상대방이 성적 언동이나 그 밖의 요구 등에 따르지 아니했다는 이유로 고용상의 불이익을 주는 행위"(2005년, '여성발전기본법' 법률 제7786호, 제3조의4).

해자 간에 첨예한 시각의 차이가 있기 마련이다. 그렇기 때문에 행위자와 피해자가 각기 제시한 두 개의 판본을 두고 어떤 기준에서 누구의 시각으로 성희롱을 판단할 것인지가 성희롱 문제의 핵심을 이룬다.

서구에서는 1980년대 페미니스트 연구자들이 '합리적 여성'의 관점에서 성희롱 여부를 판단해야 한다는 주장을 제기했고(Gutek, 1985; MacKinnon, 1979), 1991년부터 실제로 재판에 적용했다(Abrams, 2001: 209). 반면에 한국에 합리적 여성의 관점이 처음 소개된 것은 여성계가 서울대 S교수 성희롱 사건 항소심 재판부에 합리적 여성의 관점에서 성희롱 문제를 접근해야 한다는 의견서를 제출하면서부터다(조순경, 1995). 당시 항소심 재판부는 판결문에서 성적 괴롭힘(성희롱)은 합리적 여성의 입장이 아닌 '일반 평균인'의 입장에서 보아 그 성적인 성격이 노골적인 것이어야 한다고 주장하고, W조교가 제시한 성희롱의 내용은 성적으로 노골적이라고 보기 어렵다고 판단했다(서울고등법원, 94나15358).

한편 이 사건을 계기로 정부는 성희롱 관련법 제정을 추진해 '남녀고용평등법'(1999년 개정)과 '남녀차별금지및구제에관한법률'(1999년 시행)에 성희롱 방지 조항을 신설했고, 2005년 12월에는 그동안 성희롱 방지를 위한 각종 조치와 예방 교육의 근거법이던 '남녀차별금지및구제에관한법률'을 폐지하고 주요 내용을 '여성발전기본법'(법률 제7786호)에 통합해 오늘에 이르고 있다. 법 제정 이후 각 사업장과 대학을 포함한 공공 기관은 매해 의무적으로 성희롱 예방 교육을 실시하고 있고, 대학은 이에 더해 교육인적자원부 방침에 따라 성희롱·성폭력 관련 학칙을 마련하고 고충 처리 전담 창구를 설치했다.

이렇게 법률이 제정되어 성희롱 예방 교육이 실시되고, 법 제정 후 표면화된 교수 성희롱 사건들의 언론 보도 등을 통해 성희롱에 대한 대학 구성원들의 인식은 크게 높아졌다. 그러나 구성원들 사이에 성희롱에 대한 인식이 높아졌다고 해서 성희롱이 무엇이며, 왜 금지되어야 하며, 나아가 왜 피해자 관점에서 판단되어야 하는지를 제대로 이해하고 있음을 뜻하는 것은 아니다. 직장 내 성희롱 실태 조사를 한 연구에 따르면 성희롱 예방 교육 후 직장인 87.8%가 성희롱에 대한 인식이 변화했지만, 정작 무엇이 성희롱인지에 대해서는 절대다수인 97.7%가 모른다고 대답한 것으로 나타났다(한정자·김인순, 2001: 58-61). 관련 법규나 피해 처리 절차, 예방 행동 등 형식적인 절차는 인지되고 있지만 어떤 근거에서 특정 언행이 금지되는지가 이해되지 않고 있는 것이다. 또한 성희롱에 대한 성별 인식 차이가 있는지를 알아본 연구에서는 성희롱 규제 항목에 어떤 것들이 있는지를 아는 데는 성별 차이가 없으나 그것을 성희롱으로 인정하는 데는 차이가 있으며, 특히 "피해자의 관점에서 성희롱을 판단하는 것"을 인정하는 데 성별 차이가 가장 큰 것으로 나타났다(이재경·마경희, 2002). 성희롱 예방 교육이 8년 이상 진행된 최근에 이르러서도 여전히 대학 내 고충 처리 창구의 상담원들은 성희롱에 대한 사회 문화적 인식 부족이 예방 교육의 가장 큰 어려움이며(48%), 성희롱·성폭력에 대한 성별 인식 차이가 있음을 이해시키는 것(35.7%), 즉 성별 감수성(gender sensitivity)을 고취하는 것을 예방 교육에서 가장 중요하게 다뤄야 할 내용으로 꼽고 있다(박성혁 외, 2007: 118, 135-6).

대학 공동체가 성희롱에 대한 성별 인식의 차이를 이해하고 성희롱에 대한 사회 문화적 인식을 수용하기가 쉽지 않은 것은 성희롱을 잘못된/서투른 성적 표현으로 보는 우리 사회의 통념 때문일 것이다. 성희롱을 성적 행위에만 초점을 맞춰서 보면 그 행위의 경미함 또는 심각함의 정도가 관건이 되고 그 결과 각자의 위치와 경험에 근거해 경미함 또는 심각함을 주장하게 된다. 이때 우리 사회 전반에 만연되어 있는 성폭력 행위들이 비교 기준이 되면 '그 정도'의 성적 행위에 교수 해임/징계는 너무 심하지 않느냐고 판단하게 된다. 그러나 성희롱의 초점은 성적 행위뿐 아니라 성적 차별에 있다. 성희롱은 성폭력이어서 규제 대상일 뿐 아니라 그 성폭력이 차별로 이어지기 때문에 규제 대상이 된다.[3]

성희롱을 남녀 차별로 본다는 것은 성희롱을 당사자인 남녀 간의 성의 문제가 아니라 남녀 집단 간의 불평등, 즉 젠더 불평등의 문제로 본다는 것이다. 성희롱이 잘못된/서투른 성적 표현이 아니라 성을 소재로 한 사실상의 권력 남용이고 단지 여성이기 때문에 권력 남용의 대상이 된다면, 그것은 명백히 개인 둘 사이의 문제가 아니고 성별 집단 간의 문제이기 때문에 남녀 차별이 된다. 성희롱이 차별의 문제임을 인식하면 성적 행위에 초점을 맞춰 행위의 경미함이나 심각함의 정도를 각자의 관점에서 판단해 성희롱 유무를 판단하는 것과는 다른 맥락에서 성희롱을 볼 수 있을 것이다. 그러나 성희롱에 대한 우리 사회의 통념이 반영하듯이 성희롱이 어떻게 남녀 차별이 되는지를 이해하기는 쉽지 않다.

대학 내 성희롱은 그간 꾸준하게 법령을 제정·정비했고 자체적으로 관련 상담소를 설치해 예방 교육을 포함한 다양한 상담 활동을 벌였지만 현재까지도 크게 실효를 거두지 못하는 것으로 보고되고 있다. 대다수 대학(89%)이 상담 및 고충 처리 기구를 마련했지만 독립 기구(11%)가 아니고 대학 행

---

[3] '성희롱'은 통상 '성폭력'과 혼용되고 있는데 그 이유는 성희롱의 범위 중에 강간과 강제 추행은 실정법상의 성폭력 범죄에 해당되기 때문이다. 따라서 성폭력 범죄에 해당되는 성희롱의 범위는 성폭력으로, 그 밖에 육체적, 언어적, 시각적 행위는 성희롱으로 분류하는 경향이 있다. 그러나 성희롱과 성폭력은 행위 유형보다는 규제 목적에 따라 구분되는 것이다. 성희롱은 개인의 성적 자율권의 침해뿐 아니라 노동권이나 교육권의 성차별을 유발하는 행위이기 때문에 규제 대상이 되고, 성폭력은 개인의 성적 자율권을 침해하는 행위이기 때문에 규제 대상이 된다(서울대학교 성희롱·성폭력상담소, 2003: 16-18).

정 기구(60%)나 학생 상담 기구(29%)의 부속 기구이기 때문에 위상이 정립되어 있지 못하며, 상담 업무만 담당하는 상담원들은 5.3%에 불과하다. 또한 성희롱·성폭력 사건의 접수 건수가 응답 대학의 56.7%에서 연간 5명 이하로 낮게 나타나며, 이 접수 건수 중 조사심의위원회 절차를 거치는 건수는 없거나(59.5%), 연간 평균 0.5건 미만(33.5%)이 다수를 차지하고 있다. 또한 상담원들은 가장 어려움을 겪는 성희롱 유형이 교수-학생 간 사건(41%)이라고 보고하고 있다(박성혁 외, 2007). 이렇게 성희롱 관련법 제정 이후 형식과 절차는 빠르게 수용되고 있지만 여전히 상담 및 고충 처리 기구에 대한 대학 구성원들의 신뢰가 형성되어 있지 않고, 성희롱·성폭력이 행위자와 피해자 간의 문제만이 아니라 대학 공동체의 통합 문제이며 그 근원에 성차별이 있다는 인식이 형성되지 않고 있는 것이다.

이 글은 성희롱이 어떻게 남녀 차별이 되는지를 2003년도 세 대학의 교수 성희롱 사례의 사회적 담론 형성 과정을 드러냄으로써 이해하려는 시도다.[4] 연구 분석을 통해 교수 성희롱이 어떻게 피해 여학생을 통해 대학 내 여성 구성원들의 의식과 행동을 통제하고 궁극적으로 대학 내 성차별 구조를 지속시키는 효과를 낳는지를 알아보려고 한다. 이를 통해 교수 성희롱의 예방 교육과 적법한 처리가 대학 공동체의 재통합과 대학 내 성 평등의 정착에 직결된 문제임을 밝히려고 한다.

---

[4] 2003년 사례로 비교적 오래된 자료이나 성희롱에 대한 성별 인식의 차이를 이해하고 성희롱에 대한 사회 문화적 인식을 제고하는 데 여전히 설명력이 있다고 판단해 사용했다.

2. 이론적 배경[5]

성희롱이란 용어는 국제 사회에서 널리 사용되는 Sexual Harassment(섹슈얼 허레스먼트)를 옮긴 말이다. 이 용어는 미국의 린 팔리(Lin Farley, 1978)가 직장 여성이 겪는 성적 괴롭힘을 지칭하는 데 처음 사용한 이래 현재까지 다양한 법적, 이론적 논의를 거쳐 왔다.

　　매키넌(MacKinnon, 1979)은 성희롱을 성차별의 맥락에 놓음으로써 이후 성희롱을 성폭력 관련 법규가 아닌, 차별을 금지하는 법규의 규제를 받을 수 있는 논의의 단초를 제공했다. 매키넌에 따르면 섹슈얼리티에 대한 사회적 기대이자 현실은 남성이 여성을 지배하고 여성은 그 남성의 욕망에 순응하는 형태다. 여성의 사회적 역할은 섹슈얼리티에 대한 이 같은 사회적 현실에 기초하고 있기 때문에 여성은 사회 경제적으로도 종속적인 성적 대상의 위치를 점하게 된다. 성희롱이 성차별이 되는 것은 모든 여성이 섹슈얼리티에 근거해 여성으로 규정되는 상황에서 섹슈얼리티를 침해하는 것은 그 여성을 침해하는 것일 뿐 아니라 모든 여성을 침해하는 것이 되기 때문이다 (MacKinnon, 1979: 174-184). 매키넌은 여성이 섹슈얼리티와 밀접하게 연관되어 있을 뿐만 아니라 그 관련은 경멸적인 함의를 지니는 것임을 보여 주었다. 그리하여 성희롱이 차등적 권력관계의 맥락에서 상대방이 원치 않는 성적 접근을 하는 것이라고 할 때, 그 권력이 조직 내 위계에 근거한 제도적 권력일 뿐 아니라 가부장적 권력을 뜻하는 것임을 드러내고 그에 따라 성차별임을 밝힐 수 있었다.

---

5) 이론적 배경에서는 한국 사회에 비해 상대적으로 오랜 기간 '성희롱'에 대한 법적, 이론적 논쟁의 역사가 있는 미국 사례를 비교적 상세히 소개하도록 한다.

매키넌 이후 성희롱 관련 논의는 제도적 권력과 가부장적 권력을 양 축으로 해서 법적 논의와 이론적 논의로 분화, 교차하면서 전개된다. 먼저 법적 논의의 전개를 보면, 1980년에 연방 기구인 미국의 고용기회평등위원회(EEOC)는 차별 금지를 명시하고 있는 공민권법 제7조(Title VII of the Civil Rights Act, 1964년 제정/1991년 개정)에 근거해 사업장 내 성희롱을 규제하는 지침안을 마련했는데 이 지침안은 이후 교육 기관 내 성희롱 규제 지침안 마련의 준거가 됐다.

고용기회평등위원회는 성희롱을 이렇게 정의한다. "원하지 않는 성적 접근, 성적 행위의 요구, 기타 성적 특징을 보이는 말과 행동은, 그것이 ① 명시적이든 암시적이든 그런 행동을 수용해야 개인의 고용이 보장될 때, ② 그런 행동의 수용 여부가 고용을 결정하는 근거로 사용될 때, ③ 그런 행동을 통해 부당하게 개인의 작업 능력을 방해하거나 위협적이고 적대적이고 불쾌한 작업 환경을 만들려고 하거나 만들었을 때 성희롱으로 간주된다."(Hobson and Hobson, 2002: 44) 여기서 '원하지 않는'은 행위자의 의도와 상관없이 성적 행위의 대상자가 원하지 않음을 뜻하는 것으로, 피해자의 관점이 성희롱 여부를 판단하는 기준이 됨을 뜻한다. 또한 ①과 ②는 제도적 권력과 가부장적 권력이 중첩되어 있는 형태인 조건형 성희롱을 말하고 ③은 가부장적 권력만으로도 성희롱이 가능한 환경형 성희롱을 말한다. 따라서 성희롱의 법적 정의는 제도적 권력뿐만 아니라 가부장적 권력을 인지하고 있고 그 남용을 규제하겠다는 입장을 반영하고 있음을 알 수 있다.

교육부 내 민권국(U.S. Department of Education OCR) 역시 성차별 금지를 명시하고 있는 교육법 제9조(Title IX of the Education Amendment, 1972년 제정)에 근거해 교육 기관 내 성희롱을 규제하는 지침안을 마련했다. 민권국은 교육 기관 내 성희롱을 조건형 성희롱과 적대적 환경형 성희롱으로 구분해 정의했다. 조건형 성희롱(Quid Pro Quo Harassment)은 "교육 기관의 피고용인(교수)이 명시적이거나 암시적으로 원하지 않는 성적 접근, 성적 행위의 요구, 기타 성적 성격을 지닌 언어적, 비언어적, 신체적 행동을 학생이 수용하는지 여부에 따라 학생에게 교육 프로그램과 활동에 참여하는 것을 제한하거나 교육적인 결정을 내리는 것"을 말한다. 반면에 적대적 환경형 성희롱(Hostile Environment Sexual Harassment)은 "성희롱 행위가 충분히 심하고 지속적이고 만연해서 학생이 교육 프로그램이나 활동에 참여해서 혜택을 받을 수 있는 능력에 영향을 주거나, 위협적이고 적대적이고 불쾌한 교육 환경을 조성하는 것"을 말한다(U.S. Department of Education Office of Civil Rights, 2001: 352).[6]

조건형 성희롱과 적대적 환경형 성희롱으로 대학 내 성희롱을 정의한 교육부 민권국의 지침이 미국의 대학 내에서 힘을 얻게 된 것은 이후 수많은 법 개정을 통해서였다. 1979년에 미국 대법원은 교육법 제9조의 위반을 근거로 개인이 교육 기관을 상대로 소송을 제기할 수 있다고 판결했고, 1980년에는 조건형 성희롱을 교육법 제9조가 규정한 성차별 형태로 판결함으로써 조건형 성희롱을 당한 학생은 대학을 상대로 소송을 할 수 있게 되었다. 그런데 가장 획기적인 변화는 1992년의 대법원 판결이다. 적대적 환경형 성희롱도 교육법 제9조가 규정한 성차별 형태이며 대학은 교육법 제9조를 바탕으로 성희롱에 따른 재정적 손실을 피해 학생에게 보상해야

---

[6] 조건형 성희롱은 대학의 교수가 행위자인 경우다. 교수가 학생이 원치 않는 성적 접근을 하고, 교수의 접근을 수용하는 여부가 학생에 대한 학문적 결정(시험 점수, 학점, 논문 통과, 추천서 등)을 하는 데 이용되는 경우가 해당된다. 반면에 적대적 환경형 성희롱에는 교수뿐만 아니라 다른 학생들, 혹은 제삼자가 모두 포함된다. 그러나 적대적 환경형 성희롱의 전형적인 예는 교수가 수업 중에 학생이 원치 않는 성적 언급이나 행위를 지속적으로 하며, 그 성적 언급이나 행위가 학생의 학문적 성취를 방해하고 학생에게 위협적이고 적대적이고 불쾌하게 간주되는 경우다(Hobson and Hobson, 2002: 42).

한다고 판결했다. 이 판결 이후 조건형 성희롱뿐만 아니라 적대적 환경형 성희롱도 재정적 손해 배상을 요구할 수 있는 대상이 되었고 대학을 상대로 한 소송은 크게 증가했다(Hobson and Hobson, 2002: 44-49).

이렇게 되자 미국 대학들은 성희롱 정책을 규제 일변도로 강화했다.[7] 특히 1992년 대법원 판결 이후, 수업 중 교수의 발언들이 적대적 환경형 성희롱으로 쟁점화되자 이후 '표현의 자유'와 충돌이 부각되었고 대학의 '일방적' 징계 절차에 대한 교수들의 문제 제기도 이어졌다(Patai. 1998; Rophie, 1994). 그러자 1998년 대법원은 대학 책임자가 성희롱에 '고의로 무관심하지' 않았다면 대학은 성희롱 피해 학생에게 재정적 보상을 할 책임이 없다고 판결함으로써 대학이 재정적 책임을 피하기 위해 대학 내 성희롱 정책을 규제 일변도로 강화하는 것에 제동을 걸었다(U.S. Supreme Court, 2001). 결국 지난 20여 년간 미국 대학 내 성희롱 법규의 변화를 이렇게 요약할 수 있다. 성희롱의 적용 범위가 행위자 남자 교수와 피해자 여학생의 경우에서 시작해, 동성 간, 동직급 간, 그리고 학생이 교수에게 하는 성희롱에 이르기까지 성희롱의 적용 대상이 확대되었고, 성희롱 발생에 대학이 재정적 책임을 지게 되었으며, 성폭력 범죄를 구성할 정도가 아닌 성희롱 문제를 가지고도 피해자가 대학을 상대로 일반 법원에 소송할 수 있게 되었다.

이 시기 성희롱에 대한 이론적 논의의 쟁점은 성희롱이 제도적 권력과 가부장적 권력이 중첩된 것임을 밝히는 데 있었다. 탠그리 등(Tangri et al., 1982)은 성희롱을 설명하는 세 모델 중 어느 것이 가장 실태 조사 자료를 잘

---

7) 예를 들어, 인디애나대학에서는 교수 윤리 지침을 통해 수업, 지도교수, 논문심사위원회 등 권력관계가 형성되어 있는 교수와 학생 간에는 두 사람의 동의 여부와 상관없이 어떠한 낭만적 관계나 성적 관계도 금지한다고 명시하고 있다. http://www.iusb.edu/~acadaff/handbooks/student.html#Faculty-Student%20Relations.

설명하는지 알아보았다. 이들은 남성의 성적 동력이 강해서라고 보는 자연/생물학적 모델, 조직 내 위계적 기회 구조의 결과로 보는 조직 모델, 사회 전체가 성별에 따라 권력과 지위가 차등적으로 배분된 결과로 보는 사회 문화 모델 중에서 성희롱이 심한 유형일수록 사회 문화 모델이 설명력이 있고 경미할수록 자연/생물학적 모델이 더 설명력이 있는 경향을 보이나 세 모델 모두 주도적 설명력이 없다고 주장했다. 성희롱이 남성 지배의 기제인 것은 맞지만 남성 지배가 유지되는 것은 정치 경제적 영역의 지배뿐 아니라 남녀 상호 작용의 패턴에 의해 유지되는 것인데 위 모델들은 그 패턴을 설명하지 못하고 있다는 것이다. 구텍(Gutek, 1985: 15-16)은 '성 역할 번짐 효과(sex-role spillover)' 개념으로 탠그리 등이 제기한 문제를 해결하려 했다. 성 역할 번짐 효과는 여성에게 요구되는 성적 대상이란 성 역할을 조직에까지 가져와서 조직 내 여성의 행위와 태도에 순치하는 것을 말하는 것으로, 가부장적 권력이 제도 권력 내에서 어떻게 작동하는지를 잘 보여 준다.

특히 이 시기 연구 결과들은 성희롱의 피해자가 여성이라는 것을 밝혀냈다는 데 특징이 있다. 예를 들어, 여성(42%)뿐 아니라 남성(9%)도 성희롱을 경험하지만 그 의미는 크게 달라서, 여성(62%)은 모든 종류의 성적 언행에 모욕을 느끼는 반면에 남성(67%)은 추켜세움을 느끼며(Gutek, 1985: 46-56), 남성은 성희롱 문제로 직장을 떠나지 않지만, 1979~1983년 성희롱 사례 81건을 분석한 결과에 따르면 여성 피해자의 반수가 해고됐고, 4분의 1은 불안과 혼란으로 스스로 직장을 떠났으며, 남아 있는 여성 역시 생산성, 직업 만족도, 자신감이 모두 감소되고 남성 동료와 연결을 꺼리며 건강이 악화된 것으로 나타났다(Coles, 1986: 89).

대학 내 성희롱 문제에 초점을 맞춘 팔루디(Paludi, 1990)는 성희롱을 '권력의 남용'으로 규정한 후, 그 권력은 교수 신분의 공식 권력과 남성 신분의 비공식 권력으로 이루어져 있고 반드시 중첩될 필요가 없다고 봄으로써 성희롱의 범위를 포괄적으로 규정했다. 피츠제랄드(Fitzgerald, 1990) 역시 성희롱을 위계적 관계 여부를 떠나서 성차별적이거나 성적인 언행으로 도구적 관계를 성애화하는 것으로 규정함으로써 성희롱의 범위를 넓혔다. 특히 성적인 함의가 전혀 없어도 여성을 비하하는 발언들을 '젠더 희롱'(gender harassment)으로 정의하고 적대적 환경형 성희롱의 대표적인 예로 분류했다.

그러나 이렇게 대학 내 성희롱을 포괄적으로 보는 입장이 실제로 1992년 대법원 판결에 반영되고 적대적 환경형 성희롱도 법적 규제의 대상이 되자 성희롱 개념과 규제 범위에 대한 반격이 일었다(Thomas and Kitzinger, 1997). 반격의 핵심은 포괄적인 성희롱 규제는 대학을 감시 사회로 만들므로, 성희롱 규제는 제도적 권력의 남용이 중첩된 조건형 성희롱에 국한해야 하며(Gallop, 1997; Patai, 1998; Rophie, 1994), '원하지 않는'의 개념의 모호함이 성희롱 규제 자체를 불신하게 만들므로 개념에서 '원하지 않는'을 빼고 객관적으로 측정 가능한 행위 중심의 개념을 구성해야 한다는 것이었다(Booker, 1998). 이와 함께 성희롱을 제도 권력과 관계없이 가부장적 권력의 남용으로만 좁혀서(또는 넓혀서) 성폭력의 연장선에서 규제해야 한다는 논의(Crosthwaite and Priest, 1996)에 대해서는 성관계와 성희롱을 구분할 수 없게 하는 편협한 관점이라는 비판이 이어졌다(Landau, 1999). 이 과정에서 성희롱 예방 교육에도 불구하고 여성들이 신고하지 않는 이유에 대해 페미니스트들의 성찰이 필요하며 좀 더 정교한 이론과 효과적인 실천을 개발해야 한다는 반성도 제기되었다(Thomas and Kitzinger, 1997: 16). 그러나 피츠제랄드 등(Fitzgerald et al., 1995: 133-135)은 성희롱을 신고한 여성들이 겪는 절대적인 피해를 고려해 볼 때 실제 상황에서 여성들이 신고하지 않고 침묵하거나 견디거나 회피하는 전략을 쓰는 것을 일방적으로 문제 삼을 수 없다고 주장했다. 오히려 이를 해결하기 위해서는 '원하지 않는'을 피해자의 '행위' 중심으로 규명할 것이 아니라 피해자의 '인지' 중심으로 규명하며, 조사 과정에서 피해자에 초점을 맞출 것이 아니고 행위자에 초점을 맞춰 행위자가 어떻게 자신의 행위가 환영받았음을 알았는지를 입증해야 하는 방향으로 나갈 것을 제안했다.

한국 사회에서 성희롱에 대한 이론적 논의 역시 제도 권력과 가부장적 권력의 남용에 초점이 맞춰져 전개되었다. 가부장적 권력에 초점을 맞추는 경우로는 여성에게 가하는 모든 종류의 폭력의 연속선상에 성희롱을 위치하게 하는 것을 들 수 있다(심영희, 1989). 이성은(2003)은 여기서 더 나아가 특히 한국 사회의 섹슈얼리티 체계에 초점을 맞춰서 한국의 이성애 제도인 결혼 제도와 조직의 성/젠더 문화의 결합이 성희롱의 가장 큰 원인이 된다고 보았다. 한국 사회에서 섹슈얼리티 체계는 결혼 제도를 매개로 구조화되기 때문에 미혼 여성에게는 순결을 기대하고 기혼 여성에게는 무성성을 기대하는데, 여성 섹슈얼리티에 대한 이 같은 사회적 기대와 현실 때문에 부정적 평판이 두려운 여성은 성희롱에 대해 적극적으로 대처하지 못하게 된다는 것이다. 여기에 제도 권력으로서 조직 내 여성의 주변적 지위와 IMF 이후의 불안해진 신분, 그리고 조직의 음주 문화가 여성을 성적 대상의 위치에 있게 만든다고 보았다. 반면에 대학 내 교수 성희롱을 교수 권력의 측면에서 분석한 조은(2003)은 한국의 교수 사회가 누리는 상징 권력과 그 권력을 철저히 지키려는 동업자 문화, 교수·경찰·검찰·교육인적자원부 등의 제도 권력의 남성 중심성, 피해 여학생과 같은 여성이면서 행위자와 같은 교수라는 여교수의 모순적 위치가 한국 사회 대학 내 교수 성희롱을 특정한 방식으로 축소, 은폐한다고 보았다.

그런데 이상의 연구가 제도 권력과 가부장적 권력, 또는 행위자 집단의 구조적 권력의 측면에서 성희롱을 설명하고 있다면, 변혜정(2008)은 피해자 관점에서 '성희롱'의 의미를 재구성해 나갈 것을 강조한다. 현재는 '법이 성희롱이라고 생각하는 것'만 성희롱으로 규정되고 있는데 실제로 성희롱은 일상의 관계들이 가부장제적 성 규범에 따라 자연스럽게 형성되는 상황의 연장선에서 발생한다. 그렇기 때문에 피해자가 성희롱을 거부하기도, 지적하기도 어려운 조건에서 발생하는 것임을 행위자, 피해자, 판단자 모두가 인식하는 것이 필요하며, 성희롱에 대한 이해는 바로 이 일상의 권력관계에 대한 문제의식과 문제화에서 출발해야 한다고 본 것이다. 같은 맥락에서 박성혁 등(2007) 역시 명백한 성희롱 행위와 비성희롱 행위 사이에 성별 공통 인식이 부재하는 성희롱 모호 영역이 폭넓게 존재함을 강조하면서 객관적인 유형과 범주로 성희롱을 규정하기 어려우며 행위자, 피해자, 공동체 모두가 문제 해결 과정에 능동적으로 참여하는 '회복적 사법'의 대응 양식을 제안하고 있다.

이처럼 서구와 한국의 성희롱에 대한 법적, 이론적 논의들을 통해 우리는 성희롱이 권력의 남용이라는 점과, 제도적 권력과 가부장적 권력이 중첩된 조건형 성희롱은 규제가 이뤄져야 한다는 점에 대해서는 전반적으로 합의가 있으나, 가부장적 권력으로만 넓혀서 적대적 환경형 성희롱까지 법적 규제의 대상으로 포함하는 문제와 '피해자 관점'의 실천적 기준 문제는 여전히 논쟁의 영역이며, 더 많은 이론적, 경험적 연구가 필요한 영역이라는 것을 알게 된다. 이 글에서는 대학 내 성희롱의 핵심인 조건형 성희롱 유형에 초점을 맞춰 제도적 권력과 가부장적 권력이 어떤 맥락에서 어떻게 작동하는지를, 대학 내 구성원들인 성희롱 행위자, 성희롱 피해자, 성희롱 판단자가 구성하는 일상의 권력관계를 통해 살펴보려고 한다. 그래서 성희롱이 어떻게 학내 성차별을 지속시키는 기제가 되는지, 현 시점에서 왜 '피해자'의 인식에 좀 더 많은 관심과 이해가 선행되어야 하는지를 알아보려고 한다.

3. 연구 방법

이 연구는 2000~2003년 발생한 대학 내 교수 성희롱 사건 중 세 사례를 중심으로 교수 성희롱이 대학 구성원들에게 어떻게 경험되는지를 밝히는 데 초점을 맞췄다. 세 대학을 선정한 이유는 이 사례들이 모두 성폭력 범죄 요건인 강제 추행을 포함하고 있어 형사 소송을 거쳤고, 또 오랜 시간에 걸쳐 사건이 진행되어 교수 성희롱의 성차별적 특징을 비교적 잘 드러낸다고 보았기 때문이다.

연구 방법으로는 문헌 연구와 심층 면접을 병행했다. 문헌 연구에서는 선행 연구들뿐 아니라 사건의 형사 재판 공판 기록물과 언론 보도 자료, 대책 위원회에서 발행한 각종 유인물과 같은 연성 자료들도 참조했다. 심층 면접은 두 가지 유형으로 나누어서 진행했다. 첫 유형(사례1~사례11)은 사건 관련자들 면접이다. 면접 대상자는 11명으로, 피해 학생(1명), 학생대책위원회 학생(3명), 조사/징계위원회 교수(3명), 상담 교수(1명), 학과 교수(1명), 변호사(1명), 여성운동 단체 상담원(1명)이었다. 이들은 대학 내 교수 성희롱 사건의 진행 과정에서 각자 다양한 위치에서 사건을 경험한 사람들이다. 둘째 유형(사례12~사례14)은 세 대학 사례와 직접 관련은 없지만 교수 성희롱에 대한 교수 사회의 일반적인 인식을 이해하기 위해 실시했다([표1] 참조). 개인 면접은 비구조화된 질문으로 진행되었으며, 사건의 진행 과정에서 경험한 내용, 사건을 보는 관점, 이들이 제기하는 문제의 유형들을 중심으로 이루어졌다. 집단 면접은 교수 성희롱의 문제점과 예방 방안에 대해 대학의 구조와 문화를 배경으로 자유롭게 의견을 표명하는 형식으로 진행됐다.

면접은 2003년 7~11월에 진행되었다. 집단 면접은 대학의 회의실에서 이루어졌고(두 사례), 개인 면접은 면접 대상자의 연구실이나 사무실(7명), 면

[표1] 면접 대상자의 직위와 역할

사례	직위	역할
1	교수	A대학 징계위원회 위원
2	학생	A대학 학생대책위원회 위원장
3	변호사	A대학 역고소 사건의 피고 단체 측 변호사
4	여성운동 단체 상담원	A대학 피해자 상담
5	교수	B대학 학과 교수(전화 면접)
6	학생	B대학 학생대책위원회 위원
7	교수	C대학 성폭력대책위원회 위원
8	교수	C대학 성폭력대책위원회 위원
9	상담 교수	C대학 상담소 전문 상담 교수
10	학생	C대학 여성위원회 위원장
11	피해자 여학생	C대학 교수 성희롱 피해자 여학생
12	상담 교수	D대학 상담소 전문 상담 교수
13	여교수 집단 면접	E대학 여교수 7명
14	남교수 집단 면접	E대학 남교수 7명

참고: 면접 대상자의 익명성을 위해 대학도 익명으로 처리했다. ABCDE 대학 모두 남녀 공학임.

접 대상자의 자택(1명), 대학 내 학생 휴게실(1명), 시내 커피숍(1명)이 이용되었으며, 전화 면접(1명)도 병행되었다. 면접 내용 가운데 사례 3, 4, 5는 면접 후 정리하는 형식으로, 그 외에는 모두 녹음되었다. 면접은 각 1회로 1~3시간 동안 진행되었다. 녹음 자료는 모두 채록됐고 그 과정에서 불분명한 부분이 있을 때는 전자 우편으로 후속 질문을 해서 자료를 보완했다.

면접 자료는 연구자와 면접 대상자가 상호 작용한 결과물이다. 면접 과정에서 연구자는 면접 대상자에게 충분한 시간을 주고 이들이 현상을 어떻게 이해하고 있는지 이들의 입장을 드러낼 수 있게 하는 데 주의를 기울임으로써, 연구자의 관점이 주도하지 않도록 노력했다. 그러나 질적 연구에서 연구자의 관점은 객관성 제고를 위해 제거되어야 하는 것이 아니라 연구의 본질적 요소로 간주된다. 질적 연구의 목적은 현상의 객관적 실재를 포획하려는 데 있기보다는 그것을 깊이 이해하려는 데 있고, 이때 연구자의 성찰성은 질적 연구의 핵심 요소가 되기 때문이다(Denzin and Lincoln, 2003: 8-13; Maxwell, 1996: 86-91). 질적 연구에서 해석의 정당성은 연구자의 관점을 배제하는 방법으로 얻어지는 게 아니고 성실함(integrity)의 결과로 얻어진다.

4. 교수 성희롱 사건의 전개 과정

1) 발단

성희롱이 발생하면 피해자 여학생은 혼란, 분노, 모멸감을 느끼지만 이들의 대처 방안이 적극적인 것은 아니다. 대학 내 구성원들을 대상으로 한 성희롱 실태 조사에 따르면(여성부, 2002), 통상 성희롱에 대한 반응은 참거나 그대로 수용하는 경우가 다수이고(69.1%), 성희롱 상담 창구에 신고하는 경우는(0.6%) 거의 전무하다. 특히 차등적 권력관계에서 일어나는 교수 성희롱에 피해자 여학생이 적극적으로 대응하기는 매우 어려운데, 성희롱을 문제 삼으면 피해자인 여성만 손해 본다(60%)는 인식이 깔려 있기 때문이다. 간혹 교수 성희롱에 적극적으로 대처하려는 피해자 여학생이 있어도 이들은 학내 상담 창구를 통하기보다는 행위자 교수한테서 직접 사과를 받음으로써 문제를 해결하려고 한다. 학내 상담 창구가 피해자 여학생을 보호·지원해 줄 체제를 갖춘 조직이라고 보지 않기 때문이다. 그러나 성희롱 문제를 해결하기 위해 교수와 학생이 직접 만날 경우 문제가 해결되기보다는 불신과 갈등이 오히려 심화된다.

처음에 그 일 있고 나서 항의하러 당 여학우하고 피해자 남자 친구하고 두 명이 찾아갔을 때 교수님이 "내가 그런 의도가 아니었지만 네가 그렇게 불쾌하게 느꼈다면 내가 미안하다." 이 한마디만 하셨어도 사실 문제가 이렇게 커질 리도 없었고요… 그런데 같이 갔는데 "A+ 줄 테니까 무마하자." 또 피해자 진술로는 "너도 얼굴 게슴츠레 뜨고 너도 좋아했지 않냐." 그런 식으로 해 가지고 문제가 더 커진 거죠(사례 2).

통상 피해자 여학생이 문제를 '직접' 행위자 교수와 해결하려고 할 때 피해자 여학생은 먼저 친구나 선배 혹은 과대표와 이 문제를 상의하고 피해자 여학생과 행위자 교수 간의 문제 해결 과정을 지켜볼 제3의 판단자를 정하게 된다. 그러나 제3의 판단자는 그가 학생이든, 과대표든, 학과장이든 간에 사건을 공식화하는 존재이기 때문에 행위자 교수는 자신의 행위를 부인하는 대응을 할 수밖에 없게 된다. 교수의 입장에서는 피해 학생의 요구대로 공식적으로 사과한다든지 사과의 글을 게시판에 올리는 것 자체가 자신이 성희롱 행위자임을 공식적으로 인정하는 것이 되기 때문이다.

인터넷에 사과의 글을 올린다는 게 의도했든 안 했든 간에 그건 어렵습니다. 본인이 아니기 때문에 제삼자이기 때문에 그렇게 얘기하는데 본인이 당했다고 생각을 해 보십시오. 성희롱을 일단은 인정을 하는 게 되는 겁니다. 의도했든 안 했든 간에. 그래서 아마 그런 걸 당하게 되면 의도를 떠나서라도 일단 강하게 부정하게 되어 있죠. 안 그렇습니까? (사례 14).

따라서 사과를 요구하는 학생에 대한 교수의 대응이 부인, 회피, 위협을 맴도는 사이, 대학 안에 이 문제를 집행력 있게 처리해 줄 기구가 없는 상황에서 갈등은 심화되고 사건은 곧 학생들 사이에 게시판 공개로 확대되거나(사례2, 사례6) 학과장에게 문제 제기를 함으로써(B대학 성희롱 피해자 여학생) 사건 초기의 사과 요구는 해임 요구로 그 수위가 높아지게 된다.

전해 들은 바로는 ○○과 학생들은 진심 어린 사과가 우선되고 정말 그렇게 원했는데 과정에서 교수가 입장을 여러 번 번복했고, 그 과정에서 학생들이 해임을 요구하게 된 거였거든요.(사례 6).

나는 처음 2000년 7월 29일에 한국으로 메일을 보냈을 때 한국 사회에 문제를 제기하는 것이었습니다. K교수는 사건 당시 나에게 자신이 15년 동안 교수로서 열심히 해 왔고 학생들에게 신용도 받고 앞으로도 더욱 잘할 것이다 그러니까 용서해 달라고 계속했습니다. 나는 내가 받은 상처에 대해서는 아무 생각도 안 하고 변명만 계속해 더 심한 상처를 준 K교수를 절대로 용서할 수가 없었습니다. 얼마나 대화를 나눠도 끝이 없었습니다. 그래서 나는 물어봤던 것입니다. 내가 용서를 해 주어야 할 일인지 교수가 스스로 책임을 져야 할 것인지. 나는 다시 묻고 싶습니다. 한국에서는 교수가 기억을 못할 만큼 술에 취해 학생을 성추행하면 그 교수는 어떻게 되는지를. (B대학 성희롱 피해자 여학생, 자료: 교수성폭력뿌리뽑기연대회의. 2002)

이렇게 학내 구성원들의 신뢰를 얻을 수 있는 판단자로서의 상담 창구가 작동하지 못할 때, 당사자 간의 해결 노력은 오히려 행위자, 피해자, 판단자 간의 갈등을 증폭시키고 사건은 이제 대학 공공의 장으로 옮겨 가게 된다.

2) 조사 과정

　사건이 공개되고 대학에서 조사가 시작되면 그 과정에서 '피해자 중심의 원칙'이 수용되는지 여부에 따라 조사 과정은 크게 달라진다. 성희롱이 특성상 물적 증거가 없는 경우가 대부분인 상황에서 피해자 중심의 원칙에 대한 이해가 부족한 조사위원회가 구성될 경우 조사 과정은 오히려 피해자 여학생을 심문하는 과정으로 변질되기 때문이다.

　(1차 진상규명위원회에서) (제가) 성폭력 사건 피해자인데 남자 교수들만 일곱 명 앉아 가지고… 도저히… 다리가 후들후들 떨리고… 이 분들이 다 저보고 한다는 얘기가 가해자 가족을 생각해 봐라 교수가 공부하느라 힘들었는데 그걸 다 포기하라고 하면 어떻게 하냐고… 2차 진상규명위원회에서는 진상 규명하는 게 아니라 가해자를 변호해 줄 수 있는 증거가 될 만한 말들을 찾으려고 혈안이 된 거예요. 저한데 묻는 게 교수가 그러니까 술을 얼마나 마셨느냐 몇 잔을 마셨느냐… 제가 어떻게 기억을 해요? 교수 건강 상태가 어땠느냐 교수가 그때 건강이 안 좋았기 때문에 술 몇 잔에 얼마 안 마셨지만 빨리 필름이 끊겼고 기억을 못한다… 또 다른 남자 교수님은 저보고 거기 있었던 남학생들하고 특별한 관계가 아니었느냐… 교수가 앞에 있는 남학생하고 계속 손잡게 하고 결혼하라 그랬다 그랬더니 그 학생이랑 특별한 관계가 아니냐고 그러는 거예요. 그래서 이 사람이 정신이 있는 건가 싶은 게 질문을 해 놓고 (행위자) 교수한테 조금이라도 불리한 대답이 나오면 자리를 일어나는 거예요. 진상규명위원회 들어와 있는 사람이 담배 피러 나가고 전화 받으러 나가고… 그러니까 너무너무 실망하게 되는 거죠. 그때 여자 교수님들이 제지를 해 주셨어요. 그런 질문은 하지 말아 달라고요(사례 11).

사례 11은 2차에 걸쳐 성희롱 진상규명위원회에 나가 조사를 받았는데 그 조사 과정에서 피해자인 자신이 오히려 행위자 교수의 가해자인 것처럼 취급되었다. 조사 위원인 남자 교수들은 피해자 여학생의 문제 제기가 너무 가혹한 것이라고 설득하거나 피해자 여학생 자신의 행실에 문제가 없었는지를 찾아내려는 데 초점을 맞췄다. 이것은 특히 위원회가 남자 교수 중심으로 구성될 때 뚜렷하게 나타나는 성향이다. 위원회의 성비가 균형을 이루지 못할 때 개인 교수가 자기가 속한 집단의 여론을 거슬러 개인 의견을 내기 힘들기 때문이다.

한편 사건이 학내에 공론화되고 대학 본부에서 조사를 시작하게 되면 갈등은 행위자 교수와 피해자 여학생뿐 아니라 학내 구성원들에게로도 확산된다. 그리고 학생들 사이에, 학생과 교수 사이에, 교수들 사이에 번지는 갈등의 중심에 학과 중심주의가 작동한다. 학과 중심주의의 논리가 작동할 수 있는 이유는 교수와 위계적 권력관계에 놓여 있는 학생들의 이해관계와 철저히 교수 편에 서는 교수들의 '동업자 문화'가 결합했기 때문이다(조은, 2003). 동업자 문화는 학과 교수들이 행위자 교수를 보호하지 않으면 외부 교수들이 그 학과 교수들 전체를 비난하는 분위기가 형성될 정도로 강력하다(사례 5). 또 피해자 여학생이 타과 학생이면 행위자 교수 소속 학과 학생들과 피해자 학생을 지원하는 학생들(예를 들면, 총학) 간에 갈등과 불신이 심화되기도 한다.

> (행위자 교수) 해당 학과 학생들을 피해자 대책위에서 만났는데 만나자 마자 대뜸 한다는 얘기가 여기서 하는 얘기가 밖에 새어 나가지 않게 각서를 만들어 달라는 거예요. 솔직히 학생들 머리에서 그런 각서가 나왔을 거라고는 생각 안 하거든요. 일단 저희들은 각서를 찍고 만났는데, 저는 그 후배들과 사건을 바라보

는 관점 자체가 다르고 그 자리에서 뭐 얘기를 할 수 없었거든요. 서로 입장 차이만 확인하고… (그쪽에서는) 조작 건이다 이런 얘기를 했어요(사례 2).

반면에 피해자 여학생이 행위자 교수 소속 학과의 학생이고, 학과 교수들이 행위자 교수를 보호하려는 분위기가 형성되어 있을 때, 교수와 긴밀한 위계적 권력관계에 놓여 있는 대학원생들이 중심이 되어 피해자 여학생을 오히려 비난하는 분위기를 학과에 형성한다.

○○과 내에서 압력은 말도 못해요. 수업 시간에 누가 그러느냐는 식의 은근한 압박도 있었고요. 조교실 내에서 압박은 되게 너무나 노골적이어서 모든 ○○과 대학원생들은 겉으로는 그 선생님들을 지지하는 것처럼. 사건이 그렇게 성폭력 사건이라고 규정하기 전까지는요. 학교에서 결론이 나기 전까지 ○○과 사무실은 다 학생이 잘못이라는 분위기로 전체적으로 갔던 걸로 알고 있어요 (사례 10).

이 같은 분위기가 형성되는 주요 원인은 교수와 좋은 관계를 유지해야 하는 교수−학생 간의 권력관계가 작용하기 때문이다. 한국 사회에서 교수와 학생 사이에는 일반적으로 성적, 대학원 진학, 논문 지도, 유학, 취업 같은 이해관계가 걸려 있을 뿐만 아니라 졸업 후에도 대학을 중심으로 그 관계가 지속되게 하는 사회적 연결망 형성이란 현실이 놓여 있다. 따라서 행위자 교수와의 관계 때문만이 아니라 학과 교수들이 행위자 교수를 지지하는 입장일 때, 학과 분위기가 형성되면서 학과 학생들이 이 분위기를 거스르기 어려운 상황이 형성된다.

증인들의 대부분이 대학원생들인데… 자기네들의 이름이 징계위원회에까지 올라가기를 원하지 않았었죠. 그런 것들이 학과 내에서의 프레셔가 상당히 크다 그런 거를 우리가 얘기할 수 있겠고…○○과에서 학생들에 대한 사과문을, 어떤 입장 표명서를 내야 되잖아요. 그거를 만드는 과정에서 상당히 난산을 겪은 걸로 알고 있어요. 남선생님들이 피해자(행위자 교수)도 교수진의 일동인데 넣어야 된다 해 가지고 그 회의에 피해자도 참가한 걸로 알고 있어요(사례 7).

그러나 다른 한편, 교수-학생의 권력관계에도 불구하고 이 문제를 밝히려는 학생들의 입장에서 보면, 조사 과정에서 행위자 교수의 처신은 위선과 비굴함으로 비치고 그에 따라 교수에 대한 불신은 깊어 간다.

교수가 저한테 전화를 해서 죽을죄를 졌다 그러는데 말은 뭐를 못하겠어요. 교수가 (제) 앞에서는 사과를 해요. 그런데 다른 학생들한테는 이런 사건이 대학원 밖에 나가면 우리가 BK 심사 받는 데 힘들고 하고 말하기 때문에 서명한 친구가 저한테 연락해 가지고 서명 지워 달라고 하고… "사건이 있었던 건 사실이지만 서명을 지워 주십시오." 이렇게 메일을 보낸 거예요. 그런데 메일에 '사실이지만 이 말이 있어 가지고 그게 오히려 결정적인 증거가 됐거든요. 교수가 앞에서는 괜찮지 않으냐 학과장도 괜찮냐 그러면서 뒤로는 그 짓을 하니깐 못 믿죠 (사례 11).

그 교수님이 증인이 될 만한 모든 학생들한테 다 전화했었어요. 그래서 저희가 증언 서류 받기가 너무 어려웠어요. 학부생들한테도요. 그때 같이 답사 갔던 모든 학부생들과 어떻게 전화번호 아셨는지 다 거셨어요. 저한테는 뭐 자세히 말 안 했지만 자기는 뭐 그런 적 없다, 실수했다, 자기가 힘들다, 여러 가지 협박까지요. 앞으로 너 잘 봐주겠다. 그거 협박이잖아요? 그런 식으로 해서 제가 증언서를 써 주겠다는 사람들에게 다시 전화해서 갔을 때는 증언서를 안 써 주겠다 해서 왜 그러냐 그러면 알고 보면 전화했었고 이런 경우들이 되게 많았어요(사례 10).

피해자인 사례 11은 조사 과정에서 행위자 교수가 자신에게 하는 말과 다른 학생들과 교수들에게 하는 말이 다른 것을 경험했고, 판단자인 사례 10은 행위자 교수가 학생들에게 증언을 하지 못하도록 영향력을 행사하는 과정을 목격했다. 이들은 분명한 사실을 부정하는 행위자 교수와 또 그 교수를 지원하는 다른 교수들을 보면서 '교수'에 대한 실망과 불신이 깊어지는데, 이 같은 반응은 학생들뿐만 아니라 다른 교수들에게로도 확대된다. 그리고 다시 교수들 사이에 실망과 불신과 갈등이 확산된다.

신고를 하면, 성폭력대책위원회가 꾸려져요. 그 멤버들이 교수 3인, 학생 3인, 상담대표, 상담실장 이렇게 들어가서 조사를 해요. 제가 녹음을 해서 다 풀어서 증언서 다 옮기고 녹음한 거 다 같이 듣고 정황에 대해서 좀 해보고… 그때 정황에 있었던 목격자들 증언을 조사해서 진술서를 다 받았어요. 사인 다 받고 그때 필요한 지도도 다 만들고, 정황적으로 다 한 다음에 대책위에서 (행위자) 교수님 불러서 물었죠. 횡설수설하고 그러셨어요.
[연구자: 그 정도로 준비가 되었으면 얘기하기가 쉬웠겠네요]
그런데도 불구하고 아니잖아요. 지금 이렇게 제가 맥이 빠지잖아요. 하여튼 그런 얘기들도 많아요. 아이들도 그런 말을 하고. 교수님들 밥통은 철가방이냐(사례 9).

성희롱 사건이 리트머스 시험지예요. 어떻게 보면 학교 때부터 뜻을 같이한다고 생각했던 것들조차 딱 갈려지더라고요. 정말 배반감을 느낄 정도로. 어, 나는 이 친구하고는 멀리 갈 줄 알았는데 이 사건이 딱 터지고 해결하는 과정에서 만나는 난점들은 아니다, 결국은 그거보다 상위의 평가 기준이 있구나 하는 거를 확인하게 되는 거죠(사례 7).

사례 9는 학내 성희롱 문제를 전담하는 조직의 전문 상담 교수다. 사례 9는 사건에 관한 모든 정황과 증언과 자료를 모아 완성한 후 행위자 교수를 만났는데도 행위자 교수에게서 사건을 시인하는 답변을 얻어 내지 못했다. 또한 사례 7은 학내 성희롱 사건을 교수들이 대응하는 과정에서 대학 시절부터 가치관이 같다고 생각한 동료 교수와 '배반감을 느낄 정도로' 입장이 갈라지는 경험을 했다. 반면에 사건에 직간접으로 연결되어 사건을 잘 알고 있지 못한 일반 교수들의 성희롱 사건에 대한 인식은 더 냉소적이다. 교수들 사이에는 대학 본부가 긴급히 구성한 조사위원회에 대한 불신이 확산되어 있다. 일반 교수들은 조사위원회에서 사건의 본질이 규명되리라고 믿지 않는다. 그 대신 교수들 간의 알력과 대학의 정치적 입지 등이 조사 과정과 결정에 작용한다고 생각한다.

교수들 사이에서는… 성폭력이 일어났으면 내부 포인트를 알면 지금 저게 또 어떤 맥락에서 저게 치이는구나. 그러니까 그 사건의 본질로, 성희롱 사건의 본질로 절대로 해석을 안 하고 저게, 뒤에 힘의 어떤 것이 저걸 하는구나. 다 복선으로 해석해요(사례 13).

그런데 전반적으로 대학 내 성희롱 사건 조사 과정에 대한 교수 사회의 불신이 팽배해 있는 상황에서도 각 대학은 성희롱 사건의 조사 과정에서 차이를 보였다. 차이를 나타내는 데 중요한 요인은 해당 대학 여교수들이 사건에 대해 입장 표명했는가 여부다. 사례 대학 중 A대학은 여교수들의 집단적 대응이 전혀 없었고, B대학은 여교수 모임이 입장에 따라 양분되었으며, C대학은 여교수들이 단합해 집단적 대응을 함으로써 사건 해결에 큰 영향을 끼쳤다.

> 여교수협의회가 교수협의회와 관계를 조금 재정립해야 된다, 저는 굉장히 강력하게 교수협의회 탈퇴를 여교수들이 고려해 봐야 된다고 그랬어요. 거의 대부분의 여교수들이 탈퇴를 했어요. 성폭력에 대한 교수협의회의 여러 입장에 대해서 불만을 표시하고, 우리가 탈퇴하겠다는 의견서를 학교에 보내고 그 다음에 협의회장에게도 보내고(사례 7).

사례 7은 학내 성희롱 사건 조사 과정에서 교수협의회가 사건을 무마하는 쪽으로 방향을 잡자 여교수들이 독자적으로 입장을 표명하게 된 과정을 설명하고 있다. C대학에는 친목 단체로 여교수 모임이 있었는데 사건을 계기로 이 모임은 여교수협의회로 공식화되었고, 이들은 교수협의회를 탈퇴한 후 성희롱 사건에 대해 여교수협의회의 독자적 목소리를 대학 본부에 전달해 대학 본부가 사건에 적극적으로 개입하는 데 기여했다. C대학이 이런 차이를 보인 것은 상대적으로 대학의 규모가 작아서 여교수들이 집단을 형성하기 쉬웠고 사건이 발생하기 이전에 이미 비공식적으로 여교수 간 연결망이 형성되어 있었으며 선임 여교수들의 성 평등 의식이 분명해서 여교수 모임이 공동의 목소리를 내는 데 큰 역할을 했기 때문이다.

3) 징계

성희롱 규정안에 근거한 객관적이고 집행력 있는 기구가 운영되지 않는 상태에서 사건이 '터지자' 화급히 대책 마련에 나서는 경우, 교수들은 조사위원회의 역할이 형식에 불과한 것이라고 보며 조사위가 도출해 낸 결과를 그것이 징계든 아니든 신뢰하지 않게 된다. 오히려 이들은 핵심 보직 교수의 판단이 징계 여부를 결정한다고 본다.

> 일단 학교에서는 성폭력이라든지 성희롱이라든지 이런 걸 철저히 감시를, 사건이 정확하게 어떻게 됐다는 것을 밝히기보다는 아무튼 속된 말로 묻으려 하는게 강해요. 특히 본부에서는 보직을 하시는 분일수록 그게 더 강해요… (사례 14).

그러나 대학에 성희롱 규정안이 마련되어 있고 학내 성 평등을 추진할수 있는 여러 제도들이 마련되어 있으면, 교수 성희롱은 대학 제도 안에서도 규제가 가능하다. 여기에는 대학의 장인 총장이 학내 성 평등에 어떤 입장이냐가 관건이 된다.

> K교수가 안식년을 끝내고 와서 다시금 안식년을 신청했을 때에 그거를 문제삼을 수 있는 데가 인사위원회잖아요. 다시금 특별 휴식을 요구했을 때 그걸 리젝트할 수 있는 그리고 그런 의견을 만들 수 있는, 끌어낼 수 있는 역할을, 물론혼자 하기 때문에 굉장히 힘들지만 그런 거를 설명을 할 사람이 필요한 거예요. 여성 자문 교수가 그런 역할을 할 수 있죠. 비전을 가졌던 총장이 있었는데 성평등에 관심을 가지고 있었던 그 총장 때에 여성 자문 교수의 자리가 만들어졌죠. 여성 자문 교수의 역할은 총장의 의지에 따라 크게 달라져요(사례 7).

K교수는 1차 성희롱 사건 때 안식년을 보내는 것으로 사건을 정리했는데, 안식년을 다녀온 후 피해자 여학생에게 2차 성희롱을 한 것으로 사건이 다시 점화된 상황이었다. 이에 K교수는 다시 안식년을 신청하여 문제를 정리하려고 했지만 C대학에 신설된 '여성 자문 교수' 제도가 그것을 막을 수 있었다. C대학은 총장 직속으로 학내 성 평등 관련 사안들을 자문하는 여성 자문 교수제를 운영하고 있었다.

4) 사건 후 피해자 여학생의 생활

사건이 공론화된 후 피해자 여학생의 대학 생활은 어떠한가? 피해자 여학생은 자신이 피해자인데도 학교생활을 유지하기 힘든 상황을 맞는다. 주변의 시선들이 예전 같지 않기 때문이다. 사건 이전의 삶과 완전히 달라진 상황에서 학교생활을 지속하는 것은 '피가 마르는 전쟁'이다.

휴학하거나 자퇴하거나… 학내에 일들이 있으면 아이들이 못 돌아와요.
[연구자: 성추행 당한 여학생이 사건이 공론화되건 안 되건 간에 대부분 학교를 떠나는 게 일반적인 건가요?]
제가 알기론 거의 그래요. 못 견뎌요. 지금… 진술서 봤을 때 학우들이 얘기를 안 써 주는 거예요. 교수랑 연결되는 일이니까 그 교수한테 찍힐까 봐… 진술서에 대한 증인 서류가 함께 학교에 올라가니깐… 피해자 편인 학우들이 가해자에게 알려져서 불이익을 당할까 봐… 학생들은 생존하고 맞물려 있는 것 같아요. 애들이 느끼기엔. 특히 남자애들이 등 돌리는 거. 분명히 그 시점에서 봤는데 안 봤다고 하는 거. 그런 게 굉장히 상처가 되고요. 그리고 뭐 그런 거 있죠. 뭐 애들이 수군수군하는 거. 누구니 걔? 예쁘니? 걔가 꼬리쳤겠지 얘기한다든가… 뜬금

없이… 주변에 아는 애들이 괜히 우려한다는 걸 걱정의 눈초리를 보낸다거나 상처를 받고. 자기는 이미 흠이 있다는 생각을 갖고 있는데 각인이 되는 거죠. 이게 24시간 내내 학교 공(개)게(시판)에서 같이 따라붙는 거죠. 내가 좋아했던 학교였는데 그 캠퍼스에서 나는 더 이상 예전의 모습이 아닌 거죠. 그건 정말 엄청난 거 같아요. 남자 친구들하고 깨지고 내 삶 자체를 흔들어 놓는 거잖아요? 가해자는 떠나고 물론 밥줄이 끊기는 게 있겠지만 피해자는 하루하루, 한 시간 한 시간 피가 마르는 전쟁을 하는 거죠. 이건 엄청난 폭력이에요(사례 9).

특히 학과 교수들과 학과 남학생들이 행위자 교수를 도와주기 위해 피해자 여학생에게 압력을 가하고 배제할 때, 피해자 여학생이 교수와 학우들과 정상적 관계를 유지하는 것은 불가능하다. 피해자 여학생은 정신적으로 뿐만 아니라 신체적으로 고통을 경험하며 학교생활은 위축되어 휴학하거나 대학을 떠나게 된다.

개강하고 첫 수업하고 그 다음 날 그 교수랑 친한 교수가 저를 불렀죠. 네가 내 수업에 들어오면 내가 불편하지 않겠냐. 피해자가 처절한 심정으로 앉아 있으면 내가 불편하지 않겠냐 그 말을 세 번 반복했어요. 교수를 용서하고 화해해라. 피해자가 먼저 하라고 그러더라고요. 교수를 이해하라. 가해자 가족을 생각하라… 그 교수는 이제 세상에 다 알려져 학회 활동도 위축되어 있고 그만큼 피해를 봤으면 되지 않았냐… 울먹울먹하면서 제가 얘기를 했죠. 가해자 가족을 생각하라고 하는데 저 때문에 고통 받는 제 엄마 아버지는요? 선생님 저는 졸업할 수 있을지, 졸업한다면 제 전공 분야에 취직이나 할 수 있을까요? 제가 받을 피해는요? (사례 11).

사례 11은 사건 이후 심리적으로 위축되고 또 신체적으로도 약해져서 휴학을 하고 다시 복학한 상황이었다. 이때 가장 현실적인 문제는 행위자 교수와 맞부딪칠 가능성에 대한 두려움이다. 그러나 피해자 여학생은 사건 이후에도 학과에서 행위자 교수와 함께 생활을 해 나가야 한다. 게다가 전공 필수 과목 제도, 지도 교수제, 논문 심사 위원회 구성 등의 교과 과정과 학과 단위의 운영 체제 안에서 행위자 교수를 만나야 하는 상황에서 피해자 여학생의 학교생활은 위축될 수밖에 없다.

5) 사건 후 대학 구성원들의 태도

성희롱 관련법 제정 이후 교수 성희롱이 법정 소송을 거치는 것을 목격하면서 대학 구성원들의 태도가 달라지고 있다. 성희롱이 남교수와 여학생의 왜곡된 관계를 점검하는 한 요소로 자리 잡으면서 남교수와 여학생의 관계 자체가 '문제적'이 되는 것이다. 여학생을 성적 대상으로 대하는 것을 규제하고 있지만, 다른 한편 남교수와 여학생의 관계가 어떤 문화 규범에서 이루어져야 하는지에 대한 담론이 형성되지 않은 대학의 상황에서 대학 구성원들은 서로에 대한 편견을 확대하기 쉽다. 먼저 남교수들은 여학생과는 가능한 거리를 두어 관계를 맺지 않으려는 소극적 반응을 보이거나 여학생에게 비판적 시선을 보내기도 한다.

학생들이 연구실을 찾아오는 경우가 거의 없습니다만 간혹 오는 경우에 남학생이 혼자 찾아왔을 때, 여학생이 혼자 찾아왔을 때, 아무래도 제가 대하는 게 다르죠. 남학생이 오며는 "앉아라" 그리고 "음료수 네가 가져와라" 그리고 이렇게 하는데 여학생의 경우에는 일단 무엇 때문에 왔는지 묻고 그것이 가능한 시간이 걸리지 않는 사안이라면 선 채로… 돌려보내는… (사례 14).

말하자면 문제가 될 소지를 처음부터 없애려는 의도에서 여학생과는 거리를 두거나 가능하다면 사제 관계를 맺지 않으려는 경향을 보이는 것이다. 게다가 여학생들의 태도를 비판적으로 바라보거나 대학 내 성희롱 문제를 해결하려는 경향에 대한 반감이 확산되기도 한다.

(여학생들이) 교수가 만지고 툭툭치는 것에 대해 여학생이 그걸 기분 나빠 안 해요. 특히요 젊은 선생이 그러는 거는 표현하기 뭣하지만 별로 기분 나빠 안 해요. 나이 든 선생님이 그렇게 하면 속된 말로 표현이 어떨지 모르지만 약간 변태적이라는 식으로 생각해요(사례 14).

이런 걸 얘기하면 교수님들 너무 예민한 거 아니냐 그러시죠. 이제부터 아이들 상담할 때 문 열어 놓고 해야겠다든지 감정적으로 발언하시고. 그런 사실은 묻혀 있는 건데… 교수님이 가지고 있는 기득권을 우리가 성이라는 공간으로 다 망가뜨린다는 피해의식 같은 거 많이 가지고 계시고… 저희가 이 문제를 가지고 학생·교수 간담회를 열려고 계획을 세웠어요. 그래서 비교적 진보적 교수님들에게 전화해서 이런 자리가 있는데 토론자로 참석해 주십시오… 나는 입장이 안 서 있다, 나는 거기 대해서 할 말이 없다고 안 하시데요… 남자 교수들이 그런 거 같아요. 생존권과 딱 걸리면 진실의 문제와 상관없고 무조건 싸워야 하고(사례 9).

사례 9는 '진보적인' 교수들이 성희롱에 대해 태도 표명을 유보하는 것을 보며 성희롱과 관련해서는 '진보적인 것'과 무관하게 작동하는 성별에 따른 입장 차이가 있다는 것을 확인한다. 성희롱 문제는 대학 내 구성원들에게 성별 간에 넘을 수 없는 인식의 차이가 있을 수 있음을 깨닫는 계기로 작용했다.

6) 사건 후 대책 마련의 쟁점들

많은 대학들이 성희롱 관련 규정안(학칙)을 제정했지만 그 규정안이 실질적인 집행력이 있는 방식으로 마련된 경우는 드물다. 규정안에 사건 처리기간의 명시, 조사 위원회와 징계 위원회 구성의 성별, 직위별 반영의 구체화, 각 대학 조직의 특징에 기초해 실질적인 집행력이 있는 조사 위원장의 임명, 상담소와 상담 교수의 배치가 명시되어 있는가에 따라 처리 과정이 큰 차이를 보이기 때문이다. C대학은 두 번의 교수 성희롱 사건을 겪는 과정 중에 성희롱 학칙을 정비하고 상담 전문 교수를 영입하고 상담실을 개소함으로써, 사건을 처리하는 방식이 크게 달라졌다. C대학이 이렇게 적극적으로 대처한 데에는 대학 총장의 의지가 결정적이었다.

총장의 서포트가 있었기 때문에 대책위의 어떤 구성이나 그런 것, 그리고 특히 징계 위원회의 위원을 임명하는 경우는 굉장히 중요하죠. 총장의 입지가 굉장히 중요한 것이고 총장의 입장은 그런 것에 대해서 개인적으로는 분명했던 거 같아요. 교수의 권위나 이런 것으로서 상당히 불미스러운 것이라는 입장을… 또 학칙('규정안')이 있었기 때문에 대책위를 당연히 소집해야 된다고. 문안이 있으니까 부총장도 그 학칙에 따라서 대책위를 구성한 거죠(사례 7).

같은 맥락에서 대학 내 관련 기구인 성폭력상담소가 실제로 집행력이 있어야 학생들이 대학의 대책에 신뢰를 보일 수 있다. 조사 위원장이 교내

의 결정 과정에 영향력을 행사할 수 없는 위치에 있을 때 그 위원회는 역할
이 제한되고 위원장은 사건의 본질과 관련이 없는 여러 주변 상황의 영향에
서 위원회를 막아 줄 수 없기 때문이다.

> ○○대는 성폭력상담소가 아직 개소가 안 됐고 여학생실이라는 기존에 있었던
> 실에서 성폭력까지 떠맡게 되는 상황이죠. 상담실이 피해자의 입장이나 그런
> 걸 많이 전달할 수 있어야 되는데 상담실장의 발언권이 다른 학생처장의 발언
> 권만큼 강하지가 않은데 가능할지 걱정이 되고요. 여학생실에 실제 사건에 대
> 한 상담이 상당수 있었어요. 그런데 그중에 공식적으로 성폭력대책위원회를
> 통해서 해결된 경우가 한 건도 없었거든요(사례 6).

성희롱의 규제 범위와 수준을 포괄적으로 규정하는 것에 대해서는 조
심스러운 접근이 이뤄지고 있다. 성희롱 상담 전문 교수들은 대학 내 성희
롱을 규제 위주로 강화하는 것이 유연하지 않으며 대학 내 성 평등 문화 실
현에 오히려 역효과가 날 것이라는 점을 강조한다. 조건형 성희롱을 규제하
는 과정도 반발에 직면하는 상황에서 적대적 환경형 성희롱까지 규제 대상
으로 삼는 것은 비효율적이라는 것이다.

> 교육부가 강하게 강의 평가 내용에 (성희롱 피해 여부를) 넣어라 한다면 넣어야 되
> 거든요. 그러나 별 효과가 있는 것은 아닐 거예요. 오히려 교수의 개인적인 시각들
> 을 인지를 주고, 관리자 교육으로서 접근하는 게 가장 좋다 생각을 해요(사례 12).

> 성폭력 성희롱 개념하고 개인적인 인터액션 그런 것들이 혼용되어 있는 거라서.
> 볼 꼬집는 것을 성희롱이니까 너 조심해라 이렇게 얘기하는 건 너무 유연하지 않

은 거라서 오히려 저희가 문제를 풀어내는 데 역효과를 보는 부분 같고…(사례 9).

상담 교수의 자격으로 대학 내 성희롱 문제를 다루고 있는 사례 12와 사례 9는 대학에서 문제를 풀어 가는 방식은 일방적인 법적 강제에 의한 규제 위주의 접근보다는 대학 내에 성 평등이 실현되어야 한다는 전제에서 구성원들 사이에 성희롱의 성차별적 성격을 인지하는 의식화가 선행되어야 한다고 보고 있다.

5. 맺음말

지금까지 대학 내 성희롱에 대한 서구와 한국의 법적, 이론적 논의들을 정리한 후, 세 대학 사례를 중심으로 대학 내에서 성희롱이 구성원들에게 어떻게 경험되는지를 살펴보았다. 서구에서는 대학 내 성희롱은 조건형 성희롱과 환경형 성희롱으로 나뉘며 성희롱 규제의 역사는 제도적 권력과 가부장적 권력이 중첩된 조건형 성희롱에 대한 규제에서 시작해 가부장적 권력의 산물인 환경형 성희롱까지 규제 범위가 확대되고 있었다. 또한 성희롱은 대학 내 차별 금지의 맥락에서 규제되는 것이어서 성희롱이 발생했을 때 최대 책임은 학내 성차별을 금지할 책임이 있는 대학에 있었다.

한편 한국에서 성희롱은 1999년의 '남녀고용평등법'과 '남녀차별금지 및구제에관한법률'의 제정을 시작으로 2005년의 '여성발전기본법'을 근거로 대학에서 규제 대상이 되었다. 그러나 법안은 성희롱이 차별임을 명시하고 있지만 학내 차별을 막아야 할 대학이 책임의 주체로서 재정적 책임까지 진 경우는 없었다. 선행 연구들은 성희롱이 여성에 대한 성폭력의 연장선에 있다는 의미에서 가부장적 권력의 산물로 보고 있으며 여기에 대학 내 위계적 권력관계와 한국 사회에서 대학이 차지하는 위상에 따른 문화적 특수성이 대학 내 성희롱을 특정한 방식으로 왜곡한다고 보았다. 특히 가부장제적 성규범이 일상을 지배하는 상황에서 피해자가 성희롱의 경험을 지적하기도, 거부하기도 어려운 상황에 대한 구성원들의 이해가 선행되어야 한다는 점이 강조됐다.

이 글에서 다뤄진 세 대학 사례는 성희롱 유형 중에 성폭력 범죄 요건인 강제 추행이 포함된 것으로서 가장 명백하게 법적 규제의 대상이 되는 조건형 교수 성희롱에 해당했다. 그러나 성희롱이 발생한 후 사건의 처리 과정은 사건을 구조적으로 왜곡, 은폐, 축소하려는 시도에 직면하는 것이었다. 여기에는 대학의 학과 중심주의, 교수와 학생 간의 위계적 권력관계, 그리고 교수들의 '동업자 문화'가 작용했다. 교수 성희롱은 '술김의 실수'로 축소되어 피해자인 학생에게 '학생이 교수를 용서해 줘야 한다'는 압력을 줌으로써 피해자 학생을 오히려 가해자의 위치로 전환시키거나, '학과의 위상'이 (또는 대학의 위상이) 추락되면 구성원 모두가 손해를 본다는 논리로 은폐되거나, 피해자 학생도 원했다 또는 학생이 내용을 조작했다는 논리로 왜곡되어 갔다.

반면에 교수 성희롱을 묻어 버리지 않고 공개한 피해자 여학생은 혹독한 대가를 치러야 했다. 자신을 경원시하는 학과의 학우들과 선후배들, 소외시키는 교수들, 게시판 공개로 언제나 노출되어 있는 자신, 그리고 무엇보다 주변 사람들이 자신의 경험을 그대로 믿지 않는 데 대한 충격과 혼란스러움은 정신적, 신체적 질병으로 이어지게 되며, 학과 단위로 이루어지는 대학 생활에서 위축되거나 휴학하거나 대학을 떠났다. 이런 상황에서 대학의 여성 구성원들이 성희롱을 신고하면 여성만 손해 본다고 생각하는 것은 소극적인 태도라기보다 현실에 대한 정확한 판단일 것이다. 그리하여 성희롱을 참고 수용하거나 은폐해 버리는 행위 속에서 성적 대상으로서 여성의 사회적 위치는 구성원 모두에게 다시 한 번 각인되며 그렇게 해서 대학의 성별 위계 구조는 지속된다.

'피해자 관점'의 수용은 이 같은 상황을 변화시킬 출발점이다. '피해자 관점'을 수용해야 하는 이유는 여성과 남성은 '원하지 않는 성적 행위'에 대해 인식이 다르기 때문이다. 여성은 통상 '원하지 않는 성적 행위'가 이루어지는 상황에 대해 남성보다 훨씬 더 위협을 감지한다. 여성들이 원하지 않는 성적 행위를 위협으로 감지하는 것은 강간과 강제 추행의 피해자가 거의 대부분 여성인 현실 때문이다. 성희롱 상황을 여성과 남성이 다르게 인식하며 또 여성이 상황을 다르게 인식하는 것이 정당하다는 점에 동의한다면, 성희롱 여부의 판단은 피해자 관점에서 파악하는 것이 정당하다는 결론에 이르게 된다. 그런데도 현실은 '피해자 관점'을 수용하기가 쉽지 않은 상황이며 이는 판단자의 성별에 따라 시각 차이를 보이는 부분이기도 하다.

그러나 성희롱을 대학 내 성 평등을 실현하는 과정에서 만나는 문제로 인식한다면, 대학 구성원들은 가부장제적 성 규범이 일상을 지배하는 상황에서 여학생이 성희롱의 경험을 지적하기도 거부하기도 어려운 상황에 놓여 있음을 먼저 이해해야 한다. 여학생이 놓여 있는 조건을 이해하면 피해자 관점을 수용하는 데 합의를 구할 수 있을 것이다. 이것은 동일한 성희롱 사건이 발생해도 대학마다 성 평등에 대한 구성원들의 인식이 어떠냐에 따라 대응 방식에 차이를 보이는 것에서도 나타난다. 사례는 대학 내 성 평등에 대한 총장의 의지, 구체적이고 집행력 있는 규정안(학칙)의 제정, 전문 상담 교수제의 도입, 여교수 집단의 입장 표명이 주요 변수였음을 보여 준다.

7_젠더 정치의 '위기'

섹슈얼리티의 지형 분석을 중심으로

1. 문제 제기

2006년 3월 한국사회포럼은 「논쟁이 돌아온다」는 주제를 걸고 2박 3일간 한국의 진보적 시민 사회 운동 단체들을 대거 한자리에 초청해 운동의 의제와 연대의 방식을 고민하는 자리를 마련했다. 이 포럼에 각 여성운동 단체를 대표해 참석한 활동가들은 "여성운동, 차이와 소통 그리고 새로운 미래: 나, 여성운동에 할 말 있다"는 주제로 여성운동의 '위기'의 성격과 향후 방향을 놓고 집중적인 토론을 벌였다.[1] 포럼에 참석한 활동가들은 '위기'의 원인으로 연합체 조직의 영토화/권력화, 국가와 밀착된 관계, 다양한 이슈들을 아우를 수 있는 통합적 관점의 부재와 그에 따른 의제 설정의 실패, 변화된 문화적 토대를 반영하지 못하는 구조, 여성들의 삶에 밀착하지 못

---

[1] 참여 단체들은 언니네트워크, 한국여성단체연합, 민주노동당 정책위원회, 한국여성민우회, 한국성폭력상담소, 여성주의 저널 일다다.

함에 따라 문제를 제기하는 속도와 수위가 낮아지는 문제 등을 쏟아 냈다. 그간의 법과 제도 개혁을 여성운동의 중요한 성과로 제시하고 그 성과를 지속시키려는 운동 방식이 여전히 유효하다고 진단하는 활동가도 있었지만 그보다는 법과 제도 개혁 위주로 운동을 조직한 것이 결과적으로 여성들의 삶과 점점 멀어지고 중앙과 지부의 운동 속도를 갈수록 벌어지게 하면서 운동의 자율성과 비판력이 위축되어 버렸다는 진단이 대세를 이뤘다. 또한 '진보'는 누구도 선점할 수 없으며 사안에 따라 누구의 시선을 취하느냐에 따라 전략적으로 구성된다는 주장이 제기됐다(한국사회포럼, 2006: 151-195).

한국사회포럼의 논의는 이후 한국여성학회 연대위원회가 주최한 "한국 여성운동의 성찰과 전망" 콜로키움에서 재점화됐다. 김경희·윤정숙(2006)은 한국의 여성운동에서 차이의 문제가 이제 중요한 쟁점으로 부상했으며 "이성애와 동성애, 성매매와 성노동, 낙태의 허용과 반대, 대리모 문제, 난자 매매와 불임 시술 지원의 문제, 기혼 여성과 비혼 여성, 노동자·계급 여성과 중산층 여성 등 여성 의제의 경합이 여성운동이 풀어 가야 할 새로운 의제가 되었다."고 진단했다. 이 콜로키움에서는 여성운동의 향후 전망으로, "여성운동가들에게 영감을 주고 책무성을 느끼게 하며 (동시에) 개인 여성들의 정체성 형성에 기여하는 여성운동의 공공성에 대한 담론 생산"(김경희·윤정숙, 2006: 7), "레즈비언의 경험은 성적 취향이 다른 개인이나 집단으로 발견하는 것이 아니라 어떠한 모순과 갈등의 지점들에서 레즈비언 정체성이 구성되는가를 물어야 하는 것"(박하, 2006: 15), "그녀-나의 주체성의 새로운 구성과 그녀-나의 몸을 만드는 물질적, 상징적, 담론적 수준들의 변화"(변혜정, 2006a: 5)를 제시했다. 표현은 각기 다르지만 보편적 여성 정체성에만 근거한 여성운동이 더는 유효하지 않고 보편적 여성과 여성들 간의 차이의 긴장을 통합할 수 있는 담론이 생산돼야 하며, 여성들 간의 차이의 범주화 자체도 상황적임을 인지하는 방향으로 나아가야 한다는 것을 지적한 셈이다.

이렇게 1990년대 여성운동의 최대 성과로 꼽히는 법과 제도의 개선과 그를 위해 반드시 전제되어야 하는 여성 정체성으로의 결집과 운동의 조직화가 오히려 여성운동 위기의 근원으로 지목받는 배경에는 여성들 간의 차이가 놓여 있다. 그리고 이 차이를 구체적 현실로 우리 앞에 구현시킨 것이 지난 10여 년간의 한국의 사회 구조적 변화다. 한국 사회는 1990년대 후반 IMF 위기를 거치면서 광범위한 실업을 경험했고 앞날에 대한 사람들의 불안함이 가중됐다. 중산층의 몰락과 함께 사회 양극화가 심화됐고 사회 양극화는 여성 노동, 가족, 섹슈얼리티 지형 전반의 변화를 동반했다(신광영, 2004). 여성 노동은 전문직과 서비스직으로 양극화가 심화됐고 IMF 경제 위기에 따른 사회 변화 속에서 여성들은 개개인의 경제적 능력이 필수라는 인식을 강화했다(김영옥·김경희, 2004: 110; Kim and Finch, 2002). 이 시기에 이혼율이 급증하고 20대 미혼 여성의 비율이 늘어났으며 출산율은 계속 하락했고 여성 가구주 가구와 독신 가구의 비율이 증가했다(이재경, 2004:87-90). 일·결혼·가족·성 등 각 영역에서 여성들의 위치가 다양하게 펼쳐지면서 여성들 간의 차이가 점차 선명하게 드러났다.

한편 IMF 위기를 극복하는 과정에서 국가는 자유주의 시장 경제 노선을 공식화했고 그에 따라 전 지구화의 가속화와 신자유주의 무한 경쟁이 점차 익숙한 사회 논리로 자리 잡았다. 이렇게 개인주의와 무한 경쟁 논리가 지배적인 사회에서 싱글로 지내는 기간이 점점 길어진 여성의 사회 구조적 상황은, 역으로 친밀성과 섹슈얼리티의 개별적 전유에 대한 욕망을 가속화했다. 연애가 구원 담론이 되고 섹슈얼리티가 프로젝트가 되는 현실에서(김은실, 2006), '순결한 이성애 여성'의 고정된 정체성에 기대어 전개하는 여성 운동의 젠더 정치는 여성들 간의 차이를 간과함으로써 여성들의 저항에 직면하는 '위기' 상황에 놓인 것이다. 이와 함께 섹슈얼리티를 프로젝트로 인식하는 상황, 즉 섹슈얼리티는 주어진 것이거나 확정된 것이 아니며 성적인 것으로 구성되는 것이라는 변화된 인식 아래 사회적 소수자로서 레즈비언, 장애 여성, 이주 여성운동이 등장했고, 페미니즘과 레즈비언의 관계, 여성들의 포르노 소비, 성애의 한 형태로서의 자위, 장애 여성의 몸과 성적 욕망, 조선족 여성의 국제결혼, 성 산업 종사 이주 여성 노동자 문제 등이 연구 주제로 부상하면서 '성적인 것'의 내용이 확장되었다(변혜정 편, 2006).

'성적인 것'의 내용은 본질적인 것이 아니라 구성된 것이라는 인식의 변화는, 여성의 섹슈얼리티가 여성의 젠더로 환원되지 않고 독자적으로 작동하는 별개의 체계에 속하는 것임을 인정하는 것이다. 섹슈얼리티 체계에서 여성이 '순결한 이성애 여성'으로 환원될 때 젠더 정치에서 여성은 '순결한 이성애 여성'의 정체성으로 보편적 여성을 상정할 수 있었다. 그러나 섹슈얼리티 체계가 구성되는 것이고 그 안에서 정상과 비정상의 경계는 늘 유동적이며 경합하는 것으로 인식이 전환될 때 여성의 다양한 섹슈얼리티는 체계 안에서 현실로 자리 잡게 된다. 또한 정상과 비정상의 경합 과정 자체가 논의 대상이 되면서 여성의 섹슈얼리티는 결코 '순결한 이성애 여성'으로 환원되지 않게 된다. 그리고 이 같은 상황은 젠더 정치의 상징인 '여성'이 '순결한 이성애 여성'으로 환원되는 것에 저항하는 결과를 가져오면서 젠더 정치의 '위기'를 가져온다.

최근의 여성운동은 이 같은 맥락에서 향후 방향과 과제를 찾아야 하는 상황에 놓여 있다. 여성들의 체험이 노동·가족·젠더·섹슈얼리티·국가 정책 지형의 변화 속에서 다양하게 펼쳐지는 상황이 되었고 이에 따라 젠더 정치는 젠더 체계뿐 아니라 계급·가족·섹슈얼리티·국가 정책 체계들이 상호 교차하는 작동 방식을 파악하고 그에 따라 전략적으로 개입해야 하는 상황이 된 것이다. 새로운 사회 문제는 그 문제의 복합성을 충분히 파악할 수 있는 새로운 언어와 이론을 요구한다. 그것은 젠더 정치가 기존의 여성 범주에서 간과된 여성 주체들에 초점을 맞추고, 이 여성들의 체험의 복합성을 드러내야 한다는 것을 뜻한다. 체험의 복합성을 드러낸다는 것은 "각각의 기존 범주의 물적, 언어적 중요성을 부정한다기보다 일상의 삶에서 그 범주들이 생산되고 경험되고 재생산되고 저항되는 과정에 초점을 맞춤"(McCall, 2005: 1783)으로써 가능하다.

그러나 여성이 계급·성·인종·국가·문화 체계가 서로 교차하여 젠더화되었다면, 역으로 젠더는 이 모든 체계들의 공통분모가 되는 것도 사실이다. 즉 여성 간의 차이에도 불구하고 젠더는 여전히 다양한 여성들을 묶을 수 있는 범주인 것이다(하딩, 2009: 262-72). 그러므로 젠더 정치가 여성 간의 차이를 이해하면서 여성 정체성을 지속시키기 위해서는 정체성의 강화와 변형이 병존해야 한다. 정체성의 강화는 젠더 정치를 하기 위한 기본 조건이며 정체성의 변형은 여성들 간의 차이를 반영하기 위해 정체성의 외연을 열어 놓는 것이다(Butler, 2003: 18-27).[2]

이 연구에서는 최근 한국 사회의 젠더 정치의 '위기'를 가져온 여성 체험의 차이들이 여러 사회 체계들이 상호 교차해 구성되고 있는 것임을 섹슈얼리티의 지형 가운데 이성애주의와 성폭력의 지형을 중심으로 드러내려고 한다. 이성애주의와 성폭력은 섹슈얼리티 체계의 지형 중에서 한국의 여

---

[2] 정체성을 고정된 것으로 볼 때는 현재의 젠더 정치가 위기지만, 정체성의 외연을 열어 놓는 것으로 볼 때는 새로운 지형을 형성하고 있다는 점에서 위기가 아니기 때문에 위기에 ' '(따옴표)를 붙이려고 한다.

성운동이 '순결한 이성애 여성'의 정체성에 근거해 젠더 정치를 펼친 대표적인 영역이다. 따라서 이 젠더 정치에 어떤 균열이 생기면서 '위기'를 구성하고 있는지, 그 '위기'의 성격을 가장 분명히 보여 줄 수 있다는 점에서 이두 지형의 변화에 주목할 것이다.

섹슈얼리티의 지형 분석을 통해 내가 주장하려는 것은 다음 두 가지다. 첫째, 1990년대 초반에는 젠더 정치가 '순결한 이성애 여성' 정체성에 근거해 젠더 억압을 중심으로 여성을 결집할 수 있었다면, 1990년대 중후반 이후 젠더 정치의 지형은 젠더·계급·섹슈얼리티, 국가 정책 체계들이 상호 교차함으로써 여성의 체험이 구성되고 있다는 점이다. 최근 여성 동성애 운동의 등장과, 여성에 대한 폭력으로 그동안 인지된 포르노, 성매매, 성폭력의 경험들이 담론화되는 방식은 젠더 체계로만 젠더 정치를 끌어가는 것이 이제 유효하지 않음을 보여 주고 있다.

둘째, 여러 사회 체계들이 구체적인 상황에서 어떤 식으로 상호 교차하는지 그 교차 방식과 과정을 드러낼 수 있어야 운동의 개입과 전략을 효과적으로 세울 수 있다. 특히 상황에 따라 젠더 정체성의 강화와 변형이 전략적으로 구사될 수 있기 때문에 서로 모순되어 보이는 운동들이 공존하게 된다. 젠더 정치의 방향이 젠더 체계에서 체계들 간의 상호 교차성에 주목하는 것으로 이동할 때 여성 체험의 차이들을 배제하지 않는 여성운동의 공간을 찾아나갈 수 있을 것이다.

2. 젠더 정치의 '위기'와 섹슈얼리티의 지형

푸코가 지적했듯이, 섹슈얼리티는 역사적 구성물로서, "몸의 자극, 쾌락의 심화, 담론의 촉발, 특정한 지식의 형성, 통제와 저항의 강화가 지식과 권력의 몇 가지 주요 전략에 따라 서로 연결되어 있는 거대한 표면의 연결망을 말한다"(Foucault, 1978: 105). 즉 섹슈얼리티는 개인의 특성이라기보다는 사회적으로 구성되며 권력에 의해 작동되는 지배 체계로 간주된다. 그러나 푸코는 섹슈얼리티를 사회 체계의 하나로 봄으로써 섹슈얼리티를 이해하는 패러다임의 변화를 가져왔지만, 성 담론을 남성들이 독점해 왔으며 남성들이 구성하는 섹슈얼리티와 여성들이 구성하는 섹슈얼리티는 다르다는 사실은 간과했다. 남성들이 성 담론을 독점하는 동안, 여성들은 역사적으로 성에 대해 침묵했기 때문이다(Snitow, 1981: 10).

한국 여성이 성 정치 전략을 침묵에서 성 담론의 생산으로 바꾸기 시작한 것은 1990년대부터다. 페미니스트 연구자들과 여성운동가들은 젠더 정치에 근거해 성폭력 저항 운동을 전개해, 가정폭력과 성폭력의 피해자로서 여성의 섹슈얼리티를 부각했다(조주현, 2000; 민경자, 1999). 1990년대 전반의 한국 여성의 젠더 정치는 순결한 이성애 여성과 그렇지 못한 여성으로 정상과 비정상을 구분하는 섹슈얼리티 체계를 그대로 수용했고, 남성들의 폭력에 무방비 상태로 놓인 '순결한 이성애 여성'이라는 정체성으로 여성들을 결집하고 정치적 입지를 얻을 수 있었다. 그러나 최근 여성들의 섹슈얼리티는 계급·가족·젠더·국가 정책 체계들의 교차 속에서 다양하게 전개되기 시작했다. 다양한 지배 체계들이 교차하는 연결망에서 여성들이 자신의 위치를 어디에 놓는가/놓이는가에 따라 여성들의 성 담론은 다르게 구성되는 것이다.

이 절에서는 "남성들의 성폭력에 무방비 상태로 놓인 순결한 이성애 여성"이라는 정체성에 근거해 전개한 그동안의 젠더 정치가 이성애주의와 성폭력 영역 둘 다에서 균열을 보이고 있음을, 최근 한국 사회에서 전개된 사건이나 논쟁들을 중심으로 분석한다. 첫째, 이성애주의에 대한 분석으로는 한국 여성 동성애 운동이 페미니스트 그룹에 제기한 문제들을 중심으로 이들이 균열을 일으키려는 이성애주의의 특징이 무엇이며, 이들이 전개하는 동성애 운동의 지향성이 젠더 정치에서 어떤 의미를 갖는지를 살펴볼 것이다. 둘째, 성폭력에 대한 분석으로는 콜린스(Collins, 2000: 125-135)의 상호 교차성 개념을 도구로 이용해 그동안 젠더 체계를 통해서만 논의된 포르노·성매매·강간의 경험이 계급·젠더·가족·섹슈얼리티·국가 정책 체계들의 상호 교차의 공간으로 이동했으며 이에 따라 새로운 담론과 지형이 형성되고 있음을 분석할 것이다. 특히 사이버 포르노그래피, 2004년의 성매매방지법 제정 과정, 2004년 밀양 집단 성폭력 사건의 진행 과정에서 드러난 담론들을 중심으로 젠더 정치와 여성 범주의 긴장의 특징들을 드러낼 것이다.

여기서 다루는 내용은 한국의 최근 성 정치에 대한 연구자의 시론적 분석이 보완, 발전된 것이다(Cho, Joo-hyun, 2005). 각 주제는 그동안 젠더 정치뿐 아니라 한국 사회에 커다란 반향을 일으킨 것으로, 진행 과정에서 드러난 다양한 위치를 반영하는 담론들을 살펴보는 것이 특히 젠더 정치와 여성 범주의 긴장을 파악하는 데 도움이 되리라고 판단해 선정했다. 각 사건과 운동들의 관련 자료는 선행 연구들뿐 아니라 운동 단체, 언론사, 정부 기관의 신문 기사, 칼럼, 담화문, 자유 게시판에 올린 누리꾼들의 기고 등 연성 자료들을 활용했다.

1) 이성애주의: 이성애 여성 젠더 정치에 도전하는 레즈비언 권리 운동

한국의 여성운동은 1970년대 가족법 개정 운동을 시작으로, 한국 가족 구조의 가부장성을 비판하고 수정하는 작업을 지속해 왔다. 특히 호주제는 한국의 가부장적 가족 체계의 대표적 상징으로 인식되었으며, 여성을 남성한테서 분리하고 남성에게 종속시키는 위계적인 젠더 체계를 생산한다는 비판을 받았다(양현아, 2000). 호주제 폐지는 최근 한국 사회에서 여성운동의 대표적 어젠다 중 하나였으며 2000년부터 여성·시민 단체 111개가 연대해 호주제 폐지 운동을 추진했고 드디어 2005년 3월 국회에서 호주제 폐지안이 통과되었다. 이 제도의 폐지는 향후 가족 체계뿐 아니라 사회 전반에 양성 평등을 실현하는 데 초석이 될 것으로 평가된다(한국여성단체연합, 2005).

그러나 한국 사회에서 가부장제 가족의 젠더 위계에 대한 비판은 제도로서의 이성애주의에 대한 비판과는 분명한 단절을 보이며 전개되었다. 한국 사회의 젠더 정치는 이성애를 규범으로 하는 섹슈얼리티 체계를 수용하는 한에서 정치적 입지를 얻을 수 있었기 때문이다. 어머니, 아내, 딸의 가족 내 평등은 이들의 순결한 이성애 섹슈얼리티를 전제로 주장될 수 있었다. 한편으로 '정숙하지 못한' 과도한 섹슈얼리티와 다른 한편으로 이성애적 욕망이 없는 섹슈얼리티를 모두 비정상적/병적인 여성 섹슈얼리티로 분류하는 섹슈얼리티 체계를 그대로 수용함으로써 정숙한 섹슈얼리티를 지닌 여성이 젠더 체계에서 여성을 대표하는 권리를 가질 수 있었던 것이다.

한국의 젠더 정치가 진정 '여성'을 대표하려면 '여성'인 레즈비언을 젠더 정치 안에서 정치화할 수 있어야 한다. 그러나 이러한 당위는 한국의 젠더 정치가 정숙한 이성애 여성 중심의 젠더 정치로 그동안 확보해 온 정치적 입지를 해체할지도 모르는 위험을 안고 있다. 뿐만 아니라 이성애가 어쩌면 유일한 권력의 자원일 수 있는 이성애 여성들에게 이성애의 상대화는 수용하기 어려운 주장이 된다. 1990년대 후반에 부상한 레즈비언 권리 운동과 젠더 정치의 갈등은 바로 이 같은 맥락에서 전개되었다.

한국에는 1994년 처음으로 '끼리끼리'라는 레즈비언 운동 단체가 결성되었다. '끼리끼리'는 1997년에 대표적인 진보적 여성운동 연합체인 한국여성단체연합에 가입하려다 거부당한 경험이 있다. 2001년에는 한국여성학회에서 레즈비언이 "생물학적으로 타고난 사람들이며, 철저하게 여자/남자 역할을 하고 있는 사람들"이라는, 레즈비언에 대한 비판적 논문이 발표되어 레즈비언 운동 단체와 한국여성학회 사이에 논박이 오가기도 했다(박통, 2005; 끼리끼리, 2001.11.30; 손승영, 2001.12.28). 레즈비언을 '여성'에서 배제하려는 젠더 정치는 2004년에도 지속되어 부산시여성센터는 여성 단체 활동가를 대상으로 하는 프로그램에 "레즈비언 운동 단체는 여성 단체가 아니"라는 이유로 레즈비언 운동 단체 활동가의 참여를 거부했다(케이, 2004). 그러나 국가인권위원회는 2005년 3월, "여성 성적 소수자 단체를 여성 단체에서 배제하는 것은 차별 행위"로 인정하고 부산시장과 단체장에게 재발 방지를 권고했다(레즈비언권리연구소, 2005a). 한국 사회에서 레즈비언의 위치가 '여성'보다는 '소수자'에 있음을 상징하는 사건이었다.

한편 2004년 11월 한국여성학회는 「성과 차이의 정치학」을 주제로 '성적 소수자와 차이의 정치학' 세션에 레즈비언 운동가들을 초대했다. 페미니스트들과 레즈비언 운동가 사이에 포함의 정치가 시작되는 지점이었다. 이 세션에 참여했던 레즈비언 운동가 수연은 페미니스트들과 만난 경험을 이렇게 기술했다.

우리는 초대받은 한국여성학회에서 우리의 다름을 말하기 위해 우리가 겪어왔던 '차별'의 경험을 말했습니다. 이때 가장 먼저 해야 할 일은 우리를 초대해 준 그들 — 여성주의자, 여성학자 — 을 대상으로 '다름'에 대한 인식을 촉구하는 일이었습니다. '다름'은 단지 '다양성'이라는 말로 설명할 수 없으며 '차별'을 의미하는 것입니다… 우리는 이성애 여성들에게 다름이란 레즈비언을 '타자화'

하는 경험이고, 레즈비언들에게 다름이란 '차별'을 경험하는 것이라는 점을 그들에게 인식시키려고 했습니다. 그러나 그 자리에 참석했던 많은 페미니스트들의 반응은 예상 외였습니다. "우리가 언제 기득권이었던 적이 있나요?" "차별의 실체가 없다는 생각이 듭니다." "왜 그렇게 공격적이냐?" "그 자리에서까지 그렇게 흥분할 필요가 있느냐, 어쨌든 얘기를 듣겠다고 부른 사람들인데." 그들은 우리를 페미니스트들을 무조건 공격하고 스스로 피해자화하는 사람들 취급했습니다(수연, 2005a).

레즈비언 운동가들은 페미니스트들에게 동성애 여성과 이성애 여성 간의 다름은 다양성이 아니라 위계적 권력관계를 뜻하는 것임을 설득하고 싶었을 것이다. 섹슈얼리티 체계의 지배 집단과 피지배 집단은 이성애자와 동성애자로 구분되고, 이성애 여성과 동성애 여성은 바로 그 섹슈얼리티 체계의 지배 집단과 피지배 집단을 대표한다는 것을 말이다(박통, 2004; 케이, 2004; 한채윤, 2004). 그러나 페미니스트들과 여성학자들은 이들의 '공격'에 대해 젠더 개념으로 대응함으로써 접점을 찾는 데 실패했다. "우리가 언제 기득권자인 적이 있느냐"는, 젠더 체계에서 피지배 집단인 '여성'으로서의 발언이지 섹슈얼리티 체계에서 지배 집단인 '이성애자'로서의 발언은 아니다.

이성애주의를 전제로 하는 젠더 정치하에서 레즈비언 페미니스트는 이성애 페미니스트 정체성으로 동화되어 자신의 동성애 정체성을 침묵할 것을 요구받는다. 그 결과 이들의 레즈비언 정체성이 담론화될 수 있는 공간은 페미니즘 운동이 아닌, 인권 운동에 놓이게 된다. 부산여성성적소수자인권센터 활동가 김혜정은 이들의 정치적 위치를 이렇게 설명한다.

레즈비언이 자신의 성 정체성을 자유롭게 얘기하기 힘들게 만드는 분위기가 여성 단체 안에 존재한다. 여성운동을 하는 사람들의 호모포비아적 행동 때문에, 단체 안에서조차 레즈비언으로 커밍아웃하기 힘든 현실. 레즈비언 여성운동가들이 상당수 여성 단체 내에 있음에도 불구하고, 그 존재가 감추어져 왔다. (한편) 많은 여성학자와 여성운동가들이 자신이 동성애 문제에 대해서 더 알아야 할 것이 없다고 여기는 모습을 보인다. 그 결과 레즈비언 인권 활동가들은 오히려 여성 단체보다 여타 인권 단체들과의 연대가 더 쉽다는 얘기를 한다. 인권 단체 활동가들은 자신들이 동성애 문제에 대해서 모르기 때문에 배워야 한다는 자세를 가지고 있어서, 처음엔 황당한 질문일지라도 자꾸 반복하면서 적극적으로 배우고, 문제의식을 공유하려 노력하고 있다(김혜정: 정춘희, 2004.10.31에서 재인용).

동성애자이면서 여성인 이들은 그동안 자신들의 성 정치를 게이 운동과 페미니즘 운동과 연대해 전개하려 했다고 설명한다(박통, 2005). 그러나 "게이 운동의 가부장성과 오만, 그리고 페미니스트 운동의 레즈비언 배제 사이에서 고립되어 왔던"(박통, 2004: 2) 이들은 2005년 5월 분리를 선언한다. 레즈비언 운동 단체 네 곳이 연대해 만든 한국레즈비언권리운동연대의 목표는 "한국 사회의 이성애주의와 가부장제에 반대하며, 한국 사회 레즈비언의 현실에 바탕을 둔, 레즈비언의 독자적 권리 운동을 추구하는 것이다" (레즈비언권리연구소, 2005b).

실제로 이들이 전개하고 있는 '아웃팅 방지 캠페인'과 '성폭력 반대 캠페인'은 "한국 사회 레즈비언의 현실에 바탕을 둔" 운동의 특징을 가장 잘 보여 주는 대목이다(수연, 2005b). 아웃팅 방지 캠페인은 레즈비언을 아웃팅에서 보호하려는 것으로, 레즈비언의 동성애 정체성을 직장이나 주변에 폭로하거나/하려는 가해자를 처벌하기 위한 캠페인이다. 이들은 레즈비언에게 커밍아웃을 권유하는 것은 "레즈비언들이 처한 상황을 무시하고, 현실에 눈높이를 두지 않은, 이론에만 토대를 둔 페미니스트들의 개념 놀음이며 페미니스트의 오만"이라고 비판한다(수연, 2005b). 이들은 절대적인 호모포비아 사회인 한국에서 레즈비언으로 커밍아웃하는 것이 얼마나 위험한지 이들이 처한 현실을 이해하지 않고 커밍아웃을 주장하는 페미니스트들을 '극소수의 신기한 정치적 레즈비언들'(박통, 2004: 6)로 호명하며 자신들과 분리한다. 다른 한편 이들은 레즈비언 커뮤니티 안의 성폭력 문제를 해결하고 예방하려는 활동을 전개했다. "레즈비언이 성폭력 가해자가 되지 않기 위해서는 어떻게 행동해야 하는가, 피해를 입었을 때는 어떻게 스스로를 치유해 나갈 수 있는가 하는 점들"을 중심으로 캠페인을 벌였다(반성폭력네트워크, 2004).

이제 침묵에서 벗어나 자신들의 성 담론을 구성하려는 한국의 레즈비언 권리 운동이 택한 방향은, 스스로 정체성을 세우고 그 정체성을 시민 사회에서 인정받아 시민 사회의 구성원이 되는 데 둔 것으로 보인다. 그러나 정체성의 정치는 배제·소외·위계를 동반한다(Gamson, 1995). 시민 사회의 구성원이 되기 위해서는 시민 사회의 지배 규범 문화에 맞춰 (그 지배규범 자체가 변화하는 것이라 하더라도) 자신들을 재구성해야 하며, 자신들의 위치가 시민 사회의 보편적 윤리 코드 안에 있다는 점을 정당화해야 하는데 이를 위해서는 내부의 차이들을 배제하고 단일한 정체성으로 정상화하는 위계가 필요하기 때문이다(Meeks, 2001: 335). 레즈비언 정체성의 정치는 '아웃팅 방지 캠페인'과 '성폭력 반대 캠페인'을 통해 레즈비언 커뮤니티 내의 차이들과 '위험한' 요소들을 제거함으로써, '다르지만 규범적인' 레즈비언 시민을 구성한다.

이들의 성 정치는 퀴어 정치와는 분명한 구분을 보인다. 퀴어 정치는 정체성의 정치가 동반하는 배제와 위계를 문제 삼고, '시민'과 '적'을 구분하는 시민 사회의 윤리 코드 자체를 상대화하는 것이 목적이기 때문이다. 말하자면 퀴어 정치는 배제와 위계의 문화적 억압에 저항하는 것이 목적이다. 그러나 확정된 정체성이 있어야 정치 세력화를 할 수 있고, 정치 세력화가 되어야 제도적 억압에 저항할 수 있음을 고려할 때(Gamson, 1995), 또 다양한 정체성들이 공존하는 시민 사회를 형성해 나가려는 '한국 사회의 현실'을 고려할 때, 그 시민 사회의 구성원이 되기 위해 레즈비언 정체성의 정치를 선택하는 것은 필연적인 것으로 보인다. 다만 같은 맥락에서 레즈비언 정체성이 정상화하는 과정에서 배제된 차이들은 또 다른 레즈비언 정체성의 형성을 예고한다.

그동안 '여성' 정체성의 정상화 과정에서 배제된 동성애 여성들이 레즈비언 정체성의 정치를 시작함으로써, 젠더 정치는 이성애 여성 중심의 정치로 그 대상이 제한되는 상황에 놓였다. 이제 젠더 정치는 섹슈얼리티 체계 내의 차이들을 젠더 정치 안에서 어떻게 담론화할지를 고민해야 할 시점에 있다. 젠더 정치가 레즈비언 여성들을 '여성'에서 배제할 때 모든 여성들을 더는 대변하지 못하게 된다는 상징적 차원의 '위기'뿐만 아니라 이성애주의를 기반으로 한 여성 억압에 저항할 수 없게 된다는 점에서 운동의 진보성은 손상된다. 젠더 정치는 젠더 체계와 분리된 독자적인 섹슈얼리티 체계가 존재함을 인정해야 하며 섹슈얼리티 체계와 젠더 체계의 상호 교차성을 적극적으로 정치화하는 방향으로 나아가야 한다.

2) 포르노: 성폭력에서 소비 상품으로 전환된 사이버 포르노

최근 한국 사회에서 포르노그래피는 인터넷의 주류 문화 콘텐츠로 자리 잡았다. 포르노가 일상적 문화 소비물이 된 것이다. 김현미(2004)는 그 이유를 사이버 포르노는 즉각적 만족, 쉬운 접근, 다양한 성적 실천 가능성을 특징으로 하는데, 이것이 불예측적이고 불연속적인 후기 근대적 삶의 조건과 잘 들어맞기 때문이라고 설명한다. 또한 사이버 포르노 생산자가 인터넷 기술을 잘 다루는 사람이란 이미지로 격상되면서, 해커처럼 기술에 대한 자부심과 돈벌이라는 성취감을 갖게 하는 사회적 분위기도 한몫을 하는 것으로 설명한다. 한편 최정은정(2003)에 따르면 사이버 문화의 특징인 공유 정신이 포르노가 일상적 문화 소비물이 되는 데 기여하고 있다. "그것이 엽기 플래시 애니메이션이든 유명 연예인의 누드 화보집이든 어떻게든 공유시키고자 수단과 방법을 총동원하는 문화가 인터넷 공간 안에 형성되어 있기"(ibid., 12) 때문이다. 이렇게 사이버 포르노는 '포르노'보다는 '사이버'라는 특징 때문에 포르노의 생산 유통 소비를 급증시켰다. 사이버공간의 기술적, 문화적 특징이 포르노는 여성에 대한 폭력이라는 페미니스트 젠더 정치를 무력하게 할 정도로 포르노의 지형과 담론을 확대해 놓은 것이다.

사이버 포르노가 일상적 문화 소비물이 되었다는 것은 이제 '포르노는 여성에 대한 폭력'이라는 전통적인 페미니스트 젠더 정치만으로는 사이버 포르노에 적극적으로 대처하기 어려운 상황이라는 것을 말해 준다. 사이버 포르노는 현재 각종 포르노 동영상을 모아 놓은 성인 사이트, 에로 영화 전문 디지털 상영관, 섹스 라이브쇼를 보여 주는 인터넷 성인 방송국, 누드 화상 채팅, 섹스숍, 야설 동호회(텍스트 기반 포르노그래피), 개인이 운영하는 셀프 누드 사이트의 형태로 존재한다(ibid., 4). 사이버 포르노의 소비는 젠더 분화를 보여 주어, 성행위를 노골적으로 보여 주는 성인 사이트나 일대일 화상 채팅을 통해 돈을 주고 상대 여성의 옷을 벗기고 특정 성행위를 하게 하는 누드 화상 채팅과 같은 주류 하드 코어 포르노 형태의 주 소비자는 남성이고, 여성의 누드를 보여 주는 이미지 컷이나 야설 동호회 등 '이야기'가 있는 사이트에는 여성이 몰리고 있다.

한국에서 사이버 공간은 IT산업의 발전을 국책으로 삼은 정부의 지원을 받는 영역이다. 정부는 2002년 정보통신의 날 사단법인 한국인터넷성인문화협회 회장에게 정보 통신 분야에서 한 노력을 인정해 대통령 표창을 했다.[3] 사이버 포르노가 인터넷의 새로운 수익 모델로서 콘텐츠라는, '문화 산업'의 지위를 획득하게 된 것이다(김현미, 2004: 336). 사이버 포르노가 문화 산업이 되면 폭력 대신 소비가 사이버 포르노의 지형을 설명하는 주요 개념이 된다. 말하자면 사이버 포르노 문화 산업은 사이버의 특성으로 인해 하드코어 포르노까지 소비의 이름으로 정당화하는 통로를 마련한 셈이다.

드 그라지아(de Grazia, 1996: 4)에 따르면, "소비란 상품화, 구경거리, 상업적 거래와 사회 복지 개혁의 과정을 말하며, 그 과정에는 물건과 공동 서비스, 이미지에 대한 욕망과 구입, 구매, 사용이 포함된다." 따라서 포르노를 소비하기 위해서는 먼저 여성의 몸을 상품으로 전환하고 그 상품에 대한 욕망이 생기게 해야 한다. 네트워크 접속과 동시에 '성행위' 그 자체로 화면을 채우는 하드코어 사이버 포르노는 여성을 '세 개의 구멍'으로 상품화함으로써 '소비자'에게 가장 빠른 섹스나 자위 등의 성적 실천을 유도한다(김현미, 2004: 339). 또한 하드코어 사이버 포르노는 오프라인의 전통 포르노와 달리 이야기를 배제함으로써 화면 속의 여성과 감정적 관계를 맺어야 하는 소비자의 부담을 없애고 여성을 상품으로 즐겁게 소비할 수 있도록 돕는다.

그러나 '세 개의 구멍'으로 전환된 여성에 대해 욕망이 생기게 하는 것

---

[3] 협회장은 "성인물 업체도 수출에 한몫 합니다!"는 말로 국가 경제에 대한 포르노 산업의 공헌을 주장하고 있다(김현미, 2004: 336).

은 사이버의 기술적 특징만으로는 불가능하다. 하드코어 사이버 포르노는 오프라인의 섹슈얼리티 체계와 계급 체계가 교차함으로써 여성 몸의 소비가 즐거움이 되는 것을 가능케 한다. 계급 체계에서 경제적 이유 때문에 자신의 몸을 상품화하는 저소득층 여성은 섹슈얼리티 체계에서는 정숙하지 못한 여성으로 전환된다. 섹슈얼리티 체계에서 정숙하지 못한 여성은 윤리 규범(moral code) 밖에 놓이고 정숙한 여성에서 배제되고 분리된다. 이들의 몸은 윤리 규범 밖에 놓이기 때문에 이들의 몸을 상품으로 욕망하는 시선에는 도덕적 평가가 따르지 않는다. 즉 계급 체계와 섹슈얼리티 체계가 교차해 저소득층 여성의 섹슈얼리티를 정숙하지 못한 여성의 섹슈얼리티로 치환함으로써, 정숙하지 못한 여성의 몸을 '세 개의 구멍'으로 소비하는 소비자는 윤리적 부담에서 벗어나 즐겁게 포르노를 소비할 수 있게 된 것이다. 따라서 비난은 언제나 자신의 몸을 스스로 상품화한 여성에게 향해지고 소비자는 보호된다.

한편, 사이버 포르노의 다양한 형식은 오프라인의 변화된 여성의 사회적 조건과 결합해 사이버 포르노를 소비하는 여성 주체를 등장시키고 있다. 성을 즐거움으로 인식하는 여성 주체의 등장은 섹슈얼리티가 결혼과 출산에 종속되지 않게 된 사회적 상황에서 나온 것이다. 이들의 등장은 정숙한 여성과 비정숙한 여성으로 여성을 구분해 통제하는 섹슈얼리티 체계를 교란한다. 여성들의 사이버 포르노 소비의 특징은 오프라인의 성 문화를 주도하고 있는 육체에 대한 관심과 연결선상에 있다. 최근 오프라인에서 유행하고 있는 얼짱, 몸짱 신드롬이나[4] 여배우 누드 사진 열풍,[5] 미소년의 얼굴에

---

4) 얼굴 짱의 줄임말. 휴대폰 카메라나 디지털 카메라로 자신의 얼굴을 인터넷에 올리면, 누리꾼들이 '정말 예쁘다고 판단할 경우' 다른 사이트에 퍼뜨리는 청소년들의 인터넷 하위 문화에서 시작되었다. 잘생긴 얼굴과 몸을 갖는 것이 문화 권력이 되는 얼짱, 몸짱 문화는 오프라인에

근육질의 몸을 가진 남성 연예인이 뜨는 현상은 몸이 권력을 창출하는 문화 자본이 되었고 몸에 대한 욕망이 늘어났음을 말해 준다. 사이버 포르노의 형식에서 이것은 누드에 대한 관심으로 표출된다. 섹스 라이브 쇼를 보여 주는 인터넷 성인 방송국은 2001년 한 해 가입자만 100만이 넘었는데 이중 여성 가입자 비율이 42.7%에 달했고, 유명 여성 연예인 누드를 모바일 콘텐츠로 제공하는 업체의 2003년 자료에 따르면, 다운로드한 비율이 여성이 60%로 남성보다 높았다(최정은정, 2003: 7-9).

여성들의 사이버 포르노 소비의 또 다른 특징은 포르노에 '이야기'를 가져온다는 점이다. 주로 15~20세의 여성들이 동호회를 이루어 운영되는 '팬픽'[6]과 '야오이'[7]는 여성 포르노로 알려진 장르다. 게이 소년 커플을 등장시켜 사랑과 육체적 탐닉을 묘사하는 이야기의 표현 수위는 하이틴 로맨스 수준에서 S/M까지 다양하다(ibid., 9). 이 장르는 여성들이 남성의 성적 대상으로 머물던 것에서 벗어나 여성의 시선으로 남성의 몸에 관심을 보이고 스스로 이야기를 만든다는 점에서 남성 중심의 포르노 지형에 변화를 일으키는 점은 있지만, 등장인물을 게이 커플에 한정시킴으로써 여성의 몸과 욕망을 전면에 드러내지는 못하고 있다. 한편, 성 경험, 성적 자극, 만족에 대한 여성들의 담론을 활성화하는 영역으로 여성 전용 성인 웹진들이 있다.[8] 10만여 명의 회원(여성 60%)이 가입한 여성 포르노 웹진 「팍시러브」는 "대한여성

서 주류 문화로 확대되었고, 성형, 다이어트, 헬스의 유행을 가져왔다.

5) 유명 여성 연예인 누드를 모바일 콘텐츠로 제공하는 것.

6) 팬(fan)과 픽션(fiction)의 합성어. 소녀들이 우상으로 삼는 남성 대중 스타들을 주인공으로 등장시켜 직접 쓰는 동성애 소설.

7) 여성 작가에 의한, 여성 독자를 위한, 남성 동성애를 다룬, 포르노 소설 또는 만화. 일본에서 시작되어 한국에 전파되었다.

8) 예를 들면, namrodang/com; foxylove.net; 3exdom.co.kr; cultizen.co.kr/sex (최정은정, 2003)

오르가슴찾기운동본부", "앞에서 끌어주고 뒤에서 밀어주는 진정한 자매의식"의 구호를 걸고 여성이 여성을 위해 성 이야기를 풀어놓는 공간이다.

사이버 포르노의 다양한 형식은 여성의 관점에서 성에 대해 알고 즐기고 전유하려는 여성 주체들이 집단화, 가시화되는 것을 가능케 했고, 정숙한 여성과 정숙하지 못한 여성으로 여성을 분리하는 섹슈얼리티 체계를 불안정하게 만드는 예기치 않은 효과를 가져왔다. 또한 여성의 관점에서 사이버 포르노에 이야기를 접목함으로써 몸과 여성이 분리되지 않고, 몸의 고유성이 유지될 수 있는 공간을 마련했다.

그러나 이러한 사이트들은 극히 적으며, 대다수의 포르노그래피 사이트들은 분절화, 파편화된 여성의 몸을 재현한다. 포르노그래피 사이트들이 끝없는 물량 공세로 직업, 나이, 크기, 인종, 국가, 섹슈얼리티 등에 따라 다양한 여성 몸의 형태를 재현하는 것처럼 보이지만, 이것은 소비자의 기호에 맞춘 상품의 다양성일 뿐이며 궁극적으로 '세 개의 구멍'이라는 단일한 상품으로 환원되는 것을 막을 수 없다(Moore and Adele, 2001: 86).

포르노에 대한 젠더 정치가 '포르노는 여성에 대한 폭력'이라는 기존의 젠더 체계에만 의존해서는 유효한 설명을 할 수 없는 지금, 젠더 정치는 젠더 체계뿐만 아니라 오프라인의 계급 체계, 섹슈얼리티 체계, 국가 정책 체계가 어떻게 상호 교차해 사이버 포르노를 구성하는지 그 과정과 방식을 드러내는 데 주목해야 하며 그를 통해 사이버 포르노 소비가 담론화되는 방식을 정치화하는 것이 필요하다.

3) 성매매: 젠더 정치에 도전하는 성매매 여성의 '행위성'

2004년 9월 성매매방지법이 시행되면서 그동안 수면 밑에 있던 성매매에 대한 다양한 입장들이 부상했다. 성매매방지법은 1961년에 제정되어 지금까지 시행된 '윤락행위방지법'을 대체한 것으로, 이 두 법은 모두 성매매 금지가 원칙인 점에서는 같지만, 여성학자들은 이 법이 세 가지 의의를 지닌 것으로 평가한다. 첫째, 성매매의 법률적 용어 채택을 '윤락'(스스로 타락하여 몸을 버림)에서 '성매매'(성을 사고 팜)로 바꿈으로써, 그동안 성을 파는 여성만을 초점을 맞춰 도덕적으로 낙인찍는 데서 나아가 성을 사고파는 사람, 중간 매개자, 성 산업 등 총괄적인 맥락을 문제 삼을 수 있게 되었고, 둘째, '성매매 피해자' 개념을 도입해 강제로 성매매를 한 여성은 형사 처분에서 제외시켰으며, 셋째, 성매매 행위를 사고파는 사람의 양자 관계가 아닌 알선 업자가 존재하는 삼자 관계로 규정하고 중간 매개자의 처벌을 대폭 강화했다(양현아, 2004; 이나영, 2005).

이 법안은 지난 20년간 현장에서 성매매 관련 여성주의 운동을 이끌어온 새움터와 한소리회, 그리고 진보적 여성운동 단체 연합체인 한국여성단체연합의 참여하에 여성부가 준비해 결실을 본 것으로(불의도마뱀, 2001), 지금까지 한국의 여성운동이 전개한 성폭력 저항 운동의 연장선에 있으며 그 노력의 산물이다. 성폭력 저항 운동은 사회의 이중적 성 규범과 남성의 성적 권력의 피해자 위치에 여성을 두고 여성을 보호하고 여성의 인권을 지키려는 운동이다. 성매매 여성은 성폭력 저항 운동의 맥락에서 보면 이중 성규범과 남성의 성적 권력의 가장 열악한 피해자일 뿐 아니라 성 산업의 피해자인 '불쌍한 언니들'로 규정된다(이나영, 2005: 68). '윤락녀'에서 '불쌍한 언니들'로 성매매 여성의 정체성을 이동시킨 것은 성폭력 저항 운동의 최대 성과다. 따라서 성매매에 대한 페미니스트 성 정치는 가해자인 남성과 사업주들을 처벌하고 성매매 여성의 인권을 보호하는 근절주의를 대표적 입장으로 택하고 이를 실현할 처벌 법안 제정에 힘을 모은 것이다.

한국의 페미니스트 성 정치가 성매매방지법 제정에 힘을 쏟은 데는 IMF 위기 이후 향락 산업이 기형적으로 팽창하게 된 사회 상황도 작용했다. IMF 위기 이후 유휴 자본은 상대적으로 위험 부담이 적고 고부가 가치를 창출하는 비생산적 서비스 산업으로 몰리면서 유흥 서비스업이 비대화되고 성매매 알선 업소들이 증가했다. 여성의 취업 기회와 여건이 더욱 어려워지고 가계 소득의 여성 부담이 늘어난 상황에서 유흥 서비스업의 증가는 여성이 성매매에 유입되는 것을 조장하는 요소로 작용했다(이영자, 2004: 186). 성매매방지법을 제정하지 않는 한 성매매 산업이 더욱 확대될 상황이었다.

그러나 성매매방지법이 실행된 지 한 달이 못돼 2,500여 명의 성매매 여성들이 성매매방지법을 반대하는 거리 시위를 했다. 이들은 "생존권을 보장하라!"는 구호와 함께 구매자, 판매자에 대한 처벌법을 폐지해 줄 것과 정부가 약속한 2007년까지의 실행 유예 기간을 지킬 것"을 요구했다(김미영, 2004. 10.19). 이들의 시위와 단식, 생활고로 인한 자살은 언론의 집중 주목을 받으면서 성매매 금지를 반대하는 남성들의 목소리에 힘을 실어 주었다. 이경수 한국남성협의회 회장은 이 법이 "남성들에 대한 인권 침해일 뿐 아니라 생존권, 나아가 행복 추구권까지 현저히 박탈하고 있다."며 국가인권위에 진정서를 냈고, 김충환 한나라당 의원은 "18세부터 30세까지의 결혼 적령기 성인 남성들은 무려 12년 동안이나 성 욕구를 풀 길이 없어졌다."고 비판했으며, 좌승희 한국경제연구원장은 "도덕적 가치를 제고하기 위해 인간의 성욕을 막는, 즉 인권을 침해하는 좌파적 정책"이라고 논평했다. 한편 사회진보연대의 좌파 남성들은 "부르주아 여성들이 성매매 여성들의 생존권을 빼앗은 것"이라고 비판하며 여성부와 여성 단체를 부르주아 여성들로 규정했다(페이퍼문, 2005).

다양한 정치적 배경에도 불구하고 남성들의 의견에는 남성의 성욕을 생물학적 본능으로 정당화하고 성매매의 쟁점을 성 산업 자본가와 남성들의 문제에서 여성 간의 문제로 옮기고 있다는 공통점이 발견된다. 이들은 자신들의 정치적 입장에 따라 여성을 성매매 여성과 그 밖의 여성으로 대치한다. 여기서 '그 밖의 여성'은 위기를 맞은 정상 가족을 지키기 위해 성매매를 근절해야 한다고 보는 입장에서는 어머니가 되고, 남성의 성욕을 원천 봉쇄하면 일반 여성이 성폭력에 노출될 기회가 증대할 것이기 때문에 성매매를 허용해야 한다고 보는 입장에서는 일반 여성이 되며, 노동 계급인 성매매 여성의 생존권을 위해 성매매를 허용해야 한다고 보는 입장에서는 부르주아 여성이 된다. '그 밖의 여성'은 가족 체계와 국가 정책 체계, 섹슈얼리티 체계, 계급 체계에 따라 각기 '어머니', '일반 여성', '부르주아 여성'으로 분류되지만, 각각의 체계는 다시 위계적 젠더 체계를 유지시키는 데 기여한다.

페미니스트들이 성매매 여성들의 생존권 요구에 대해 이 여성들의 행위성을 인정해야 한다는 주장을 하기가 조심스러운 것은 여성들 사이의 다양한 목소리를 여성 간의 갈등으로 환원함으로써 위계적 젠더 체계를 지속시키는 이 같은 상황 때문이다. 따라서 여성 단체와 여성부가 시위와 단식을 한 성매매 여성들을 "업주와 연결되어 있거나 성매매방지법에 대해 무지하기 때문에 반대하는 것"으로 해석한 것은(모래, 2005), 위계적 젠더 체계의 피해자로 여성을 결집시켜 그 체계에 저항하려는 젠더 정치의 맥락에서는 필연적인 대응이었다고 할 수 있다. 실제로 시위와 단식을 주도한 이선희 한터여성종사자연합의 부대표는 시위를 하기 위해 업주와 상인들에게 자금 지원을 부탁했다고 설명했다(모래, 2004).

그러나 이들이 업주를 보호막으로 삼았다고 해서 이들이 업주의 강요에 못 이겨 시위에 나온 것으로 보기는 어려울 것이다. 이들을 지원해 줄 가족과 친지, 남자 친구가 없는 상황에서, 또 이들이 '여성 단체'를 '철없는 아줌마 집단'이거나 '가진 자들의 대변자'로 인식하고 있는 상황에서 이들이 이용할 수 있는 자원은 업주밖에 없기 때문이다(원미혜, 2004). 원미혜는 이들의 시위를 성 산업 안에서 성매매 여성들의 협상력이 증가한 것을 보여 주는 것으로 해석한다. 성매매방지법은 성매매 여성들을 성 산업에서 탈출시킴으로써 여성들의 '인권'을 지키려는 목표가 있지만, 성 산업 안에 있는 성매매 여성들에게 손님과 업주를 상대로 협상력을 증진시키는 효과도 가져왔다는 것이다. 성매매 여성들의 협상력은 이들이 피해자가 아니라 행위성을 지닌 존재로, 다른 종류의 '일'을 하는 '성 판매자' 혹은 '성 노동자'로 인식하게 하는 계기가 된다(이나영, 2005).

이선희 한터여성종사자연합 부대표는 자신들의 성매매를 이렇게 설명한다.

> 기자 분들도 월급 타서 생활하고 적금 붓고 하잖아요. 저희도 마찬가지예요. 모든 걸 한순간에 다 놓으라 하니까 생계가 진짜 막막해요. 어떤 분들은 니네가 뭐가 그렇게 아쉬워서 생존권을 보장하라고 그렇게 외치냐고 하지만, 기자분들도 당장 카메라 놓고 펜대 놓으라고 하면 저희들처럼 집회하겠죠? 생계를 갑자기 놓게 됐는데, 집회하죠. 저희도 마찬가지예요. 다만 사용하는 부위가 다를 뿐, 이것도 하나의 직업이라고 생각해요. 구차하게 다른 얘기를 하고 싶지는 않고요. 저희도 이게 직업이고 이걸로 벌어먹고 살았으니까, 돈 벌어서 먹고살 수 있게끔 해달라는 거죠. 밥 먹게 해달라는 거예요, 진짜(모래, 2004).

이들은 성매매를 '일', '생계', '직업', '생존권'의 맥락에 위치지음으로써,

성매매를 폭력으로 인식하는 젠더 정치와 거리를 두고 있다. 말하자면 이들은 성매매는 여성의 인권을 유린하는 폭력이라는 시각에 대립되는 개념으로 생존권을 주장한 것이다. 그렇다면 성매매 여성들에게 생존권과 인권이 서로 대립적인 것으로 이해되게 만드는 것은 무엇이며, 생존권과 인권이 서로 통합될 수 있는 방법은 무엇인가를 젠더 정치의 방향으로 잡아야 할 것이다. 성매매를 '일'로 생각하는 성매매 여성은 범법자이고 성매매를 강제적으로 하게 된 성매매 여성은 피해자라는 이분법은 성매매 여성을 강제와 자발로 구분하고 생존권과 인권을 대립적인 것으로 만드는 결과를 낳는다. 여성들 사이의 배제와 위계에 기초한 젠더 정치는 '여성'의 범주를 스스로 제한함으로써 위계적 젠더 관계에 저항할 수 있는 공간을 스스로 제한할 뿐 아니라, 계급·섹슈얼리티·국가 정책 체계들과 서로 교차하는 영역에서 젠더 정치가 갖는 저항력 또한 약화시킨다.

성매매 현장에서 이들의 협상력을 증진시키는 한편으로 이들이 성매매 현장을 '쉽게' 떠날 수 있는 조건을 마련하는 방법을 찾는 것이(이나영, 2005: 73) 인권과 생존권을 통합할 수 있는 방향이며, 여성들의 차이를 드러내는 것이 여성들의 갈등으로 환원되지 않고 다양한 지배 체계들의 상호 교차성을 드러내면서 젠더 정치를 확장할 수 있는 방법이 된다. 차이가 배제로 환원되지 않고 연대로 확장될 수 있는 방식은 먼저 이들의 다양한 목소리가 들리게 하고(원미혜, 2004), 이들이 놓인 중첩된 억압의 성격을 파악함으로써 나와 성매매 여성이 어떤 방식으로 분리되고 연결되어 있는지를 이해하는 데서 시작된다.

4) 강간: 밀양 고교생 집단 강간 사건[9]

2004년 밀양 고교생 집단 성폭행 사건(2004.12.7~2005.4.13)은 "밀양시 고교생 44명이 최소 4명에서 최대 10명씩 여중생 자매를 일 년간 성기구 등을 사용해 집단 강간했고 수시로 금품을 빼앗은 사건"이다.[10] 이 사건은 가해자와 피해자 모두 10대 청소년들 사이에서 일어났다는 점, 그리고 일 년여에 걸쳐 지속되었다는 점에서 사회에 큰 충격을 주었다. 그러나 누리꾼들의 지원과 여성운동 단체들과 인권 변호사들의 연대와 지원에도 불구하고 사건은 기소 4개월 만에 피의 학생들 전원에게 소년부 송치나 공소권 없음의 판결을 내리는 것으로 마무리되었다.[11]

이 사건은 현재 한국 사회에서 여성의 섹슈얼리티가 단지 젠더 체계뿐 아니라 지역·계급·가족·섹슈얼리티 체계들의 유지에 기여하고 있으며, 각 체계들이 상호 교차하면서 여성 섹슈얼리티의 장을 구성하고 있음을 드러낸 사건이다. 이제 섹슈얼리티의 지형이 젠더 체계로 국한되지 않으며 다양한 체계들의 상호 교차로 구성된다는 사실은 섹슈얼리티의 지형이 정교해

---

[9] 이 절에서 밀양 사건의 초점은 젠더 뿐 아니라 계급·섹슈얼리티·지역·가족 체계들이 서로 영향을 주고받으면서 각 체계의 위계를 유지시키는 데 기여한다는 것을 보여 주는 것에 있다.
[10] http://cafe.daum.net/wpqkfehdhkwnj (밀양 연합 사건이 던진 과제와 해법, 이하 '밀양사건 사이트') 이 사이트는 밀양 사건이 언론에 보도되자, 이들을 "청소년이라는 미명하에 약하게 처벌하지 말고, 엄정하게 처벌을 바라는 뜻에서 설립한" 사이트다. 이 사건의 분석에 이용된 자료들은 이 사이트의 '사건 관련 공지' '자유게시판' '언론 보도 기사'에 게시된 관련 글들이다.
[11] 검찰은 이들 44명 중에서 집단 성폭행 혐의(특수강간 및 강제추행)로 기소된 10명을 제외하곤 1차 전원 소년부 송치나 공소를 기각했고, 기소된 10명에 대해서는 징역 장기 4년에서 집행 유예 3년(징역 2년6월)을 구형했다. 그러나 재판부는 "이들이 고등학생으로서 진학이나 취업이 결정된 상태이고 인격이 미성숙한 소년으로 교화 가능성이 적지 않아 소년부에 송치한다."고 밝혔다(밀양사건사이트, 언론보도기사 356번, 2005.4.12).

졌으며 이제 젠더 정치는 젠더 체계로만 상황에 대처할 수 없게 되었음을
말해 준다.

먼저 이 사건은 '밀양'지역 정체성과 연관되어 있다. 인구 15만의 중소
도시인 밀양 지역은 스스로를 '몇 백 년 동안 이어 내려온 도덕과 예의의
장'(김광수, 2004.12.19)으로 공식화해 왔다. 그런데 이 지역에 집단 강간이 발생
한 것은 도덕성을 근간으로 하는 밀양의 명예를 뿌리부터 위협하는 것이다.
이때 밀양의 명예를 지키기 위해서는 집단 강간당한 여중생의 섹슈얼리티
가 비정상적임을 부각해야 하고, 그런 비정상적인 섹슈얼리티를 지닌 여학
생이 밀양 출신이 아니라는 점이 강조되어야 한다. 즉 타 지역 사람인 피해
여학생의 섹슈얼리티가 비정상적인 것으로 인정되는 한에서 밀양은 '강간
의 도시'가 아닐 수 있게 되는 것이다. 따라서 사건을 조사하던 밀양 경찰의
발언에서처럼 "머리에 피도 안 마른 것들이 꼬리치고 다녔다. 내 고향이 밀
양인데 니들이 밀양 물 다 흐렸다."는 격한 발언이나(밀양사건사이트, 사건공지
번호 20, 2004. 12.16), 한 밀양 시민이 밀양시청 게시판에 올린 "조신하고 정숙
한 학생이라면 남의 동네 원정까지 와서 남학생을 기다리고 만나고 할 여지
가 없었을 것입니다." 하고 피해 여학생의 정숙하지 못함을 탓할 뿐 아니라
피해 여학생이 밀양 출신이 아님을 지적하는 것은 모두 이 같은 맥락에서
이해될 수 있다(밀양사건사이트, 자유게시판번호 1111, 2004.12.16).

반면에 인터넷에서는 밀양 사건을 비판하는 글들이 폭주하면서 '밀양
촌 동네,' '강간의 동네 밀양,' '경상남도가 아닌 강간남도,' '서울에 못 올라
오게' 라는 지역 이미지들이 올라오기 시작했다. 여기서 '밀양 강간범' 이미
지는 서울과 비서울 지역의 위계적 구분을 정상화하는 상징으로 이용된다.
즉 밀양이라는 '동네'는 경상남도 '지역'으로, 그리고 다시 '촌'(시골)으로 그
범위가 확장되면서, 비서울 지역의 낙후성과 열등함을 상징하는 기표로 작

용한다. 그리고 여기에 '밀양 강간범'은 '촌 동네'가 이제 순박한 동네가 아니라 비서울의 후진성을 증명해 주는, 서울과 비서울의 위계적 지역 체계를 정당화하는 상징으로 인지된다.

계급 체계는 조사 과정에서 잘 드러난다. 조사 과정에서 경찰은 비공개 수사 약속을 어기고 피해 여중생의 성과 사는 곳의 동 단위까지 밝혀진 사건을 언론에 공개했으며 이 과정에서 피해자의 여동생까지 피해자로 잘못 묘사되었고 일 년간 산부인과 치료를 받았다는 등의 출처 불분명한 기사가 언론을 통해 공개되었다. 수사 과정에서 경찰은 피해 여학생에게 "41명의 남학생을 세워 놓고 이름을 말하면 손가락으로 누군지 가리키라고 했"다. 또 한 명 한 명을 마주하면서 "넣었냐, 안 넣었냐"를 묻기도 했다. 가해자와 다시 대면해야 했던 충격으로 피해 여학생은 정신과에 입원되었다(밀양사건 사이트, 언론 보도 249, 2005.1.7). 언론과 경찰이 피해자의 인권과 사생활 보호에 무관한 것은 피해자를 '정보'와 '보도 자료'로 치환할 수 있었기 때문이다. '정보'와 '보도 자료'로 치환된 피해자의 섹슈얼리티는 특종과 진급의 상품 가치를 지니면서 유통된다. 경찰과 언론이 피해 학생을 이렇게 간단히 대상화, 상품화할 수 있었던 것은 저소득 계층의 인권과 사생활은 보호의 대상이기보다 개입의 대상이기 때문이다. 여기에 '정숙하지 못한' 여성이란 범주화가 이들을 자료로 전환하는 작업을 가속화했다.

젠더 체계 역시 '정숙하지 못한' 여성과 '정숙한' 여성의 구분을 통해 유지된다. 밀양 강간범들의 여자 친구들은 자신들의 남자 친구들을 지원하면서 오히려 피해 여학생을 '미친 ○들,' '○것들'로 호명하며 자신들의 여성성과 구분지었다. '정숙하지 못한' 여성의 존재는 그들과 구분 짓는 여성의 섹슈얼리티를 정숙한 것으로 보장해 준다. 그리고 정숙한 여성은 이에 근거해 이들을 보호해 주는 남성과 함께 여성다움과 남성다움의 젠더 체계를 구축

한다. 이들은 강간범인 남자친구들이 "우리 앞에서만은 다 착하고, 장난도 잘 치며, 잘 웃는 애들이어서 그런 일을 했을 거라 믿기도 힘들었다."(밀양사건사이트, 사건공지 20번, 2004/12/27)고 설명했다. 정숙한 여성과 착한 남성의 젠더 체계는 '정숙하지 못한' 여성의 설정을 통해 유지되고 있음을 보여 준다.

가족 체계의 위계는 정상 가족과 비정상 가족으로 분류되어 왔다. 이성애 핵가족을 정상 가족으로 하는 가족 체계는 어머니와 딸의 순결을 전제로 유지된다. 어머니와 딸의 섹슈얼리티가 '정숙하지 않을' 경우, 이들이 속한 가족은 비정상 가족으로 분류되며 정상 가족과의 위계적 분류가 정당화된다. 밀양 강간범들의 부모와 이웃들은 TV 프로그램에 인터뷰를 하며, "왜 피해자 가족한테 미안한 마음이 들어야 합니까? 우리가 피해 입은 건 생각 안 합니까? 여자애가 꼬리치는 데 안 넘어갈 애가 어디 있겠으며 딸자식을 잘 키워서 이런 일 없게 해야지 않겠나?" 하고 말함으로써, '정숙하지 않은' 딸을 둔 비정상 가족 때문에 '정상 가족'인 자신들이 위협받고 있음을 주장했다. 또 강간범 가족 주변의 이웃들은, "지금 우리가 말을 못해서 안 하는 게 아니다. 애들(가해자)한테 해 입힐까 봐 가만있다. 잠잠해지면 우리도 가만있지 않겠다."(밀양사건사이트, 언론보도 125, 2004.12.14)고 해, 피해자들이 집단 강간을 고소한 것을 정상 가족을 위협하는 행위로 치환하고 있다.

그러나 다른 한편 재판부가 이렇게 관대한 처분을 할 수 있던 데는 피해자 아버지가 피의자 6명과 합의를 해 주었기 때문이다. 알코올 중독자이며 가정폭력으로 3년 전 이혼했고 아이들에게도 술주정과 폭력을 행사했지만, 여중생인 피해자의 친권은 아버지에게 있다. 또한 이 사건을 고발한 사람은 어머니와 이모지만, 아버지는 딸에게 앞으로 술주정과 폭력을 행사하지 않겠다고 약속하며 "가해자들과 합의하여 가난을 벗어나자."고 딸을 설득해 수천만 원을 받고 합의를 해 줬다(최육상, 2005.4.13). 딸이 지난 일 년간 무슨 일을 당했는지도 알지 못한 무심한, '친권을 주장할 자격이 없는' 아버지지만 딸의 섹슈얼리티를 통제할 수 있는 가부장의 권위가 호명되었고 필요에 따라 가부장의 권위는 다시 세워졌다. 지역·계급·젠더·섹슈얼리티·가족 체계들이 교차하면서 이 가족은 한편으로는 비정상 가족으로 다른 한편으로는 가부장적 정상 가족으로 필요에 따라 범주화되었다. '정숙하지 못한' 딸/여성의 섹슈얼리티에 근거하여 지역·계급·젠더·가족·섹슈얼리티 체계가 유지될 수 있었음을 보여 준다.

3. 맺음말

이상과 같이 최근 한국 사회의 젠더 정치의 '위기'를 가져온 여성 체험의 차이들은 여러 사회 체계들이 상호 교차하며 구성되고 있음을 섹슈얼리티의 지형 분석을 중심으로 살펴보았다. 이성애주의는 그동안 '여성' 정체성의 정상화 과정에서 배제된 동성애 여성들이 레즈비언 정체성의 정치를 시작함으로써 젠더 정치는 이성애 여성 중심의 정치로 그 대상이 제한되는 상황에 놓이게 되었다. 젠더 정치가 레즈비언 여성들을 '여성'에서 배제할 때 여성 모두를 대변하지 못하게 된다는 상징적 차원의 '위기'뿐만 아니라 이성애주의를 기반으로 한 여성 억압에 더는 저항할 수 없게 된다는 점에서 여성운동의 진보성은 손상된다. 포르노의 경우, 폭력 대신 소비가 사이버 포르노의 지형을 설명하는 주요 개념이 되었으며 그것을 가능케 한 기제는 저소득층 여성의 섹슈얼리티를 정숙하지 못한 여성의 섹슈얼리티로 치환하는 계급 체계와 섹슈얼리티 체계, 그리고 사이버 포르노를 문화 산업으로 인정하는 국가 정책 체계들의 상호 교차에 의해서였다. 성매매의 경우,

젠더 정치가 성매매 여성의 정체성을 '윤락녀'에서 '불쌍한 언니들'로 성매매 여성의 정체성을 이동시킨 것은 최대의 성과였지만, 성매매 여성의 행위성을 인정하지 않음으로써 이들의 차이를 젠더 정치에 포함하지 못하는 결과를 낳았다.

젠더 정치의 '위기'가 여성들의 체험이 젠더 불평등의 공간에서 다른 지배 체계들과 상호 교차하는 공간으로 이동했는데 젠더 정치는 여전히 피해자 여성의 정체성으로 여성들을 동질화하고 이를 통해 젠더 정치를 추구하는 것으로 대응하는 데서 초래되었다고 할 때, 그에 대한 대안은 다양한 사회 체계들이 상호 교차하면서 여성 체험을 구성해 가는 과정을 면밀히 고찰하는 데서 시작된다.

젠더 체계로만 포착되지 않는 여성 체험의 차이들을 이해할 수 있다면, 궁극적으로 젠더 체계에만 의존함으로써 야기됐던 여성운동의 위기를 타개해 갈 수 있는 공간을 구성하는 데 시사점을 얻을 수 있을 것이다. 통상 여성 억압은 젠더뿐 아니라 계급·인종·섹슈얼리티·국가 등 여러 사회 체계들에 의해 중층적으로 결정된다는 말을 하곤 한다. 그러나 우리에게 현재 필요한 것은 중층 결정이라는 선언적 명제가 아니라 각 체계들이 실제로 어떻게 상호 연결되어 작동하는지 그 과정을 이해하는 데 있다. 체계들 간의 상호 작용이 사안과 상황에 무관하게 언제나 같은 방식으로 작동하는 것은 아니며 또 모든 체계들의 작동 방식을 다 드러낼 수도 없을 것이다. 그러나 적어도 젠더 정치의 방향을 젠더 체계에서 체계들 간의 상호 교차성에 주목하는 것으로 이동시킴으로써 여성 체험의 차이들을 배제하지 않는 여성운동의 방향과 과제를 찾아나갈 수 있을 것이다.

여성운동은 정체성을 기반으로 하기 때문에 여성 범주의 강화는 정치적 영향력의 강화에 필수적이다. 또 정치적 영향력은 제도적 억압을 극복하는 데 결정적으로 중요하다. 그런데 여성 범주의 강화는 궁극적으로 배제와 소외, 위계를 가져오기 마련이어서 그 결과 여성운동의 영역은 협소해지고 운동은 관성을 띠게 된다. 그러므로 배제와 소외, 위계와 같은 문화적 억압을 극복하기 위해 여성들의 차이를 반영하는 다양한 여성운동들이 등장하게 되지만, 범주의 변형을 통해 등장한 이들의 정치적 영향력은 태생적으로 약할 수밖에 없다. 따라서 제도적 억압에 대해서는 여성 정체성의 강화가 필요하지만, 문화적 억압에 대해서는 여성 정체성의 변형이 필요한 상황에서 상호 모순적으로 보이는 운동들의 공존이 필요하다. 이제 앞으로의 과제는 문화적 억압과 제도적 억압의 동시성을 다룰 수 있는 운동 전략을 모색하는 것이다.

끝으로, 여성운동이 미리 확정된 여성 범주에 의존할 수 없고 상황과 사안에 따라 구성되는 여성 범주에 의존해야 한다고 할 때, 특정 상황의 여성 범주를 파악하는 틀을 마련하고 그것을 운동으로 구체화하는 과정에서 제도와 관행에 매이지 않은, 새로운 방식의 '연구자'와 '활동가'의 역동적이면서도 긴밀한 관계가 요구된다.

참고 문헌

1. 생명공학과 여성의 행위성

권혁찬(2003), 「줄기세포 연구의 현황과 그 한계」, 『녹색평론』, 70: 151-160.

김명희(2003), 「여성, 생명윤리, 인간배아복제」, 『녹색평론』, 70: 140-150.

김환석(1997), 「과학기술에 대한 사회학적 이해」, 『과학사상』, 20: 223-238.

레온, 카스(2003), 「'멋진 신세계'를 저지하려면 왜 지금 인간복제를 금지해야 하는가」, 『녹색평론』, 70: 116-139.

마리아병원(2003), http://www.mariababy.com/medical/surgical/surgical2_2.asp

박용운(2002), "불임여성의 몸을 통해 본 재생산기술의 정치학: 시험관아기 기술을 중심으로", 계명대 여성학대학원 여성학과 석사논문.

배태섭(2003), 「과학발전 이데올로기와 생명윤리법」, 『녹색평론』, 70: 161-171.

샌드라, 하딩(2009), 『누구의 과학이며 누구의 지식인가? 여성들의 삶에서 생각하기』, 나남. [Harding, S. (1991), *Whose Science? Whose Knowledge? Thinking from Women's Lives*, Cornell University Press.]

아기모(2003), 「아기모 인터뷰: 장윤석, 마리아병원 명예원장」, http://www.agimo.org/bbs /board/view.asp?bbs=interview&id=1&cate=&keyword=&pagenum=1

앤드류, 웹스터(1998), 『과학기술과 사회』, 김환석·송성수 번역, 한울. [Webster, A. (1991), *Science, Technology and Society*: New Directions, Rutgers University Press.]

윤정로(2000), 『과학 기술과 한국사회』, 문학과지성사.

이영희(2000), 『과학기술의 사회학』, 한울.

이인영(2002.4.30), 「인공수정의 쟁점사항과 입법현황」, 난자, 정자 매매 및 인공수정 문제에 대한 토론회, 한국여성민우회.

재나, 소위키(1995), 「어머니 길들이기 - 페미니즘과 새로운 재생산 테크놀로지」, 『섹슈얼리티의 정치와 페미니즘』, 황정미 역, 새물결. [Sawicki, J. (1991), *Disciplining Foucault: Feminism, Power and the Body*, Routledge.]

조주현(1998), 「페미니즘과 기술과학: 대안적 패러다임 모색을 위한 해러웨이 읽기」, 『한국여성학』, 14(2): 121-151.

와츠맨 주디(2001), 『페미니즘과 기술』, 조주현 역, 당대. [Wajcman, J. (1991), *Feminism Confronts Technology*, Pennsylvania State University Press.]

참여연대(2003), 「생명윤리및안전에관한법률안」, http://peoplepower21.org/upload/issue/bdata/bioethics_law_2.hwp

한국불임센터(2003), 「불임이란?」, http://www.ivfkorea.co.kr/common/

한국입양홍보회(2003), 「아름다운 불임」, http://www.mpak.co.kr/

황우석(2002.7.20), 「'과학 한국' 미래는 밝다」, 『문화일보』 3면.

_____(2003.2.22), 「돼지장기 인체이식 성공할 때까지…」, 『동아일보』 7면.

Ha, Jung-ok(2003), "Engendering Technology: IVF in Korea," *Gender and Technology: Research, Revisions, Policies, and Consequences*, Southeastern Women's Studies Association, 20-22 March.

Haraway, D.(1991), "Situated Knowledges: The Science Question in Feminism and the Privilege of Partial Perspective," in *Simians, Cyborgs, and Women: The Reinvention of Nature*, New York: Routledge.

Miez, M.(1987), "Why do we need all this? A Call against Genetic Engineering and Reproductive Technology", in Spallone, P and Steinberg, D. ed., *Made to Order: The Myth of Reproductive and Genetic Progress*, Oxford: Pergamon Press.

Pateman, C.(1988), *The Sexual Contract*, Oxford: Stanford University Press.

Petchesky, R.(1987), "Foetal Images: The Power of Visual Culture in the Politics of Reproduction," in Michelle Stanworth ed., *Reproductive Technologies; Gender, Motherhood and Medicine*, Cambridge; Polity Press.

_____(1995), "The Body as Property: A Feminist Re-vision," in Ginsburg, F. D. and Rapp, R. ed., *Conceiving The New World Order: The Global Politics of Reproduction*, Berkeley: University of California Press: 387-406.

Wajcman, J.(1991), *Feminism Confronts Technology*, London: Polity Press.

2. 난자

김명희, 2003, 「여성, 생명윤리, 인간배아복제」, 『녹색평론』, 70: 140-50.

김옥주, 2005, 「영국의 줄기세포연구에 관한 윤리와 법정책: 역사적 배경과 현황」, 미간행.

김중호·구인회·홍석영·구영모·이경상(2005), 「'생명윤리 및 안전에 관한 법률'에 대한 비판적 분석」, 『한국의료윤리교육학회지』, 8(1): 21-33.

도킨스, 리처드(1993), 『이기적 유전자』, 홍영남 옮김, 을유문화사. [Dawkins, Richard (1989), *The Selfish Gene*, New York: Oxford University Press].

박경미(2006), 「어떻게 살 것인가 — 황우석과 과학, 그리고 '발전의 신'」, 『녹색평론』, 86: 159-172.

박병태 외(1978), 『1976년 전국출산력 및 가족계획 평가조사』, 가족계획연구원.

보부아르, 시몬느(1993), 『제2의 성』, 상편, 조홍식 옮김, 을유문화사. [de Beauvoir, Simone (1989), *The Second Sex*, New York: Vintage Books.]

생명윤리및안전에관한법률, 법률 제07150호, 제정 2004.1.29, 시행 2005.1.1, http://www.pharmacogenomics.or.kr/all_file/%BB%FD%B8%ED%C0%B1%B8%AE%B9%D7%BE%C8%C0%FC%BF%A1%B0%FC%C7%D1%B9%FD%B7%FC.hwp

생명윤리및안전에관한법률 개정안, 공포 2008.6.8, 시행 2008.12.8, http://www.mw.go.kr/front/jb/sjb0404vw.jsp?PAR_MENU_ID=03&MENU_ID=030404&page=1&BOARD_ID=210&BOARD_FLAG=&CONT_SEQ=44527&SEARCHKEY=TITLE&SEARCHVALUE=생명윤리%20및%20안전에&SCH_SILKUK_ID=&SCH_DEPT_ID=&CREATE_DATE1=&CREATE_ DATE2=

서울대학교 조사위원회(2006.1.10), 「황우석 교수 연구의혹 관련 조사 결과 보고서」.

양현아(2005), 「범죄에서 권리로: 재생산권으로서의 낙태권」, 양현아 엮음, 『낙태죄에서 재생산권으로』, 사람생각, 203-241.

연합뉴스(2006.3.5), 「불임부부 시험관아기 시술비 내일부터 지원」, http://www3.yonhapnews.co.kr/cgi-bin/naver/getnews_new?062006030303 200052

오마이뉴스(2006.2.2), 「난자 제공은 평생 두 번만 가능」, http://www.ohmynews.com/articleview/article_view.asp?at_code=3082540+20060305+0520

_____(2006.4.21), 「황우석팀 난자채취 피해여성들 손배소」, http://www.ohmynews. com/articleview/article_view.asp?at_code=325573

와츠맨, 주디(2001), 『페미니즘과 기술』, 조주현(역), 당대. [Wajcman, Judy(1991), *Feminism Confronts Technology*, London: Polity Press.]

우먼타임스(2006.1.12), 「"내 난자 어디로…" 커지는 의혹」, http://blog.naver.com/ womantimes?Redirect=Log&logNo=80020904891

이영희(2004), 「기술규제체제의 국제비교: 생명복제기술의 사례」, 2004년 한국사회학회 추계학술대회 자료집(12. 10).

이원(2004), 「몸이 열리고 닫힌다」, 『야후!의 강물에 천 개의 달이 뜬다』, 문학과지성사.

일다(2005.6.16), 「생명공학기술, 여성인권 침해우려」, http://news.naver.com/news/ read.php?mode=LSD&office_id=007&article_id=0000000975&section_id=102& menu_id=102

정규원(2005), 「미국에서의 줄기세포연구에 대한 법적 대응」, 미간행.

조선닷컴(2006.2.3), 「황우석 연구윤리 보증했던 현인수 교수 논문도 취소」, http://www. chosun.com/economy/news/200602/200602030120.html

조영미(2003), 「출산의 의료화 과정과 여성의 재생산권에 관한 연구」, 이화여자대학교 대학원 박사학위 청구 논문.

_____(2004), 「출산의 의료화와 여성의 재생산권」, 『한국여성학』, 20(3): 67-98.

조주현(2005), 「생명공학과 여성의 행위성: 시험관아기 시술과 배아복제 연구 사이에 서」, 『과학기술학연구』, 5(1), 93-123.

최재천(2003), 『여성시대에는 남자도 화장을 한다』, 궁리.

통계청(2006), 「인구동태건수 및 동태율 추이」, http://kosis.nso.go.kr/cgi-bin/sws_999. cgi.

한겨레21(2005.12.27), 「성스러운 여인이 신음한다」, 591. http://h21.hani.co.kr/section-021106000/2005/12/021106000200512270591069.html

한겨레(2006.2.10), 「이참에 체외 수정 기술도 실태 조사하자」, http://www.hani.co.kr /kisa/section-010005000/2006/01/010005000200601101717597.html

한국여성개발원(2003), 『2003 여성통계연보』, 2003 연구보고서 130-20.

황정미(2001), 「개발국가의 여성정책에 관한 연구:1960-70년대 한국 부녀행정을 중심으로」, 서울대학교 대학원 2001년도 박사학위청구논문.

_____(2005), 「'저출산'과 한국 모성의 젠더 정치」, 『한국여성학』, 21(3): 99-132.

Baum, Kenneth(2001), "Golden Eggs: Towards the Rational Regulation of Oocyte Donation," *Brigham Young University Law Review*, 2001(1): 107-166.

Butler, Judith(2003), "The Question of Social Transformation," in Elizabeth Beck-Gernsheim, Judith Butler, and Lidia Puigvert eds., *Women and Social Trans- formation*, New York: Peter Lang, 1-28.

Cook, Gareth(2005), "S. Koreans Enhance Cloning of Stem Cells," A1, (May 20).

Donchin, Anne(2003), "Converging Concerns: Feminist Bioethics, Development Theory, and Human Rights," *Signs*, 29(2): 299-324.

Gamson, Joshua(1995), "Must Identity Movements Self-Destruct? A Queer Dilemma," *Social Problems*, 42(3): 390-407.

Haraway, Donna(1991), "A Cyborg Manifesto," in *Simians, Cyborgs, and Women: The Reinvention of Nature*, New York: Routledge, 149-182.

_____(1997), "Fetus: The Virtual Speculum in the New World Order," in *Modest_Witness@Second_Millennium.FemaleMan_Meets_OncoMouse*, New York: Routledge: 173-212.

Harding, Sandra(1991), *Whose Science? Whose Knowledge?: Thinking from Women's Lives*, Ithaca.: Cornell University Press.

Henderson, Mark(2005), "The Future is Here—How Theory Has Grown into a Virtual Reality," *The London Times*, Home News6 (May 20).

_____(2006), "Donor breakthrough for cloning research," *The London Times*, Home News6 (February 14).

_____(2006), "Junk Medicine: Stem Cell Research," *The London Times*, Health features (March 04).

Jung, Kyu Won and Insoo Hyun(2006), "Oocyte and Somatic Cell Procurement for Stem Cell Research: The South Korean Experience," *The American Journal of Bioethics*, 6(1): W19-W22.

Khan, Shahnaz(2005), "Reconfiguring the Native Informant: Positionality in the Global Age," *Signs*, 30(4): 2017-2036.

Kolata, Gina(2005), "Koreans Report Ease in Cloning for Stem Cells," *The New York*

Times, A6 (May 20).

Lister, Sam(2006), "Watchdog delays egg decision," *The London Times*, Health News (February 16).

Magnus, D., and M. K. Cho(2005), "Issues in Oocyte Donation for Stem Cell Research," *Science*, 308: 1747-48.

_____(2006), "A Commentary on Oocyte Donation for Stem Cell Research in South Korea," *The American Journal of Bioethics*, 6(1): W23-W24.

Manjoo, Farhad(2005), "Everything You Always Wanted to Know about the Stem Cell Debate," *Salon.com*, Feature (June 8).

Martin, Emily(1999), "The Egg and the Sperm: How Science has Constructed a Romance Based on Stereotypical Male-Female Roles," in Janet Price and Margrit Shildrick eds., *Feminist Theory and The Body: A Reader*, New York: Routledge: 179-189.

Munro, Margaret(2005), "Stem Cells Cloned to Fit Patients; S. Korean Scientists Re-engineer Women's Eggs to Treat Disease, Injuries," *The Calgary Herald* (Alberta), A6 (May 20).

Nussbaum, Martha(1998), "Little C", in Martha C. Nussbaum and Cass R. Sunstein eds., *Clones and Clones: Facts and Fantasies about Human Cloning*, New York: W. W. Norton & Company: 338-347.

_____(2000), *Women and Human Development: The Capabilities Approach*, Cambridge: The Cambridge University Press.

Okin, Susan Moller(1999), "Is Multiculturalism Bad for Women?," in Martha Nussbaum ed., *Is Multiculturalism Bad For Women?*, Princeton: Princeton University Press, 7-26

Petchesky, Rosalind(2001a), "Introduction," in Rosalind Petchesky and Karen Judd(eds), *Negotiating Reproductive Rights: Women's Perspective Across Countries and Cultures*, London: Zed Books.

_____(2001b), "Cross-country Comparisons and Political Visions," in Rosalind Petchesky and Karen Judd eds., *Negotiating Reproductive Rights: Women's Perspective Across Countries and Cultures*, London: Zed Books.

Sauer, Mark(2006), "Oocyte and Embryo Donation 2006: Reviewing Two Decades of Innovation and Controvercy," *Reproductive BioMedicine Online*, 12(2), 153-162.

Sherwin, Susan(2001), "Feminist Reflections on the Role of Theories in a Global Bioethics," in Rosemarie Tong ed., *Globalizing Feminist Bioethics: Crosscultural Perspective*, Boulder, Colorado: Westview Press, 12-26.

Silver, Lee M.(2005), "Challenging Nature: the Clash of Science and Spirituality at the New Frontiers of Life," 한국학중앙연구원 엮음, 『광복 60주년기념 문명과 평화 국제 포럼—최종결과보고서』, 광복60년기념사업추진위원회, 301-313.

The Irish Times (2005), "Korean Success Advances Cause of Stem Cell Research," Ireland; Other Stories8 (May 20).

Tong, Rosemarie(2004), "Feminist Perspectives, Global Bioethics, and the Need for Moral Language Translation Skills," in Rosemarie Tong, Anne Donchin, and Susan Dodds eds., *Linking Visions: Feminist Bioethics, Human Rights, and the Developing World*, New York: Rowman & Littlefield Publishers, Inc., 89-104.

Tronto, Joan C.(1990), "Women and Caring," in Alison M. Jaggar and Susan R. Bordo eds., *Gender/Body/Knowledge*, New York: Routledge, 172-187.

Wajcman, Judy(2004), *Technofeminism*, Cambridge: Polity Press.

Whelan, Emma(2001), "Politics by Other Means: Feminism and Mainstream Science Studies," *Canadian Journal of Sociology*, 26(4): 535-81.

3. 생명정치, 벌거벗은 생명, 페미니스트 윤리

김영옥·김경희(2004), 「여성노동정책의 한계와 새 패러다임 모색」, 『한국 여성정책의 뉴 패러다임 정립』, 여성부 성인지전략기획연구 2004-42.

너스범, M. 외(2003), 『나라를 사랑한다는 것: 애국주의와 세계시민주의의 한계 논쟁』, 오인영 옮김, 삼인. [Nussbaum, Martha M(1996), "Patriotism and Cosmopolitanism," in Joshua Cohen ed., *For Love of Country: Debating the Limits of Patriotism*, Boston: Beacon Press.]

아고라페인들 엮음(2008), 『대한민국 상식사전 아고라』, 여우와 두루미.

이해응(2005), 「한국 이주 경험을 통해 본 중국 조선족 기혼여성의 정체성 변화」, 『여성학논집』, 22(2): 107-143

조주현(2006),「젠더정치의 위기」,『여성학논집』, 23(2): 3-37.

_____ (2008),「민주화 체제 이후 여성주의 운동의 변모양상」,『광장의 문화에서 현실의 정치로』, 당대비평, 101-120.

쿳시, J.M.(2004),『마이클 K』, 왕은철 옮김, 들녘. [Coetzee, J.M.(1983), *Life $ Times of Michael K*, Penguin Books.]

편혜영(2005),『아오이가든』, 문학과 지성사.

하비, D.(2007),『신자유주의: 간략한 역사』, 최병두 옮김, 한울. [Harvey, David(2007), *Brief History of Neoliberalism*, New York: Oxford University Press.]

한겨레(2008. 10. 30),「한국 시집온 지 1년 만에 음독, 스무 살 뚜엣 전신마비」, http://www.hani.co.kr/arti/society/society_general/318978.html

_____(2008-11-4),「인권위 "촛불참가자 폭력도 다루겠다"」, http://www.hani.co.kr/arti/society/society_general/319831.html.

한국여성정책연구원(2006),『2006여성통계연보』.

Agamben, Giorgio(1998), *Homo Sacer: Sovereign Power and Bare Life*, Stanford: Stanford University Press. [아감벤, 조르조(2008),『호모 사케르』, 박진우 옮김, 새물결.]

_____(2005), State of Exception, Chicago: University of Chicago Press.

Appadurai, Arjun(1996), *Modernity at Large: Cultural Dimensions of Globalization*, Minneapolis, Minn.: University of Minnesota Press. [아파두라이, 아르준(2004),『(고삐 풀린) 현대성』, 차원현·채호석·배개화 옮김, 현실문화연구.]

Beauvoir, Simone de.(1953), *The Second Sex*, tr. H. M. Parshley, New York: Knopf.

Benhabib, Seyla(2006), "The Philosophical Foundations of Cosmopolitan Norms," in R. Post ed., *Another Cosmopolitanism*, New York: Oxford University Press.

Bernstein, J.M.(2004), "Bare Life, Bearing Witness: Auschwitz and the Pornography of Horror," *Parallax*, 10(1): 2-16.

Butler, Judith(2003a), "The Question of Social Transformation," in Beck-Gernsheim, Elizabeth, Butler, Judith, and Lidia Puigvert eds., *Women and Social Trans- formation*, New York: Peter Lang.

_____(2003b), "Precarious Life," Ch.5 in *Precarious Life: The Powers of Mourning and Violence*, London: Verso.

_____(2008a), "Sexual Politics, Torture, and Secular Time," *The British Journal of Sociology*,

59(1): 1-23.

_____(2008b), "A Response to Ali, Beckford, Bhatt, Modood and Woodhead," *The British Journal of Sociology*, 59(2), 255-260.

Castells, Manuel(1997), *The Power of Identity, The Information Age: Economy, Society and Culture, Vol II,* Oxford: Blackwell.

Caton, Steven C.(2006), "Coetzee, Agamben, and the Passionof Abu Ghraib," *American Anthropologist,* 108(1): 114-123.

Chang, Kimberly A. and L.H.M. Ling(2000), "Globalization and its intimate other: Filipina domestic workers in Hong Kong," in Marchand, Mariaane H. and Anne Sisson Runyan eds., *Gender and Global Restructuring*, New York: Routledge, 27-43.

Collins, Patricia Hill(2000), *Black Feminist Thought: Knowledge, Consciousness, and the Politics of Empowerment,* 2nd edition, New York: Routledge.

Fernandez-Kelly, Patricia. 2007. "The Global Assembly Line in the New Millennium: A Review Essay," *Signs,* 32(2), 509-521.

Foucault, Michel(1978), *The History of Sexuality*, Vol. 1, New York: Random House.

Hannerz, Ulf.(1990), "Cosmopolitans and Locals in World Culture," *Theory, Culture & Society 7*: 237-251.

Hardt, Michael, and Antonio Negri(2000), *Empire,* Cambridge, Mass.: Harvard University Press.

Luxon, Nancy(2004), "Truthfulness, Risk, and Trust in the Late Lectures of Michel Foucault," *Inquiry*, 47: 464-489.

Peterson, V. Spike(2003), *A Critical Rewriting of Global Political Economy*, New York: Routledge.

Pratt, Geraldine(2005), "Abandoned Women and Spaces of the Exception," *Antipode,* 37(5), 1052-1078.

Sassen, Saskia(2000), "Women's Burden: Counter-geographies of Globalization and the Feminization of Survival," *Journal of International Affairs,* 53(2), 503-524.

Sontag, Susan(2003), *Regarding the Pain of Others,* New York: Picador.

4. 지구화와 공공성의 변화

김영옥·김경희(2004), 「여성노동정책의 한계와 새 패러다임 모색」, 『한국 여성정책의 뉴 패러다임 정립』. 여성부 성인지전략기획연구 2004-42.

김은실·민가영(2006), 「조선족 사회의 위기 담론과 여성의 이주 경험 간의 성별 정치학」, 『여성학논집』 23(1).

김현미(2005), 『글로벌 시대의 문화 번역』, 또하나의문화.

박은정(2005), "지구화와 여성주의 법이론," 한국여성연구원 편, 『지구화 시대 여성주의 대안가치』, 푸른사상.

여수외국인보호소 화재참사 공대위(2007-3-7) "여수 외국인보호소 화재 참사 수사 결과에 대한 입장 발표 및 인권실태 조사보고 기자회견," 민주노동 1층 기자회견실.

연합뉴스(2007), "이주노동자 ② '인권'과 '법집행' 균형 찾아야", 2(12) http:// news. naver.com/news/read.php?mode=LSD&office_id=001&article_id=0001546410& section_id=102&menu_id=102.

이상화(2005), "지구화 시대의 지역 공동체와 여성주의적 가치," 『지구화 시대 여성주의 대안가치』, 한국여성연구원 편, 푸른사상.

이해응(2005), "한국 이주 경험을 통해 본 중국 조선족 기혼여성의 정체성 변화," 『여성학논집』 22 (2): 107-143.

정형옥(2004), "비정규직 여성의 고용과 성별차이," 『여성연구』 67: 121-158.

조형(2002), "공·사 영역의 변화와 여성의 삶의 질," 한국여성연구원 편, 『지구화와 여성 시민권』, 이화여자대학교출판부.

프레시안(2007.2.13), "이들을 죽인 것은 대한민국이다," http://www.pressian.com

편혜영(2005), 『아오이가든』, 문학과 지성사.

한국여성개발원(2004), 『2004 여성통계연보』.

헬드, 데이비드(2002), 『전지구적 변환』, 조효제 역, 창작과 비평사.

Agamben, Giorgio(1998), *Homo Sacer: Sovereign Power and Bare Life*, Stanford: Stanford University Press.

_____ (2005), *State of Exception*, Chicago: University of Chicago Press.

Agnew, John and Stuart Corbridge(1995), *Mastering Space: Hegemoney, Territory and*

International Political Economy, London: Routledge.

Barker, Drucilla, and Susan F. Feiner(2004), *Liberating Economics: Feminist Perspectives on Families, Work, and Globalization*, Ann Arbor: University of Michigan Press.

Bickham Mendez, Jennifer(2005), *From the Revolution to the Maquiladoras: Gender, Labor, and Globalization in Nicaragua*, Durham: Duke University Press.

Caton, Steven C.(2006), "Coetzee, Agamben, and the Passionof Abu Ghraib," *American Anthropologist* 108(1): 114-123.

Chang, Kimberly A. and L. H. M. Ling(2000), "Globalization and its intimate other: Filipina domestic workers in Hong Kong," in Marchand, Mariaane H. and Anne Sisson Runyan eds., *Gender and Global Restructuring*, New York: Routledge: 27-43.

Chin, Margaret M.(2005), *Sewing Women: Immigrants and the New York City Garment Industry*. New York: Columbia University Press.

Cox, Rober(1993), "Structural issues of global governance: Implications for Europe," in S. Gill ed., *Gramsci, Historical Materialism and International Relations*, Cambridge: Cambridge University Press.

Dicken, Peter(2003), *Global Shift: Reshaping the Global Economic Map in the 21st Century*, London: Sage.

Fernandez-Kelly, Patricia.(2007), "The Global Assembly Line in the New Millennium: A Review Essay," *Signs* 32(2): 509-521.

Foucault, Michel(1978), *The History of Sexuality, Vol. 1: An Introduction*. New York: Random House.

Freud, Sigmund(1930/1961), "Civilization and Its Discontents," in Strachey, J. ed., *The Standard Edition of the Complete Psychological Works of Sigmund Freud 21*, London: Hogarth Press, 59-158.

Gill, Stephen(1995), "Globalization, market civilization, and disciplinary neoliberalism," *Millennium* 24(3): 399-423.

Hannerz, Ulf(1990), "Cosmopolitans and Locals in World Culture," *Theory, Culture & Society* 7: 237-251.

Harvey, David(1989), *The Condition of Postmodernity: an Enquiry into the Origins of Cultural Change,* Oxford: Blackwell.

Korac, Maja(2006), "Gender, conflict and peace-building: Lessons from the conflict in the former Yugoslavia," *Women's Studies International Forum* 29(5): 510-520.

Lentin, Ronit(2006), "Femina Sacra: Gendered memory and Political Violence," *Women's Studies International Forum* 29(5): 463-473.

Merry, Sally Engle(2006), "Transnational Human Rights and Local Activism: Mapping the Middle," *American Anthropologist* 108(1): 38-51.

Nelson, Julie A.(1996), *Feminism, Objectivity, and Economics*, New York: Routledge.

Ngai, Pun(2005), *Made in China: Women Factory Workers in a Global Workplace*, Durham: Duke University Press.

Nussbaum, Martha C(1999), "Women and equality: The capabilities approach," *International Labour Review* 138(3): 227-245.

Ong, Aihwa(2007), *Neoliberalism as Exception: Mutations in Citizenship and Sovereignty*, Durham: Duke University Press.

Pateman, Carole(1989), "Feminist Critiques of the Public/Private Dichotomy," in *The Disorder of Women*, Stanford: Stanford University Press, Polity Press, 118-140.

Peterson, V. Spike(2003), *A Critical Rewriting of Global Political Economy*, New York: Routledge.

Rajaram, Prem Kumar and Carl Grundy-Warr(2004), "The Irregular Migrant as Homo Sacer: Migration and Detention in Australia, Malaysia, and Thailand," *International Migration* 42(1): 33-64.

Sassen, Saskia(2000), "Women's Burden: Counter-Geographies of Globalization and the Feminization of Survival," *Journal of International Affairs* 53(2): 503-524.

Tetreault, Mary Ann(2006), "The Sexual Politics of Abu Ghraib: Hegemony, Spectacle, and the Global War on Terror," *NWSA Journal* 18(3): 33-50.

5. 군가산점제 논쟁과 젠더 정치

인터넷
연합뉴스(1995.10.12)

조선일보(1998.7.21), (2000.10.30)

한겨레(2002.10.9)

조여울(2000), 「군가산점 존치 결정에 반대한다」, 조여울 다음넷 칼럼니스트. http://www.jabo.co.kr/30th/soc02_30.htm (2002.7.12 접속).

변희재(2000), 「군가산점 문제, 차분하게 생각해보자」, 자보 편집국장. http://www.jabo.co.kr/31th/spe02_1_31.htm (2002.7.12 접속).

Manifesto II (2000), 「여성주의적 입장에서 본 군가산점제 논쟁」, 진보네트워크, http://go.jinbo.net/webbs/pdslist.php?board=actwo-7 (2000.4.12)

The Constitutional Court of the Republic of Korea(1999), Constitutional Complaint against Article 8(1) of the Support for Discharged Soldiers Act, (11-2 KCCR 770, 98Hun- Ma363, December 23, 1999, Full Bench), http://www.ccourt.go.kr/english/ee.html

Constitution of the Republic of Korea, http://www.ccourt.go.kr/english/ee.html

자료

김복규·강세영(1999), 「지방여성공무원의 고용실태와 평등고용 촉진에 관한 연구: 대구시 사례」, 『한국행정학보』 33(2), 183-198.

김은실(1994), 「민족담론과 여성: 문화, 권력, 주체에 관한 비판적 읽기를 위하여」, 『한국여성학』 10: 18-52.

_____(1996), 「공사영역에 대한 여성인류학의 문제제기: 비교문화적 논쟁」, 『여성학논집』 13: 379-404.

박홍주(2000), 「노동시장의 관점에서 본 군가산점제」, 『여성과 사회』 11: 115-132.

이정옥(2002), 「세계화와 진보, 제3의 길을 넘어서」, 계명대학교 여성학대학원 제31회 계명여성학세미나 발표문, 미간행.

정강자(2000), 「제대군인가산점제도의 문제점과 대안에 관한 제언」, 경실련외, 『군가산점 논쟁, 어떻게 풀 것인가? ― (여성·시민단체, 전문가 간담회)』, 2.9

정진성(2001), 「군가산점제에 대한 여성주의 관점에서의 재고」, 『한국여성학』, 17(1), 5-33.

센 A.(1999), 『불평등의 재검토』, 이상호·이덕재 역. 한울 아카데미.

치즈코 U.(2000), 『내셔널리즘과 젠더』, 이선이 역, 박종철출판사.

행정자치부(1999), 『1999 여성공무원발전기본계획』.

헌법재판소 결정(2000), 「98헌마363 제대군인지원에관한법률 제8조 제1항 등 위헌확인」, 『여성과 사회』 11: 170-190.

Chow, Rey(2001), "Comment on Quillen's 'Feminist Theory, Justice, and the Lure of the Human,'" *Signs*, 27(1): 136-138.

Felski, Rita(1995), *The Gender of Modernity*, Cambridge: Harvard University Press.

Gal, Susan(2002), "A Semiotics of the Public/Private Distinction," *Differences: A Journal of Feminist Cultural Studies* 13(1), 77-95.

Nussbaum, Martha C.(1995), "Human Capabilities, Female Human Beings," in Martha C. Nussbaum and Jonathan Glover ed., *Women, Culture, and Development*, Oxford: Clarendon Press, 61-104

_____(1999), "Women and equality: The capabilities approach," *International Labour Review* 138(3):227-245.

_____(2000), *Women and Human Development: The Capabilities Approach*, Cambridge: The Cambridge University Press.

_____(2001), "Comment on Quillen's 'Feminist Theory, Justice, and the Lure of the Human,'" *Signs* 27(1): 123-135.

Nussbaum, Martha C. and Amartya Sen(1993), "Introduction," in Martha C. Nussbaum and Amartya Sen eds., *The Quality of Life*, Oxford: Clarendon Press.

Quillen, Carol(2001), "Feminist Theory, Justice, and the Lure of the Human," *Signs* 27(1): 87-122.

Scott, McLemee(2001), "What Makes Martha Nussbaum Run?," *Chronicle of Higher Education*, 48(6): 14-16.

Sen, Amartya(1992), *Inequality Reexamined*, Cambridge: Harvard University Press.

_____(1993), "Capability and Well-Bing," in *The Quality of Life*, ed. Martha C. Nussbaum and Amartya Sen, Oxford: Clarendon Press, 30-53.

_____(1997), "Human Rights and Asian Values," *The New Republic* 217(2/3) : 33-40.

Tsui, A. O., J. N. Wasserheit, and J. G. Haaga eds.(1997), *Reproductive Health in Developing Countries*, Washington, D.C.: National Academy Press.

6. 대학 내 교수 성희롱의 성차별적 특징

교수성폭력뿌리뽑기연대회의(2002), 「침묵에서 외침으로: 성폭력은 이제 그만!」, 교수 성폭력 뿌리뽑기 공동 기자 회견문(3.15).

박성혁·하혜숙·김보명(2007), 「대학 내 성희롱·성폭력 실태 및 예방교육 활성화 방안 연 구」, 교육인적자원부 정책연구과제 2007-위탁-14.

변혜정(2008), 「성희롱의 법적 판단기준과 피해의미의 딜레마: 법/경험의 틈새를 성찰하 는 '피해자' 관점을 중심으로」, 『한국여성학』, 24(3): 122-164.

서울고등법원(1995), 「우조교 사건 항소심 판결문」, 94나15358(7.25).

서울대학교 성희롱·성폭력상담소(2003), 「함께 가는 성, 더불어 사는 세상: 대학생을 위한 성희롱 예방 지침」, 자료집.

성폭력추방운동에대한명예훼손역고소공동대책위원회(2002), 「기자회견」, 발표문(7.10). http://www.womenlink.or.kr/archive/files/etc/kwau200207.hwp

심영희(1989), 「성폭력의 실태와 법적 통제: 성폭력의 연속선 개념에 입각하여」, 『한국여 성학』, 5: 122-164.

여성부(2001), 「관리자를 위한 성희롱예방 가이드」

_____(2002), 「교육기관(대학) 성희롱 실태조사 결과보고서」, 현대리서치연구소.

_____(2003), 「남녀차별금지및구제에관한법률」, 법률 제6915호(2003. 5. 29).

이성은(2003), 「성희롱 – 이성애제도 – 조직문화 그 연관성에 관한 고찰」, 『한국여성학』, 19(2): 201-244.

이재경·마경희(2002), 「직장 내 성희롱 실태 및 법적 규제에 대한 조사 연구」, 『여성학논 집』, 19: 1-14.

조순경(1995), 「우조교 사건에 관한 의견서」, 94나15358.

조은(2003), 「교수 성폭력은 왜 "올바른" 해결이 어려운가?」, 전국여교수연합회·교육인적 자원부 주최 2003년도 전국여교수연합회 춘계학술대회 자료집(5.31).

조주현·장승옥·정현희(2003), 「대학 내 성희롱·성폭력 예방에 관한 연구」, 교육인적자 원부 교육정책연구 2003-일-07.

한정자·김인순(2001), 「법적 규제에 따른 직장 내 성희롱의 실태 및 개선방안 연구」, 한 국여성개발원 엮음, 2001 연구보고서 250-1.

Abrams, Kathryn(2001), "The Reasonable Woman: Sense and Sensibility in Sexual

Harrassment Law," in L. LeMoncheck and J. P. Sterba ed, *Sexual Harassment: Issues and Answers*, New York: Oxford University Press, 207-213.

Booker, M. J.(1998), "Can Sexual Harassment Be Salvaged?," *Journal of Business Ethics*, 17(11): 1171-1177.

Coles, Frances S.(1986), "Forced to Quit: Sexual Harassment Complaints and Agency Response," *Sex Roles*, 14: 81-95.

Crosthwaite, Jan and Graham Priest(1996), "The Definition of Sexual Harassment," *Australasian Journal of Philosophy*, 74(1): 66-82.

Denzin, Norman K. and Yvonna S Lincoln(2003), "Introduction: The Discipline and Practice of Qualitative Research," in N. K. Denzin and Y. S. Lincoln ed., *Strategis of Qualitative Inquiry*. Thousand Oaks: Sage, 1-43.

Farley, Lin(1978), *Sexual Shakedown: The Sexual Harassment of Women on the Job*, New York: Warner Books.

Fitzgerald, Louis(1990), "Sexual Harassment: The Definition and Measurement of a Construct," in Michele A. Paludi ed., *Ivory Power: Sexual Harassment on Campus*, Albany: State University of New York Press, 21-44.

Fitzgerald, Louis F, Suzanne Swan, and Karla Fischer(1995), "Why Didn't She Just Report Him? The Psychological and Legal implications of Women's Responses to Sexual Harassment," *The Journal of Social Issues*, 51(1): 117-138.

Gallop, Jane(1997), *Feminist Accused of Sexual Harassment*, Durham: Duke University Press.

Gutek. Barbara A.(1985), *Sex and the Workplace*, San Francisco: Jossey-Bass Publishers.

Hobson, Charles & Colleen Hobson(2002), *The Lecherous University: What Every Student & Parent Should Know About the Epidemic of Sexual Harassment on Campus*, Booklocker.com, Inc.

MacKinnon, Catharine A.(1979), *Sexual Harassment of Working Women: A Case of Sex Discrimination*, New Haven: Yale University Press.

Mawell,, Joseph A.(1996), *Qualitative Research Design: An Interactive Approach*, Thousand Oaks: Sage.

Paludi, Michele A.(1990), *Ivory Power: Sexual Harassment on Campus*, Albany: State University of New York Press.

Patai, Daphne(1998), *Heterophobia: Sexual Harassment and the Future of Feminism*, Md: Rowman & Littlefield Publishers, Inc

Rophie, Katie(1994), *The Morning After: Sex, Fear, and Feminism*, Boston: Little, Brown and Company.

Tangri, Sandra S. et al.,(1982), "Sexual Harassment at Work: Three Explanatory Models," *Journal of Social Issues*, 38(4): 33-54.

Thomas, A. M. and C. Kitzinger(1997), "Introduction," A. M. Thomas and C. Kitzinger (ed), *Sexual Harassment: Contemporary Femminist Perspectives*, Buckinghma and PA: Open University Press, 1-18.

U.S. Department of Education Office of Civil Rights(2001), "Sexual Harassment Guidance," in L. LeMoncheck and J. P. Sterba ed., *Sexual Harassment: Issues and Answers*, New York: Oxford University Press, 352-361.

U.S. Supreme Court(2001), "Gebser et al. v. Lago Vista Independent School District(1998)," in L. LeMoncheck and J. P. Sterba ed., *Sexual Harassment: Issues and Answers*, New York: Oxford University Press, 383-390.

7. 젠더 정치의 '위기'

김광수,『한겨레』(2004.12.19) 사회면: '집단 성폭행' 상처 아물지 않는 밀양.

김경희·윤정숙(2006), 「여성운동 의제의 한계와 도전」, 한국여성학회 연대위원회와 중앙대 사회학과 공동 주최 「한국 여성운동의 성찰과 전망」 콜로키움 발표문(4.29).

김미영,『한겨레』(2004.10.19) 사회면: 직업인정? 쉽게 돈 버는 것에 익숙해진 탓.

김영옥·김경희(2004). 「여성 노동정책의 한계와 새패러다임 모색」, 김영옥 엮음,『한국여성정책의 뉴 패러다임 정립』, 여성부, 105-138.

김은실(2006), 「지구화시대 한국사회 성문화와 성 연구 방법」,『섹슈얼리티 강의, 두 번째』, 동녘, 18-48.

김현미(2004), 「디지털 포르노그라피: '성적 억압'인가, '문화 산업'인가?」,『파라21』, 7: 331-342.

끼리끼리,『여성신문』(2001.11.30)(653호) 발언대: 한국 레즈비언의 존재 묵살한 여성학회에

고함.

레즈비언권리연구소(2005a), 「[성명서] 여성성적소수자 단체를 배제한 여성단체에 대해 차별행위로 인정, 권고한 국가인권위원회의 조치를 환영한다」, 열린기획 9번, http://lesbian.or.kr/htm/m2-3.htm(검색일: 2005.5.15).

_____(2005b), 「한국레즈비언권리운동연대 발족선언문」, 열린기획 11번, http://lesbian.or.kr/htm/m2-3.htm(검색일: 2005.5.15).

모래(2004), 「성매매 여성이 성매매특별법을 말하다」, 『언니네』, http://www.unninet.co.kr/ monthly/special_view.asp?ca1=8&ca2=241.

_____(2005), 「가려지는 목소리들/드러나는 목소리들」, 『언니네』, http://www.unninet.co.kr/monthly/special_view.asp?ca1=1&ca2=247&ct_Idx=1893.

민경자(1999), 「성폭력 여성운동사」, 한국여성의전화연합 엮음, 『한국여성인권운동사』, 한울사, 17-105.

박통(2004), 「레즈비언 권리와 여성주의, 어떻게 만나야 하는가?」 한국여성학회 제20차 추계 학술대회 자료집 발표문(2004.11.20).

박통(2005), 「한국레즈비언권리운동연대의 '도전'과 '실험'」, 열린기획 8번, 레즈비언권리연구소, http://lesbian.or.kr/htm/m2-3.htm(검색일: 2005.5.15).

박하(2006), 「삶으로서의 '레즈비언 경험' 어떻게 읽을 것인가?」 한국여성학회 연대위원회와 중앙대 사회학과 공동 주최 "한국 여성운동의 성찰과 전망" 콜로키움 발표문(5.26).

반성폭력네트워크(2004), 「성폭력은 무엇인가?」, 성폭력 매뉴얼 25번, http://kirikiri.org/network (검색일: 2005.3.10)

변혜정(2006), 「여성운동과 그녀-나를 위한 정치학」, 한국여성학회 연대위원회와 중앙대 사회학과 공동 주최 "한국 여성운동의 성찰과 전망" 콜로키움 발표문(6.30).

변혜정 엮음(2006), 『섹슈얼리티 강의, 두 번째』, (사)한국성폭력상담소 기획, 동녘.

불의도마뱀(2001), 「화대월급제? 미아리에선 지금 무슨 일이」, 『언니네』, http://www.unninet.co.kr/room/column.asp?rlist_Idx=1000122&TextCode=6.

손승영, 『여성신문』(2001.12.28) 657호 발언대: 끼리끼리 '한국레즈비언…' 기고에 대한 한국여성학회의 입장.

수연(2005a), 「레즈비언과 차이의 정치학」, 열린기획 7번, 레즈비언권리연구소, http://lesbian.or.kr/htm/m2-3.htm(검색일: 2005.5.15).

수연(2005b), 「여성주의자들에게 띄우는 글」, 열린기획 10번, 레즈비언권리연구소, http://lesbian.or.kr/htm/m2-3.htm(검색일: 2005.5.15).

신광영(2004), 『한국의 계급과 불평등』, 서울: 을유문화사.

신은진, 『조선일보』(2005.1.7) 사회면: 밀양 집단성폭행 한 달… 병상의 여중생 공포증… 자살충동…「성폭행 악몽 시달려」.

양현아(2000), 「호주제도의 젠더 정치: 젠더생산을 중심으로」, 『한국여성학』, 16(1), 65-94.

_____(2004), 「성매매방지법의 의의와 과제」, 한국여성학회 성매매방지법 관련 특별 심포지엄 자료집(11.17).

원미혜(2004), 「성매매 여성들의 목소리? '목소리'」, 『언니네』, http://www.unninet.co.kr/monthly/special_view.asp?ca1=2&ca2=240&ct_Idx=1879

이나영(2005), 「성매매: 여성주의 성 정치학을 위한 시론」, 한국여성학회, 『한국여성학』, 21(1): 41-86.

이영자(2004), 「성매매에 관한 정책 패러다임」, 김영옥 엮음, 『한국여성정책의 뉴 패러다임 정립』, 여성부, 169-203.

이재경(2004), 「공사 영역의 변화와 '가족'을 넘어서는 가족 정책」, 김영옥 편집, 『한국여성정책의 뉴 패러다임 정립』, 여성부, 79-104.

정춘희, 『일다』 (2004.10.31) 이슈: 여성주의 진영은 동성애 이슈에 대해 배워야. http://www.ildaro.com/Scripts/news/index.php?menu=ART&sub=View&idx=2004103100014.

조주현(2000), 「섹슈얼리티를 통해 본 한국의 근대성과 여성주체의 성격」, 『여성 정체성의 정치학』, 또하나의문화, 132-164.

최육상, 『오마이뉴스』(2005.4.13) 사회면: 밀양사건, 합의했으니 선처했다고?, http://news.naver.com/hotissue/daily_read.php?section_id=102&office_id=047&article_id=0000061837&datetime=20050413141440061837.

최정은정(2003), 「디지털 환경과 포르노그래피: 사이버 포르노에 대한 여성주의 담론화 가능성의 모색」, 한국여성학회 제19차 추계학술대회 자료집 발표문(11.15).

케이(2004), 「한국의 여성학계와 여성운동계는 한국의 여성 성적소수자 인권운동을 어떻게 배제시켜왔는가?」한국여성학회 제20차 추계학술대회 자료집(11.20).

페이퍼문(2005), 「성매매에 대해 말할 자격」, 『언니네』, http://www.unninet.co.kr/monthly/special_view.asp?ca1=1&ca2=247&ct_Idx=1894

하딩, 샌드라(2009), 『누구의 과학이며 누구의 지식인가? 여성들의 삶에서 생각하기』, 조주현 옮김: 나남. [Harding, S. (1991), *Whose Science? Whose Knowledge? Thinking from Women's Lives*, Cornell University Press.]

한국사회포럼(2006), 「여성운동, 차이와 소통 그리고 새로운 미래: 나, 여성운동에 할 말 있다」, [논쟁이 돌아온다], 한국사회포럼2006, 서울: 대방동 서울여성플라자, 2006.3.23-25.

한국여성단체연합(2005), 「호주제 폐지 민법개정안, 국회 본회의 통과를 환영한다!」, http://www.women21.or.kr/news/W_GPDS/GPDS_View.asp?page=1&SearchWord=&SearchGubun=&GB=F&cate=&menu_code=O01&cNo=325&Rpos=3589 (검색일: 2005.5.10)

한채윤(2004), 「"이것은 삶의 문제다" 과장된 소수, 차이의 허구, 경험의 착각」, 한국여성학회 제20차 추계학술대회 자료집(11.20).

Butler, Judith(2003), "The Question of Social Transformation," in *Women and Social Transformation*, New York: Peter Lang, 1-28.

Cho, Joo-hyun(2005), "Intersectionality Revealed: Sexual Politics in post-IMF Korea," *Korea Journal*, 45(3): 86-116.

Collins, Patricia Hill(2000), *Black Feminist Thought: Knowledge, Consciousness, and the Politics of Empowerment*, 2nd edition, New York: Routledge.

de Grazia, Victoria(1996), "Introduction," in *The Sex of Things: Gender and Consumption in Historical Perspective*, Berkeley: University of California Press.

Foucault, Michel(1978), *The History of Sexuality*, New York: Pantheon.

Gamson, Joshua(1995), "Must Identity Movements Self-Destruct? A Queer Dilemma," *Social Problems*, 42(3): 390-407.

Harding, Sandra(1991), *Whose Science? Whose Knowledge? Thinking from Women's Lives*, New York: Cornell University Press.

Kim, Seung-kyung and John Finch(2002), "Living with Rhetoric, Living against Rhetoric: Korean Families and the IMF Economic Crisis," *Korean Studies*, 26(1): 120-139.

McCall, Leslie(2005), "The Complexity of Intersectionality," *Signs*, 30(3): 1771-1800.

Meeks, Chet(2001), "Civil Society and the Sexual Politics of Difference," *Sociological Theory*, 19(3): 325-343.

Moore, Lisa Jean and Adele E. Clarke(2001), "The Traffic in Cyberanatomies: Sex/
    Gender/Sexualities in Local and Global Formations," *Body & Society*, 7(1): 57-96.
Snitow, Ann(1981), "Introduction," in Snitow, Ann, Christine Stansell, and Sharon
    Thompson eds., *Powers of Desire: The Politics of Sexuality*, , New York: Monthly
    Review Press, 9-50.

찾아보기

벌거벗은 생명

— 신자유주의 시대의 생명정치와 페미니즘

초판 발행_2009년 11월 14일

지은이_조주현

펴낸이_유승희

펴낸곳_도서출판 또하나의문화

주소_서울 마포구 동교동 184-6 대재빌라302호

전화_02-324-7486 팩스_02-323-2934

전자우편_tomoon@tomoon.com

누리집_www.tomoon.com

출판등록_제9-129호(1987.12.29)

ⓒ 조주현, 2009

★ 이 책의 국립중앙도서관 출판시도서목록(CIP)은 e-CIP 홈페이지(http://www.nl.go.kr/ecip)에서
   이용하실 수 있습니다.(CIP제어번호: CIP2009003456)

☆ 이 책은 재생용지(그린라이트 80g)로 만들었습니다.